Johanna Geils

ÜBER MIR DER STERNEN HIMMEL

Für meine Eltern,
die mich bei allem, was mir so einfällt,
immer unterstützen und die mich
mit dem Wanderfieber angesteckt haben

Johanna Geils

ÜBER MIR DER STERNEN HIMMEL

Wie ich nur mit
Hängematte
von Zypern bis ans
Nordkap reiste

KNESEBECK *Stories*

INHALT

WIE DIE HUMMELN
IN DEN HINTERN KAMEN

Menorca, 16. März 2020

Wird Zeit, dass du zurückkommst … die machen die Balearen dicht!

Ungläubig starre ich auf die Nachricht meines Bruders. Dann macht mein Handy noch einmal *Ping*.

Hey Johanna ☺ *in Barcelona herrscht jetzt Ausgangssperre und meine Mitbewohner haben gesagt, sie wären nicht so begeistert, wenn jetzt noch jemand mit in der WG wohnen würde … meld dich mal* ☺

Ich lese die Nachrichten noch zweimal, dann schalte ich das Handy wieder aus und stecke es ganz hinten in meinen Rucksack. Das Gleiche versuche ich mit den Gedanken in meinem Kopf. Doch so ganz wollen sie sich nicht verdrängen lassen. Wie eine düstere Wolke zieht die Erkenntnis in mir auf, dass ich meine erste Solo-Wanderung frühzeitig beenden muss. Seit zwei Wochen bin ich unterwegs und es waren die aufregendsten und intensivsten Wochen meines Lebens.

Der Plan hatte vorgesehen, zuerst auf Mallorca über die Serra de Tramuntana zu laufen, einen Gebirgszug im Norden der Insel. Danach wollte ich mit der Fähre auf die Nachbarinsel Menorca und diese auf dem Camí de Cavalls einmal umrunden. Zum Abschluss wollte ich meine Freundin in Barcelona besuchen und dann auf dem Camí de Ronda an der Costa Brava bis zur französischen Grenze wandern. Sechs Wochen Zeit hatte ich dafür eingeplant, bevor ich in England meine dritte Saison als Activity Instructor in einem Outdoor-Center antreten sollte. Groß vorbereitet hatte ich die Reise nicht. Auf ein paar DIN-A4-Seiten hatte ich mir Notizen zu den drei Wanderwegen gemacht und mir Orte und Länge der Tagesetappen aufgeschrieben. Karten und Reiseführer waren zu teuer und zu schwer. »Ich fliege schließlich nur nach Mallorca, was soll schon passieren?!«, war meine Antwort auf die Bedenken meiner Familie, als ich mein Vorhaben offenbarte, den Großteil der Nächte unter freiem Himmel zu verbringen. Denn auch ein Zelt wollte ich nicht mitschleppen und das Wildcampen war in Spanien verboten, wie in den meisten europäischen Ländern. Unter freiem Himmel schlafen dagegen nicht. Ich wollte schon lange einmal ganz allein draußen übernachten. Nur die Natur und ich.

Mit den Kindern im Outdoor-Center hatte ich regelmäßig coole Unterschlüpfe unter den Bäumen unserer kleinen Bushcraft-Ecke gebaut. Wir hatten Feuer ohne Streichhölzer oder Feuerzeug entzündet und kleine Brote gebacken oder Brennnesselsuppe gekocht. Als mein Freund Tiago ein Stipendium für eine PhD-Stelle an der Universität Loughborough erhalten hatte, war ich kurzerhand mit ihm nach England gezogen und hatte dort den Job als Instructor in einem Outdoor-Center angenommen. Die ersten Monate waren hart. Ich hatte während meines Freizeitwissenschaft-Studiums zwar schon verschiedene erlebnispädagogische Programme und Outdoor-Trainings durchgeführt, trotzdem fühlte ich mich wie eine Anfängerin. Und nun sollte ich innerhalb kürzester Zeit mehrmals am Tag einer zehnköpfigen Gruppe erklären, wie man auf verschiedenste Weise ein Feuer entfacht oder einen Unterschlupf für die Nacht baut. Außerdem sollte ich die Besucher in zehn Metern Höhe sichern, während sie sich an einer Kletterwand oder dem Hochseilparcours austobten. Oder sie durch Teambuilding-Aufgaben leiten mit Reflexion und Transfer in den Alltag – alles auf Englisch. Später kamen Bogenschießen, Luftgewehrschießen und Paddelsessions auf dem Fluss dazu. Ich war – gelinde gesagt – etwas überfordert.

Und auch jetzt, zwei Jahre später, kam ich mir im Vergleich zu meinen supercoolen Kollegen, alle absolute Outdoor-Experten, immer noch ein wenig inkompetent und unerfahren vor. Deshalb wollte ich unbedingt ohne Zelt und bloß mit dem Allernötigsten ausgestattet diese Reise bewältigen. Ausprobieren, wie ich, nur auf mich gestellt, draußen zurechtkomme.

Mit meinen Eltern war ich schon den Camino Portugues nach Santiago de Compostela gewandert und mit meinem Bruder den Rennsteig in Thüringen. Mit Tiago hatte ich während einer Amerikareise ein paar Tage auf dem Appalachian Trail verbracht – was das Wandern anging, hatte ich also schon Erfahrung. Doch vom ersten Tag an war klar: Das hier ist noch mal etwas anderes! Allein und ohne Zelt – was hatte ich mir da nur eingebrockt? Ich hatte ja keine Ahnung!

Und so stehe ich, zwei Wochen bevor die Hiobsbotschaften auf meinem Handy eintrudeln, um sechs Uhr morgens in Birmingham am Flughafen, bereit, mich allen Herausforderungen und Widrigkeiten Mallorcas und Menorcas zu stellen – ach was: ganz Spaniens!

»That's not from here.« Die Dame am Einlass zur Handgepäckkontrolle schaut verwirrt auf meine Bordkarte und sagt noch einmal: »That's not from here.« Ich verstehe nicht, was sie meint, und schaue mindestens genauso verwirrt zurück. »That flight is from East Midlands Airport.« Mein Magen zieht sich kurz zusammen. Ich bin am falschen Flughafen. O nein! Mein erster Gedanke: Sofort Tiago anrufen, damit er umdreht und mich schnell zum East Midlands Airport fährt. Mein zweiter Gedanke: Es ist schon sechs Uhr und der Flieger nach Palma de Mallorca geht um 07.45 Uhr. Das schaffe ich nie! »There is a flight at 7 o'clock to Palma«, die Stimme der Dame erlöst mich aus meiner Schockstarre. Okay, sieben Uhr, dann nichts wie los! Ich renne die Rolltreppen hinunter zurück in die Eingangshalle. Dort renne ich nach rechts und dann nach links. Woher soll ich denn wissen, wo der Last-minute-Schalter ist? Da! Eine Frau mit gelber Weste. Ich stürze auf sie zu: »I mixed up the airports, where can I book last minute flights?« Ich bekomme eine Wegbeschreibung und renne wieder los. Der Schalter, zu dem sie mich geschickt hat, ist sogar von derselben Airline wie mein ursprünglicher Flug. Atemlos erkläre ich mein Problem und nach ein paar Klicks an ihrem Computer entgegnet mir die Dame am Schalter etwas, doch außer hart gerollten »rrr« verstehe ich kein Wort. Die Frau ist Schottin, o nein! Nach dreimaligem Nachfragen bekomme ich heraus, dass mich das Umbuchen 108 Pfund kostet. Scheiß drauf, nützt ja nichts. Ungeduldig warte ich, bis ich meine Kreditkarte zurückbekomme. Doch statt mir nur die Karte in die Hand zu drücken, flitzt die Dame mit mir zum Check-in. Sie drängelt sich sogar für mich vor, checkt mich ein und mit Bordkarte in der Hand flitzt sie mit mir zurück zum Last-minute-Schalter. Dort gibt sie mir weitere Instruktionen. Ich verstehe nur, dass ich schnell sein muss, denn es sei bereits 6.20 Uhr, und dass ich die Rolltreppe nach rechts oben nehmen soll. Ich düse los, merke zu spät, dass ich die falsche Seite der Rolltreppe erwischt habe (die nach unten fährt) und renne nun wie eine Irre mit der Rolltreppe um die Wette. Da höre ich auch schon ihre Rufe hinter mir: »No, no teke the otherrr seede!« Ich stürze die Rolltreppe also wieder hinunter und fahre dann mit der richtigen nach oben. »Thank you, thank you!«, rufe ich und bin mir sicher, die Dame hält mich für komplett bescheuert.

Völlig aus der Puste komme ich bei der Handgepäckkontrolle an. Ich schmeiße alles in die großen grauen Kisten und warte angespannt. Nichts tut sich. Das Beförderungsband weigert sich, meine Sachen zu befördern. Das gibt es nicht! Flehend schaue ich

die Dame am gegenüberliegenden Band an und sie winkt mich zu
sich. Schnaufend und mit hochrotem Kopf hieve ich die grauen
Kisten ein Band weiter. Erleichtert atme ich aus, als ich und mein
Rucksack keinen Piepton erzeugen und ich mich im Slalom und
in Windeseile durch den nicht enden wollenden Duty-free-Bereich
schlängle. Um 6.30 Uhr stehe ich tatsächlich am Gate und werde
begrüßt: »Flight LS1275 to Palma de Mallorca is now ready for boar-
ding.« Ich habe es geschafft!

Noch immer zittrig und etwas hysterisch sitze ich im Flugzeug.
Ich hätte eigentlich einen Eintrag ins Guinnessbuch der Rekorde
verdient, denn bestimmt hat es noch niemand geschafft, alle Kon-
trollen einer Flugreise innerhalb von dreißig Minuten zu absolvieren.
Gleich neben diesem Eintrag sollte man mir auch den Rekord für
nicht zu übertreffende Dämlichkeit zusprechen, dafür, dass ich es
geschafft habe, zum falschen Flughafen zu fahren. Bei all den Warnungen über die Gefahren des Alleinwanderns und Draußenschla-
fens, die in den letzten Wochen an mich herangetragen wurden
(Attacken von wilden Hunden, Wölfen und Bären, unberechen-
bares Wetter oder der Klassiker: die vielen Vergewaltiger), hatte keiner meiner Freunde und Familienmitglieder mir eingeschärft, zum
richtigen Flughafen zu fahren.

Erschöpft liege ich am Ende des ersten Tages zusammengerollt
wie ein Igel unter ein paar pieksigen Büschen und versuche, das wilde Auf und Ab der letzten Stunden zu verarbeiten: erst das Chaos
am Flughafen, dann Freude und Sonnenschein bei der Ankunft auf
Mallorca. Bald darauf strömender Regen, doch ein netter Galizier
nimmt mich in seinem Auto mit. Schlechtes Gewissen, denn damit
breche ich mein Versprechen, nicht per Anhalter zu fahren, schon
nach einer Stunde. Wieder Hochstimmung am Beginn des Wander-
weges in Port d'Andratx: Es gibt ja Berge auf Mallorca! Abgelöst von
tiefer Trauer, als ich feststelle, dass meine Kamera bei meinen Flug-
hafen-Sprints kaputtgegangen ist. Wenig später wieder helle Freu-

de, als ich auf dem ersten Bergrücken entlangspaziere und die wilde Landschaft und die tollen Ausblicke genieße. Irgendwo nehme ich dann eine falsche Abzweigung und lande in einer von Bäumen und Büschen überwucherten Talsenke. Mit sturer Gewalt und auch ein bisschen in Panik kämpfe ich mich durch das Dickicht den Hang hinauf und reiße mir dabei Haut und neue Wanderhose an Dornen und Stacheldrahtzäunen auf. Doch irgendwie lande ich am Ende wieder auf dem richtigen Weg. Die Sonne ist währenddessen schon fast hinter der kleinen Insel La Dragomera verschwunden, deshalb schlage ich mein Lager direkt am Wegesrand auf. Ich quetsche meine Isomatte unter zwei Büsche, krieche in den Schlafsack und ziehe drum herum noch meinen neuen olivfarbenen Bivy Bag, eine dünne, wasserfeste Hülle für den Schlafsack. Die Büsche und Bäume über mir rascheln laut und bedrohlich im Wind. Ich kann nicht aufhören zu denken: »Du solltest nicht allein unterwegs sein, wenn du es nicht einmal zum richtigen Flughafen schaffst!« Ich ziehe mir den Bivy Bag über den Kopf und wenig später komplett zu. Nun sehe ich nichts mehr und höre nur meinen eigenen unregelmäßigen Atem, immer angestrengter und hechelnder, da ich nur schwer Luft bekomme. Kann man in so einem Ding eigentlich ersticken? Schnell lockere ich die Bandschlaufe, um ein kleines Loch für meinen Mund frei zu haben. Ich traue mich nicht, mich zu bewegen. Bestimmt würde meine Atemöffnung verrutschen oder noch schlimmer: Irgendjemand könnte das Rascheln hören. Als mir auch noch die Nase läuft, nehme ich all meinen Mut zusammen und drehe mich auf die andere Seite. Ha! Nichts passiert! Besonders mein linker Hüftknochen freut sich über die Entlastung. Irgendwann döse ich tatsächlich ein. Wirklich schlafen kann ich in dieser Nacht allerdings nicht …

Ich muss gestehen, meine Erfahrungen auf Mallorca und Menorca wirken im Rückblick nicht sehr positiv. Meine naive Einstellung, »Was soll denn groß passieren?!«, führte dazu, dass eine ganze Menge passierte. Darunter eine fast lebensgefährliche Situation. Doch trotz der Strapazen habe ich mich so lebendig, frei, glücklich und zufrieden gefühlt wie nie zuvor. Nur vierzehn Tage war ich damals unterwegs, als mich die Nachrichten von meinem Bruder und meiner Freundin auf dem Handy erreichten. Zwei Tage später musste ich die Reise wegen der Pandemie abbrechen. Im Nachhinein konnte ich nicht fassen, so intensive Erfahrungen ausgerechnet auf Mallorca und Menorca gemacht zu haben. Ich habe gelernt, dass es beim Reisen mehr auf das Wie ankommt als auf das Wo. Und so fingen die kleinen Hummeln in meinem Hintern leise, aber stetig an zu summen: »Europa … wandern … draußen schlafen …«

Es sollte aber fast zwei Jahre dauern, bis ich endlich einen neuen Anlauf unternehmen konnte. Zwei Jahre, in denen ich sämtliche schönen Ecken und Wanderwege Europas recherchierte und den Plan schmiedete, eine viel längere Reise zu unternehmen, durch Gegenden, die ich vorher noch nicht gesehen hatte.

KAPITEL 1:
ZYPERN

Antonios & Aphrodite

»Meine Damen und Herren, verehrte Fluggäste. Wir haben soeben den deutschen Luftraum verlassen und befinden uns über Österreich. Unsere weitere Flugroute führt uns über Slowenien, Kroatien, Serbien, Bulgarien, Griechenland und die Türkei nach Zypern. Die voraussichtliche Ankunftszeit in Paphos ist 20.05 Uhr. Ich wünsche ihnen einen angenehmen Flug.«

Ich lehne mich zurück in meinen Sitz und muss grinsen. Genau vier Stunden dauert der Flug von Köln nach Paphos und genau vier Monate habe ich dafür eingeplant, fast genau diese Route wieder zurückzureisen. Allerdings ohne Flugzeug und statt durch Serbien und Bulgarien über Albanien und Montenegro. Alles Länder, in denen ich – abgesehen von einem Familienurlaub in der Türkei vor fünfzehn Jahren – noch nie gewesen bin. Deshalb habe ich keine Ahnung, was mich erwarten wird, doch zumindest habe ich es dieses Mal zum richtigen Flughafen geschafft! Außerdem habe ich, statt loser DIN-A4-Seiten, ein GPS-Gerät mit den GPX-Tracks der Wanderrouten dabei. Ansonsten ist der Inhalt meines Rucksacks fast derselbe wie vor zwei Jahren auf Mallorca. Nur zwei Kameras und einen Wasserfilter habe ich mir gekauft. Ich möchte sehen, wie es ist, sich den Rucksack zu schnappen und loszuwandern – auch ohne teure Ultralight-Hightech-Ausrüstung. Isomatte, Schlafsack und Bivy Bag haben zusammengenommen unter hundert Euro gekostet. Das GPS-Gerät hat mir mein Vater geliehen, und von meiner Schwester habe ich zu Weihnachten eine Reisehängematte mit Moskitonetz bekommen – damit ich meine Nächte nicht nur unter piksigen Büschen, sondern auch über ihnen verbringen kann. Ansonsten habe ich ein kleines Tarp als Regenschutz, Gaskocher plus Topf, Erste-Hilfe-Set, Stirnlampe, Sägeband und Feuerstahl, Shampoo, Deo, Feuchttücher, Tampons, Sonnencreme und ein dünnes Tagebuch dabei. Nur bei der Kleidung habe ich mich hinreißen lassen und die eine oder andere Hose oder Jacke zu viel eingepackt. Auch meine technische Ausrüstung wiegt ein bisschen zu viel: Handy, Kameras, Ersatzakkus und Solarpowerbank. Doch ich wollte auch nicht auf alles verzichten. Auch nicht auf meinen heiß geliebten E-Book-Reader, den ich nun voller Vorfreude einschalte. Ich scrolle durch die vielen Bücher, die ich mir für die dunklen Nächte heruntergeladen habe. Dafür habe ich auch noch Geld ausgegeben. Endlich habe ich genug Zeit, all das zu lesen, wofür ich sonst keine Energie habe. Für den Anfang entscheide ich mich für leichte Lektüre: *Mr. Globetrotter* von Klaus Denart, dem Mitbegründer des gleichnamigen Outdoor-Ausrüstungsgeschäfts. Ich muss grinsen, denn gleich im ersten Kapitel berichtet Denart über seine Erlebnisse im hohen Norden von Norwegen. Somit ist meine Reiseroute nun komplett: Den fünften und letzten Monat möchte ich in Norwegen verbringen und bis hoch zum Nordkap wandern.

Diese Route hatte sich zufällig ergeben: Als ich im März 2020 nach dem Abbruch meiner Wanderung nach England zurückkehrte und alle Länder ihre Grenzen dichtmachten, fühlten Tiago und ich uns ein bisschen gefangen auf unserer Insel namens Großbritannien. Die Aussicht auf den Brexit 2021 gab uns den letzten Anstoß, im Herbst 2020 wieder nach Deutschland zurückzukehren. Sie löste eine neue Wertschätzung, man könnte fast sagen aufflammende Liebe zu Europa und vor allem zur EU aus. Ich hatte für kurze Zeit sogar den ambitionierten Plan, alle 27 Mitgliedsstaaten der EU zu besuchen. Oft und lang sah ich auf die Liste der Länder, die mit »B« wie Belgien begann und mit »Z« wie Zypern endete. So brannte sich dieser kleine Inselstaat irgendwie als unterster Zipfel Europas in mein Gedächtnis ein. Natürlich ist Zypern nicht der südlichste Punkt Europas und, geografisch betrachtet, gehört es – genauso wie der Großteil der Türkei – auch gar nicht zu Europa, sondern zu Asien. Doch nun hatte ich über diese »Insel der Götter«, auf der sogar im Februar schon herrlich warme Temperaturen herrschen, schon so viel gelesen und wollte unbedingt dorthin. Auch das Nordkap in Norwegen hatte sich als nördlichster Punkt Europas unwiderruflich als Ziel meiner Reise in mein Gedächtnis eingeschlichen und unauslöschlich eingenistet.

Und so stehe ich am 20. Februar 2022 – fast genau zwei Jahre nach Ausbruch der Pandemie – endlich an der wunderschönen Küste von Zypern und kann nicht fassen, dass ich auf dieselben türkisblauen Wellen blicke, aus deren Schaum Aphrodite, die Göttin der Liebe und der Schönheit, vor Jahrtausenden emporgestiegen sein soll. Die Marketingstrategie des Tourismusmanagements Zypern ist bei mir voll aufgegangen. Natürlich will ich zu Beginn meiner Reise unbedingt einmal um den Felsen der Aphrodite schwimmen. Dabei soll man ewige Schönheit und Jugend erlangen, was bestimmt nicht schadet, wenn man vorhat, monatelang einen schweren Rucksack durch die Gegend zu schleppen und die meisten Nächte unter freiem Himmel zu verbringen.

Das Problem ist nur, hier gibt es eine ganze Menge Felsen, die dafür infrage kämen. Das Tourismusamt muss es irgendwie versäumt haben, sich explizit einen davon auszusuchen.

Ein kleiner älterer Herr mit weißgrauen Haaren, buschigen Augenbrauen und einem gepflegten Schnurrbart, über dem eine große Nase ragt, klettert vom Strand auf meine kleine Anhöhe. Von hier oben aus hat man eine fantastische Aussicht auf die traumhafte Bucht, die im Licht der Morgensonne verführerisch glitzert. Auf

Englisch frage ich den Mann, der außer einem kleinen Rucksack nur eine enge rote Badehose trägt, ob er vielleicht wüsste, um welchen dieser Felsen ich herumschwimmen müsste, um ein bisschen von Aphrodites legendärer Schönheit abzubekommen.

Er lacht wissend: »Es ist vollkommen egal, welchen Felsen man nimmt. Die meisten Leute schwimmen um den großen runden Felsen nahe der Küste herum. Noch ist es den meisten Touristen allerdings ein bisschen zu kalt, doch in ein paar Wochen wird hier der Bär los sein! Aber weißt du denn auch, wie dieser wunderschöne Ort hier auf Griechisch heißt?«

»Pedra tou Romiou, nicht wahr?«

»Genau! Das ist eigentlich nicht der Felsen der Aphrodite, sondern der Felsen des Romiou, des griechischen Bewachers der Insel. Der Legende nach beschützte Romiou die Insel und hat an dieser Stelle diese riesigen Felsbrocken ins Meer geworfen, um die Feinde aus dem Westen zu vertreiben.«

Mein Geschichtenerzähler stellt sich mir kurz darauf als Antonios vor. Echter Zypriot aus Kolossi. Sooft es geht, kommt er hierher an den Strand.

»Es ist die schönste Ecke von ganz Zypern!«

Na, da habe ich mir ja genau den richtigen Ort für den Beginn meiner Reise ausgesucht. Natürlich schwimme ich dann trotzdem noch um den Felsen herum, und zwar gleich zweimal, man kann ja nie wissen. Und tatsächlich habe ich das Gefühl, alle kleinen Fältchen in meiner über dreißig Jahre alten Haut glätten sich schlagartig. Was natürlich auch an dem eiskalten salzigen Wasser liegen könnte.

Ich fühle mich jedenfalls wie neugeboren, als ich nach meiner kleinen Felsumrundung zurück zu Antonios laufe, der mittlerweile nackt am Strand sitzt.

»Du kannst dich auch gerne ausziehen«, ermuntert er mich, »da fühlt man sich so herrlich frei! Wenn es dir allerdings unangenehm ist, kann ich meine Badehose auch gerne wieder anziehen.« Ich zögere einen Moment und schaue den Strand entlang auf die Handvoll Leute, die hier außer uns noch herumspaziert. Eigentlich fühle ich mich gerade pudelwohl, denke ich, und schwupps sitze ich oben ohne neben Antonios im Sand und genieße die frische Meeresluft auf meiner Haut. Ja, ich fühle mich frei!

Antonios stellt sich als toller Gesprächspartner heraus und fast drei Stunden erzählt er mir von seinem aufregenden Leben. Von den Jahren auf hoher See, als er als Navigator auf den großen Pötten mitgefahren ist, davon, wie er seine Frau kennenlernte und wegen ihr das wilde Seemannsleben aufgab und nach Zypern zurückkehrte. Und von seinen beiden Söhnen, die mittlerweile in Großbritannien leben, weil es hier auf der Insel so schwer ist, gute Jobs zu finden. Er holt weit aus und erzählt mir viel über die bewegende Geschichte Zyperns. Von der britischen Kolonialzeit und natürlich auch von der Besetzung durch die türkischen Truppen Mitte der 70er Jahre. Seitdem verläuft eine 180 Kilometer lange Grenze durch Zypern, die die Insel bis heute in einen Nord- und einen Südteil trennt. Sie wird Grüne Linie oder auch Pufferzone genannt und mittlerweile von Soldaten der Friedenstruppe der Vereinten Nationen kontrolliert. Trotz zahlreicher Gespräche, Annäherungen und Vermittlungsversuche konnte leider bis heute keine Einigung in der »Zypernfrage« gefunden werden. Zumindest gibt es mittlerweile drei Grenzübergänge. Einheimische und Touristen können die Grüne Linie zu beiden Seiten und ohne Visum überqueren. Ein freies Siedlungsrecht, Entschädigungen für die Enteignungen oder ein Rückzugsrecht für die Vertriebenen beider Seiten gibt es allerdings nicht.

Als meine Haut sich langsam rötet, verabschiede ich mich von Antonios und bedanke mich für die spannende Geschichtsstunde. Wir tauschen Nummern aus und er nimmt mir das Versprechen ab, mich von unterwegs zu melden und ihm unbedingt ein Foto zu schicken, wenn ich das Nordkap erreiche.

Dann mache ich mich in der erstaunlich heißen Februarsonne auf den Weg zu dem kleinen Holzpavillon, den ich in südlicher Richtung und in weiter Ferne auf einem der trockenen sandigen Hügel schon erahnen kann. Es ist das Kap Aspro, südwestlichster Punkt Zyperns. Zwei Wochen werde ich insgesamt auf Zypern bleiben und möchte erst die Westküste bis zum Kap Arnaoutis, dem nordwestlichsten Punkt, entlangwandern und danach per Anhalter oder Bus weiter ins Troodos-Gebirge fahren – zu den wunderschönen kaledonischen Wasserfällen und den berühmten Scheunendachkirchen. Die letzten Tage möchte ich auf der Nordseite der Insel im Kyrenia-Gebirge verbringen und dort verschiedene Tageswanderungen machen. Danach geht es mit der Fähre weiter in die Türkei. So der Plan. Und außer der gestrigen und der heutigen Nacht, für die ich mich in einem Hostel in Paphos einquartiert habe, möchte ich draußen schlafen. Unter freiem Himmel. Ohne Zelt. Ganz allein.

Der Ausflug zum Aphrodite-Felsen und dem Kap Aspro war mein Eingewöhnungstag, und als ich am Abend wieder im Hostel bin, versuche ich die letzten Stunden, in denen ich noch nicht obdachlos bin, zu genießen. Ich gehe mit Yassine, einem sympathischen Marokkaner aus meinem Viererzimmer, in ein kleines Restaurant und wir teilen uns eine riesige Meeresfrüchteplatte. Danach springe ich ein letztes Mal unter die Dusche, wasche mir die Haare, putze mir die Zähne und betreibe ausgiebige Körperpflege, bevor ich mich in mein erstaunlich bequemes Etagenbett kuschle und mich zwinge, alle Gedanken auszuschalten, um die letzte Nacht auf einer weichen Matratze einfach nur zu genießen. Doch viele Zweifel habe ich ohnehin nicht. Nach dem wunderbaren Tag mit Antonios und Aphrodite überwiegt die Vorfreude. Genauso habe ich es mir vorgestellt: unterwegs sein in wunderschöner Natur. Dazu spannende Begegnungen mit interessanten Menschen, Neues ausprobieren und ab und zu an meine physischen und psychischen Grenzen stoßen.

Am Morgen springe ich fast aus dem Bett. Ich kann es kaum erwarten, mir meinen Rucksack zu schnappen und loszuwandern! Das Meer zu meiner Linken und vor mir das große quadratische Kastell aus dem Mittelalter, laufe ich kurze Zeit später die palmengesäumte Strandpromenade von Paphos entlang. Jetzt geht es wirklich los, ich kann es kaum glauben! Am liebsten würde ich allen mir entgegenkommenden Menschen um den Hals fallen. Auch muss ich mich zusammenreißen, nicht die Strandpromenade entlangzuhüpfen, so aufgeregt bin ich.

Doch nicht sehr lang, und das breite Grinsen weicht einer gequälten Grimasse. Auch die Lust aufs Hüpfen ist schnell vergangen. Mit jedem Schritt wird dieser Rucksack schwerer. Die Schulterriemen schneiden sich tief in meine Haut und der Hüftgurt scheuert irgendwann so, dass ich die vordere Schnalle öffnen muss. Nun zieht mich das Gewicht so stark nach hinten, dass ich mich am liebsten – alle viere von mir gestreckt – wie ein Käfer auf den Rücken fallen lassen würde, um nicht mehr aufstehen zu müssen.

Fix und fertig komme ich nach nur drei Kilometern bei den berühmten Königsgräbern von Paphos an. Wie soll ich dieses dicke Ding auf meinem Rücken denn bis nach Norwegen schleppen?! Bevor Panik und Ärger sich ausbreiten können, atme ich tief durch: »Ganz ruhig«, rede ich mir gut zu, »es dauert ein paar Tage, bis man sich an das Gewicht gewöhnt hat. Einfach nicht weiter darüber nachdenken. Nicht darüber nachdenken, dass du dieses fünfzehn Kilo schwere Ding jetzt hundertfünfzig Tage lang jeden Tag mit dir herumschleppen wirst!« Ich trinke fast einen Liter Wasser und futtere eine Tüte Studentenfutter – erst dann bin ich wieder so weit hergestellt, dass ich mir die Gräber der Könige etwas genauer anschauen kann.

Zypern ist eine der ältesten Kulturstätten der Welt und schon vor zehntausend Jahren – als bei uns in Norddeutschland gerade erst die letzten Reste der eiszeitlichen Gletscher geschmolzen waren – haben hier wahrscheinlich Menschen gesiedelt. Auf der Insel gibt es deshalb viele interessante archäologische Ausgrabungsstätten. Die Königsgräber sind allerdings »nur« um die zweitausend Jahre alt. Und mit ziemlicher Sicherheit sind es auch gar keine Königsgräber, erfahre ich, sondern die Gräber von hohen Beamten, die mit ihrem ganzen Reichtum wohl nichts Besseres zu tun wussten, als sich im Stil der ägyptischen Pharaonen begraben zu lassen.

Beeindruckend sind die mit verzierten Säulen gestützten Grabkammern aber trotzdem. Ich hole meine Kamera heraus und mache ein paar Videos. Ich habe mir vorgenommen, diese Reise festzuhalten, um am Ende hoffentlich einen spannenden Film daraus zu machen. Ich knöpfe also die breite Krempe meines Stoffhuts an den Seiten nach oben, sodass er fast wie ein Cowboyhut aussieht, und lehne mich dann lässig an den Eingang einer Grabkammer. Jetzt fehlt nur noch eine braune Lederpeitsche in meiner Hand, dann könnte ich hier auch den nächsten Teil von Indiana Jones drehen. Ich drücke auf Aufnahme, grinse in die Kamera und will nun locker-flockig ein paar Fakten über die Grabkammer erzählen. Doch als ich meine unsichere, stotternde Stimme höre, komme ich mir ziemlich schnell ziemlich lächerlich vor und schalte die Kamera wieder aus.

Den Rest des Tages schleppe ich mich weiter entlang der Küste Richtung Norden, immer mit Blick auf ein großes rostiges Schiffswrack, das nur wenige Hundert Meter vom Strand entfernt auf Grund gelaufen ist und nun zwischen den Wellen thront und aussieht, als würde es jeden Moment wieder losfahren. Als ich das Wrack weit hinter mir gelassen habe, kehrt zögerlich ein wenig Selbstvertrauen zu mir zurück. Irgendwie, Schritt für Schritt, komme ich ja doch voran.

Doch als sich der Nachmittag dem Ende nähert, werde ich schon wieder nervös. Den ganzen Tag bin ich entlang der Steilküste an Häusern, Hotels und Ferienanlagen vorbeigelaufen und auch jetzt reiht sich ein schickes kleines Häuschen an das nächste. Wie soll ich hier einen Schlafplatz finden? Ich kann mich doch nicht in irgendeinen Garten legen?! Genau darum hatte ich mir im Vorfeld Sorgen gemacht: dass Europa zu dicht besiedelt ist und ich nicht jede Nacht draußen schlafen kann, weil fast alles in Privatbesitz ist.

Als es anfängt zu dämmern, komme ich an einer kleinen, felsigen Landzunge vorbei, die sich bogenförmig ins Meer erstreckt und so eine schöne Bucht zwischen Meer und Küste bildet. Am Rand entdecke ich einen breiten Grünstreifen, der mit hohem Gras bewachsen ist. Zwar ist direkt dahinter der Fußweg, doch das Gras sollte genügend Schutz bieten, dass mich kein Spaziergänger oder Jogger entdecken kann, wenn ich sitze oder liege. Ich warte ab, bis niemand mehr auf dem Weg ist, dann schlage ich mich ins hohe Gras, streife den Rucksack ab und ducke mich so weit hinunter, bis die Gräser meinen Kopf überragen. In dieser Hockstellung richte ich vorsichtig mein Lager her und halte immer wieder inne, sobald ich Schritte oder Stimmen näherkommen höre. Zum Schluss ziehe ich den olivfarbenen Bivy Bag über meinen orangefarbenen Schlafsack, und obwohl mein schwarz-grüner Rucksack schon gut getarnt ist, ziehe ich auch ihm eine olivfarbene Regenhülle über. Im Schlafsack stelle ich erfreut fest, dass ich nun – obwohl nur wenige Meter vom Fußweg entfernt – fast unsichtbar sein muss. Ich darf mich nur nicht zu viel bewegen, denn ich liege gefährlich nahe an der Abbruchkante ins Meer. Doch da mein Körper sich wie ein tonnenschwerer Sack anfühlt, bin ich sicher, mich in den nächsten Stunden nicht einen Zentimeter vom Fleck zu rühren.

Ich hole noch einmal meine Kamera hervor, um meinen ersten Schlafplatz zu dokumentieren. Vor lauter Müdigkeit habe ich keine Energie mehr, mir blöd oder lächerlich vorzukommen, deshalb klappt das Sprechen in die Kamera schon besser. Es fühlt sich sogar richtig gut an, fast als würde ich jemandem Gute Nacht sagen. Ich bin so erschöpft, dass mir sofort die Augen zufallen.

Ein Rascheln neben meinem Kopf lässt mich die Augen wieder aufreißen. Angespannt starre ich in die Nacht. Ein leises Maunzen und flüchtende Tapser verraten mir, dass es wohl nur eine Katze war. Erleichtert mache ich die Augen wieder zu, einschlafen kann ich nun allerdings nicht mehr. Ich schaue auf die Uhr und stelle ärgerlich fest, dass es erst viertel nach acht ist – abends! Mitte Februar liegen hier zwischen Abend- und Morgendämmerung über zwölf Stunden. Genervt wälze ich mich hin und her. Nach zwei Stunden Schlaf hat sich mein Körper anscheinend von den Strapazen des Tages erholt und ist nun in den alarmbereiten Zustand gewechselt. Das kleinste Geräusch lässt mich aufhorchen, jeder Windhauch die Augen aufschlagen. Ich habe zwar nicht wirklich Angst, trotzdem ist es ungewohnt, hier so ungeschützt herumzuliegen. Hoffentlich ist es wie mit dem Gewicht des Rucksacks: Es braucht einfach eine kleine Eingewöhnungsphase.

Die letzten Stunden vor Sonnenaufgang werden noch einmal besonders anstrengend, denn es wird kühler und ich finde keine bequeme Liegeposition mehr. Als es endlich dämmert, kann ich es kaum erwarten, aus dem Schlafsack zu kriechen!

Der Rucksack fühlt sich auch am zweiten Tag wie ein Sack Mehl auf meinem Rücken an. Doch ich verbiete mir das Selbstmitleid und zwinge mich zu guter Laune. Ich finde einen wunderschönen kleinen Strand und lege dort eine lange Frühstücks- und Badepause ein. Vor lauter Aufregung habe ich gestern kaum etwas gegessen und auch heute Morgen kriege ich nur ein paar Haferflocken mit Wasser und Trockenfrüchten herunter.

Später komme ich an beeindruckenden Meereshöhlen vorbei und abends laufe ich am Rand einer imposanten Steilküste entlang, deren weiß- und orangefarbene Kalksteinklippen spektakulär im Licht der Abendsonne leuchten. Doch so schön die Landschaft auch ist und sosehr ich mich anstrenge, positiv zu denken – insgeheim frage ich mich ständig, ob mein Rucksack nicht viel zu schwer für mich ist und ob ich heute Nacht einen Schlafplatz finde. War diese Reise vielleicht doch eine Schnapsidee?

Aber auch am zweiten Tag ist die Sorge wegen des Schlafplatzes unbegründet. Wie gestern befinde ich mich bei einsetzender Dämmerung zwar wieder zwischen Ferienhäusern und Hotelanlagen, doch ein schmaler Weg aus Beton führt mich aus dem Häuserwirrwarr direkt am Meer entlang auf einen felsigen Hügel und eine zerklüftete Bucht zu. Am Fuß des Hügels steht im hohen Gras einsam und verlassen ein mächtiger Wacholderbaum. Der Wind muss diesem Baum über die Jahre kräftig um die Ohren geweht sein: Sein Stamm hat sich so zur Seite geneigt, dass seine Krone fast vollständig den Boden bedeckt. Fasziniert schaue ich ihn mir genauer an. Die Äste, die neben dem Stamm den Boden berühren, bilden einen wunderbar windgeschützten Unterschlupf. Ich kann mein Glück kaum fassen: Was für ein schöner Schlafplatz, sogar mit Blick aufs Meer!

In dieser Nacht schlafe ich sogar zweimal drei Stunden am Stück. Morgens möchte ich meine geschützte Wachholderhöhle am liebsten gar nicht verlassen. Ich liege im Schlafsack und stelle mir vor, wie ich die nächsten fünf Monate unter diesem Wachholderbaum lebe. Ich könnte jeden Tag im Meer baden, hin und wieder auf den Hügel klettern, zum Einkaufen zurück in den Ort laufen und wäre meine Sorgen wegen des Schlafplatzes los.

»Mann, Johanna«, ermahne ich mich streng, »dann hättest du dir auch einfach für zwei Wochen eine Ferienwohnung auf Zypern mieten können! Aber du wolltest Abenteuer, schon vergessen?! Also kneif jetzt gefälligst die Arschbacken zusammen und mach nicht gleich am dritten Tag schlapp!«

Als ich zähneknirschend meine Sachen packe, fallen mir die Worte von Antonios wieder ein, die er mir nach unserem Treffen noch geschrieben hatte: »Remember, this is just the beginning of a long project. But as we say, beginning is half of the job!«

Das Schwierigste habe ich also schon geschafft: Ich bin losgelaufen. Alles andere wird sich finden.

> ## REISEWEISHEIT NUMMER 1:
> ### Der Anfang ist die halbe Miete!

Meiner Erfahrung nach sind die ersten Tage einer Reise fast immer die härtesten. Nach der kurzen Anfangseuphorie setzt die Angst vor der eigenen Courage ein und man läuft Gefahr, von Zweifeln und Sorgen überwältigt zu werden. Da hilft nur eins: Augen zu und durch! Und vielleicht diese Erkenntnis: Eine Reise überhaupt erst zu beginnen, ist schon fast die halbe Miete.

Denn: Wie viele Leute sitzen zu Hause auf ihrem Sofa und schmieden große Reisepläne und verpassen den Moment, um sie in die Tat umzusetzen? Mal fehlt die Zeit, mal das Geld oder auch oft das letzte bisschen Mut, den sicheren Hafen zu verlassen und ins Unbekannte aufzubrechen. Die Erfahrung hat jedoch gezeigt: Man bereut vor allem die Dinge, die man nicht getan hat!

Und natürlich gibt es nach den ersten Startschwierigkeiten noch unzählige Momente der Mutlosigkeit, in denen die Zweifel anklopfen und man sich fragt: »Warum bist du dumme Nuss nicht einfach zu Hause geblieben?!« Doch darauf folgen so viele, in denen man feststellt: »Ja! All die Mühe, die Anstrengungen, der Schweiß, die Tränen haben sich gelohnt. All die Strapazen waren es wert, allein für diesen einen Moment!«

Rausch und tiefer Fall

Am dritten Tag erwartet mich hinter der ersten Kurve eine wunderschöne Kapelle, deren Kuppeldach mit terrakottafarbenen Ziegeln gedeckt ist. Die hellen Natursteine leuchten in der Morgensonne.

»Agios Georgios in Pegeia«, weiß mein Handy. Hier beginnt die Akamas-Halbinsel. Einst britische Militärsperrzone, ist der nordwestlichste Zipfel Zyperns heute ein unberührtes Fleckchen atemberaubender Natur. Nur Offroad-Pisten führen über die 230 Quadratkilometer große Halbinsel, die neben Eukalyptus-, Kiefern- und Wachholderwäldchen vielen Pflanzen- und gefährdeten Tierarten einen ungestörten Platz zum Leben und zum Eierlegen bietet, zum Beispiel der Suppenschildkröte.

Mein Ziel heute ist die Avakas-Schlucht. Sie soll der imposanteste Canyon auf der Insel sein und ich will sie vollständig durchqueren.

Um acht Uhr stehe ich am großen Hinweisschild des Nature Trails und werde darauf aufmerksam gemacht, dass nach starken Regenfällen eine erhöhte Steinschlaggefahr bestehen könnte. Auch bei hohem Wasserstand des Avakas sollte man auf eine Begehung der Schlucht verzichten. Okay, zur Kenntnis genommen. Los geht's!

Ich folge dem Trampelpfad und schaue bald auf hohe Kalksteinfelsen, deren helle Farbe einen schönen Kontrast zum üppigen Grün bildet. Als ich den schmalen Fluss erreiche, der sich über Jahrtausende seinen Weg durch den Fels gegraben hat, stehe ich wieder vor einem Hinweisschild. Diesmal wird der Zugang in die Schlucht ausdrücklich verboten, wegen hohen Wasserstands und Steinschlaggefahr. Na toll, was soll ich denn jetzt damit anfangen?! Unschlüssig sehe ich mir die steilen Felswände genauer an. Die machen doch einen ganz soliden Eindruck, und auch der Fluss plätschert allerhöchstens knietief neben mir dahin. Mithilfe des Wasserfilters fülle ich erst mal meine Trinkflasche auf, denn so richtig traue ich mich jetzt nicht mehr da rein.

Ich denke zurück an meine Wanderung auf Mallorca und erinnere mich an das Versprechen, dass ich mir und meiner Familie gegeben hatte, nachdem ich dort in einem Canyon, dem Torrent de

Pareis, in Schwierigkeiten geraten war. »So einen Blödsinn machst du nie wieder!«, hatte ich mir damals eingeschärft.

Vielleicht liegt es daran, dass ich auf dem platten norddeutschen Land groß geworden bin, aber Berge, Täler und vor allem Schluchten hatten schon immer eine unwiderstehliche Anziehungskraft auf mich, und nachdem ich damals gehört hatte, dass es einen spektakulären Canyon im Tramuntana-Gebirge geben soll, musste ich dorthin! Ich las, dass es eine der anspruchsvollsten Wanderungen auf ganz Mallorca sein sollte, doch nach ausgiebigen Recherchen traute ich mir die Tour durch den Torrent de Pareis durchaus zu: Sollte sie doch zu schwer werden, konnte ich ja jederzeit umkehren.

Ich bahnte mir also damals einen Weg durch dichtes Gestrüpp und folgte dem Felsgeröll, welches ich für das ausgetrocknete Flussbett hielt. Hin und wieder musste ich kleine Kletterpassagen überwinden, aber darauf hatte ich mich ja gefreut. Begeistert vom Weg, der meine volle Konzentration beanspruchte, merkte ich nicht, dass es unmöglich werden würde, die Felswände im Notfall wieder hinaufzuklettern. Bei einem besonders steilen, fast vertikalen Stück ließ ich den Rucksack einfach vier, fünf Meter in die Tiefe plumpsen und stieg hinterher. Unten angekommen, wurde mir bewusst, dass es mit meinem Rucksack kein Zurück gab. Umkehren war keine Option mehr.

Nachdem ich nach über vier Stunden immer noch nicht die Stelle erreicht hatte, an der der Torrent de Pareis beginnen sollte, machte ich mir ernsthaft Sorgen. Laut Beschreibung sollte man ihn spätestens nach zwei Stunden erreicht haben und die eigentliche Kletterei sollte dann erst richtig losgehen. Ich war jetzt schon fix und fertig! Doch fast wie im Rausch kletterte ich weiter. Anhalten bedeutete nachdenken und dann hätte ich mir eingestehen müssen, dass meine einzige Option – außer weiterklettern – darin bestand, einen Notruf abzusetzen. Und dafür müsste ich schon komplett verzweifelt und am Ende meiner Kräfte sein. Eine Stunde später fingen die Muskeln in meinen Armen und Beinen unkontrolliert an zu zittern, und ich merkte, dass ich kurz davor war, hysterisch in Tränen auszubrechen. Als Minuten später endlich der Torrent de Pareis in Sicht kam, schluchzte ich laut los.

Kurze Zeit später realisierte ich jedoch, dass ich nicht am richtigen Punkt gelandet war. Eigentlich sollte ich unten im trockenen Flussbett des Canyons stehen. Ich stand fast zehn Meter weiter oben an der Kante einer vertikalen Felswand – und der einzige Weg hinunter ging runter über diese Felswand. Das durfte doch nicht wahr sein!

Verzweifelt suchte ich einen Weg nach unten, doch den gab es nicht. Stattdessen fand ich, um einen dünnen Stamm geschlungen, eine Bandschlinge, die wohl andere Kletterer hier zurückgelassen hatten. Damit könnte ich es vielleicht schaffen! Ich steckte mir Handy und Messer in die Hosentaschen, dann ließ ich meinen Rucksack zehn Meter in die Tiefe sausen. Mir war völlig egal, ob mein Gepäck kaputtgehen würde, ich wollte nur noch hier raus! Die Bandschlinge zwischen die Zähne geklemmt, ließ ich mich vorsichtig an der Kante herunter. Hochkonzentriert tastete ich mit den Füßen nach kleinen Felsvorsprüngen und prüfte gewissenhaft, ob diese auch standhielten, bevor ich mein ganzes Gewicht darauf verlagerte. Mit zitternden Armen und Beinen kletterte ich hinab. Immer wieder musste ich stoppen, weil ich keine geeigneten Griffe oder Tritte fand. Ein paarmal musste ich die Bandschlinge zu Hilfe nehmen. Ich legte sie um kleine Bäume, die aus der Felswand herausragten, und betete jedes Mal, dass ihre Wurzeln meinen sechzig Kilo standhalten würden, dann ließ ich mich – die Finger um die Schlinge gekrallt und mit zitternden Armmuskeln – langsam nach unten.

So hatte ich die Hälfte der Strecke hinter mich gebracht, da passierte es: Ich tastete gerade mit meinem rechten Fuß trittsuchend an der Wand entlang, da ging ein Ruck durch meine rechte Hand.

Bestürzt stellte ich fest, dass der Stein, den meine rechte Hand umklammerte, sich von der Felswand löste und nur eine Sekunde später flog meine Hand auch schon nach hinten durch die Luft und mit ihr riss es mich weg von der Felswand – ich fiel rückwärts in die Tiefe.

»Das war's!«, schoss es mir noch durch den Kopf, dann prallte ich auf.

Ein stechender Schmerz zuckte durch meinen Rücken. Mir blieb die Luft weg. Meine Zähne bissen auf die Bandschlinge, als wollten sie sie zermalmen. Ein lautes, schmerzverzerrtes Knurren kam aus meinem Mund. Unkontrolliert und minutenlang stöhnte ich dort am Boden vor mich hin, und die Felswände der Schlucht warfen meine Laute nach allen Seiten zurück. Mein Rücken war gebrochen, da war ich mir sicher. Mit unerträglichen Schmerzen und nach Luft hechelnd, lag ich da und wagte nicht, mich auch nur einen Zentimeter zu bewegen.

Bewegungslos stehe ich auch jetzt vor dem Hinweisschild der Avakas-Schlucht und sehe mich vor meinem geistigen Auge wieder dort am Boden des Torrent de Pareis liegen – direkt neben einer dicken knorrigen Baumwurzel. Wäre ich damals nur einen halben Meter weiter links gelandet, wäre es wahrscheinlich wirklich aus gewesen. Zwei ältere Norweger, die plötzlich wie zwei Schutzengel auftauchten, halfen mir damals aus der Schlucht hinaus und so kam ich – mit mehr Glück als Verstand – fast unverletzt und nur mit einem Innenbandriss am linken Knöchel statt Querschnittslähmung davon.

Ein herannahendes Auto reißt mich aus meinen Gedanken. Ein roter Land Rover ruckelt über den kleinen Trampelpfad und kommt im Schatten einer großen Platane zum Stehen. Ein Mann in ausgewaschenen Arbeitsklamotten steigt aus und räumt große schwarze Schläuche auf den staubigen Boden. Meine Chance! Schnell laufe ich zu ihm herüber. »Entschuldigung, wissen Sie, ob der Zugang in die Schlucht wirklich verboten ist und ob es im Moment gefährlich wäre, dort hindurchzulaufen?« Der Mann sieht kurz auf, fährt fort, seine Schläuche abzuladen und winkt lässig ab: »Ach, heute ist doch bestes Wetter. Nur bei richtig starkem Regen könnte es gefährlich werden.«

»Also brauche ich dieses Schild nicht zu beachten?«, hake ich noch einmal nach und deute auf die Hinweistafel am Eingang des Canyons. Wieder winkt er ab: »Die Schilder werden hier jedes Jahr über den Winter aufgestellt.« Er legt sich die Schläuche über seine breiten Schultern, dann läuft er davon. »Danke!«, rufe ich ihm noch hinterher, bevor auch ich mich umdrehe und in die entgegengesetzte Richtung davonlaufe – zwischen den hohen Felswänden hindurch, hinein in die imposante Avakas-Schlucht.

Drei Stunden später sitze ich auf einem kleinen Felsen eines rutschigen Geröllpfads, der mich an der rechten Schluchtwand hinaufgeführt hat. »Du dumme Nuss! Du dümmste, dämlichste aller dummen Nüsse auf der ganzen Welt!«, beschimpfe ich mich selbst. »Bist du denn wirklich nicht in der Lage, aus deinen Fehlern zu lernen?!«

Zwei Stunden hatte der Wanderführer, aus dem ich mir die Wegbeschreibung zu Hause abfotografiert hatte, für die Durchquerung veranschlagt. Ich sollte längst an einem rostigen Lkw-Wrack – Gott weiß, wie das hierhergekommen ist – und an zwei gemütlichen Sitzbänken vorbeigekommen sein. Bin ich aber nicht! Stattdessen bin ich diesem steilen Geröllpfad gefolgt, in der Hoffnung, es wäre der »deutliche Pfad, der den rechten Schluchtrand hinaufführt«. Fast alle anderen Wanderer, die mich im Laufe des Vormittags überholt hatten, sind auch schon wieder umgekehrt. Oft mit dem Hinweis, der Weg sei zu anstrengend und zugewachsen und ich sollte mit meinem großen Rucksack besser auch wieder umkehren. Das will ich aber nicht!

Stattdessen sitze ich hier oben und versuche nicht an den Sturz im Torrent de Pareis zu denken und mein rasendes Herz wieder in den Griff zu bekommen. Ich schließe die Augen und atme tief durch. Langsam beruhigt sich mein Herz und ich kann für einen Moment sogar die schöne Aussicht genießen.

Ich werde den Geröllpfad wieder hinabsteigen und unten weiter dem Fluss folgen. Mit großer Wahrscheinlichkeit ist das der falsche Weg. Sollte es doch der richtige sein, wäre er sowieso zu gefährlich mit dem Rucksack. Ein paarmal bin ich schon weggerutscht und fast wieder nach hinten gefallen. Deshalb werde ich mir jetzt beweisen, dass ich lernfähig bin, und nicht blindlings dem Pfad folgen. Der Abstieg wird jetzt schon eine Herausforderung, aber noch ist er machbar.

Ganz langsam rutsche ich den steilen Geröllpfad wieder hinunter. Unten schmerzt mein Hintern zwar sehr und der Stoff meiner Wanderhose ist aufgeschürft, doch ich bin unglaublich erleichtert, wieder am zugewachsenen Flussbett zu stehen. »Diesem Fluss weichst du jetzt nicht mehr von der Seite«, schärfe ich mir ein, »egal wie zugewachsen und steinig der Weg auch sein mag!«

Kurze Zeit später treffe ich zwei Männer in meinem Alter, die in luftigen Sportklamotten auf einem großen Felsen sitzen. Auch sie haben mich vor einiger Zeit schon überholt. »Na, wie kommst du voran mit deinem riesigen Rucksack?«, fragt mich einer belustigt und mit leicht amerikanischem Akzent. »Och, ganz gut«, schwindele ich ein bisschen und frage dann betont lässig: »Wisst ihr, wie weit es noch ist?« »Wir müssten jetzt ungefähr bei der Hälfte sein«, antwortet er. Ich schlucke. »Bei der Hälfte?! Aber mein Wanderführer sagt, die gesamte Durchquerung dauert nur etwa zwei bis drei Stunden.« Lachend erwidert er: »Ja, so ist das hier auf Zypern. Hier kannst du getrost bei jeder Wanderung die doppelte Zeit einplanen, da die Wanderwege nicht sonderlich gut gepflegt werden.« Aha, gut zu wissen.

Im weiteren Gespräch erfahre ich, dass Robert aus Kalifornien stammt und seit fünf Jahren mit seiner Frau auf Zypern lebt. Sein

Freund James, ebenfalls aus Kalifornien, ist gerade für zwei Wochen zu Besuch.

»Meine Frau kommt aus Polen und hat vor zwei Jahren die Avakas-Schlucht komplett durchquert. Eigentlich wollten wir beide das heute auch schaffen, aber wir sind wohl zu sehr lazy Americans und drehen gleich wieder um. Will man am Ende nicht auf genau demselben Weg wieder zurück durch die Schlucht, ist es nämlich noch ganz schön weit zurück zum Parkplatz.« Ich erzähle, dass ich draußen übernachte und zum Glück nicht zum Parkplatz muss, sondern weiter über die Akamas-Halbinsel laufe. Wir wünschen uns zum Abschied alles Gute und ich klettere um den großen Felsen herum und folge weiter dem Fluss.

Nun weiß ich wenigstens, dass ich auf dem richtigen Weg bin, und kann die zweite Hälfte der Wanderung entspannter angehen. An einer besonders schönen Stelle nehme ich mir sogar Zeit, meinen Bikini überzuziehen, und bade in einem natürlich entstandenen Pool mitten im Fluss. Eiskalt prasselt das Wasser des Avakas auf meine schmerzenden Schultern und ich stelle mir vor, wie der Fluss all die Anspannung und Zweifel der letzten Tage von mir abspült und davonträgt.

Drei anstrengende Stunden dauert es noch, bis ich endlich den lang ersehnten »deutlichen Pfad, der den rechten Schluchtrand hinaufführt«, erreiche. Ich lasse mich und meinen Rucksack erleichtert auf eine der beiden Sitzbänke fallen. Erschöpft, aber überglücklich beschließe ich, es für heute gut sein zu lassen. Ich spanne meine Hängematte zwischen einer Reihe säuberlich gepflanzter Kirschbäume, in einem Bergtal, das direkt hinter dem Ausgang der Avakas-Schlucht beginnt. Daneben spanne ich auch noch eine kurze Wäscheleine und wasche meine verschwitzen Kleider im Fluss. Ich will mir gerade hinter ein paar Büschen meinen Bikini überziehen, da wird mir klar, dass ich hier vollkommen allein bin. Zögernd schaue ich mich noch einmal um, dann ziehe ich mich aus und stelle mich nackt unter einen herrlichen Wasserfall. Berauscht lasse ich mir das kalte Wasser übers Gesicht und über meinen geschundenen Körper laufen und lache vor lauter Glück und Freiheit laut drauflos.

Der Knoten ist geplatzt! Meine Sorglosigkeit ist zurück, die Nervosität der letzten Tage verschwunden! Kurz kehrt sie am nächsten Tag zurück, als gegen Mittag dunkle Wolkenberge am Himmel aufziehen und leiser Donner grollt. Schnell sehe ich zu, dass ich aus den Bergen heraus zurück an die Küste komme.

In dem Moment, als der Regen loslegt, erreiche ich zum Glück ein winziges Restaurant in einer wunderschönen Bucht, das eigentlich geschlossen hat. Doch der Besitzer gewährt mir großzügig Schutz. Mit blutverschmierter Schürze und Schlachtmesser in der Hand fährt er fort, die Überreste einer halben Kuh auf dem Metalltisch hinter der Theke zu zerteilen. Seine Frau macht mir währenddessen ein leckeres Omelett mit Tomaten und Zwiebeln. Ein Festmahl nach den Haferflocken, Nüssen und Trockenfrüchten der letzten drei Tage. Nach dem Omelett haben sich die Gewitterwolken verzogen und ich verabschiede mich überschwänglich. Gedankenversunken stapfe ich weiter über die nun matschigen roten Pisten der Akamas-Halbinsel, über die in ein paar Wochen Geländewagen voller Touristen brettern werden. Da hält ein silberner Jeep neben mir. Als das Fenster heruntergelassen wird, grinsen Robert und James mich an. »Wir haben uns schon von Weitem gedacht, dass du es bist!«, begrüßen sie mich. »Hast du es gestern noch durch die Schlucht geschafft?« Stolz berichte ich, dass ich bis zum Ende durchgehalten, aber auch, dass ich vor Erschöpfung gleich hinter dem Ausgang mein Nachtlager aufgeschlagen habe. »Herzlichen Glückwunsch!«, gratulieren sie mir, »wir würden dich ja gern mitnehmen, aber wir haben leider keinen Platz mehr.« Von der Rückbank des Jeeps beäugen mich neugierig zwei Kinder und winken mir zu.

»Macht nichts«, erwidere ich, »ich laufe gern!«

Irgendeinen Schalter haben die Schlucht und das eiskalte Wasser des Avakas gestern in mir umgelegt.

Als ich am späten Nachmittag eine helle, geräumige Höhle in einem großen Felsen entdecke, der auf einem grasbewachsenen Hügel thront, weiß ich vor lauter Glück gar nicht, wohin mit mir. Schon wieder ein genialer Schlafplatz, und auch noch komplett wind- und regengeschützt! Ich richte mich ein und sitze dann lange auf meinem Schlafsack und blicke hinaus aufs Meer.

Diese Reise war genau die richtige Entscheidung, da bin ich mir nach den glücklichen Zufällen dieses Tages sicher. Insgeheim hatte ich ein bisschen gezweifelt, ob sich die Erlebnisse und intensiven Gefühle der Spanienreise wiederholen ließen. Dass der Zauber darin lag, dass Alleinsein und Draußenschlafen ganz neu für mich gewesen waren. Doch nach diesen fünf Wandertagen fühle ich mich wie damals. Es ist schwer, diesen Gefühlszustand in Worte zu fassen. Mein Körper schüttet ununterbrochen Glückshormone aus und obwohl ich so wenig schlafe, bin ich energiegeladen wie nie zuvor. Erst wenn ich abends zur Ruhe komme, merke ich die Erschöpfung in jeder Zelle meines Körpers, doch auch das ist wunderbar, denn es zeigt, wie viel ich am Tag geleistet habe. Und da ich die Nächte draußen verbringe, hört das Abenteuer nie auf. Ein Tag wird so – gefühlt – zu einer ganzen Woche. Ich frage mich, wie lange dieser Rauschzustand andauern wird. Wie lange macht mein Körper so etwas mit? Ich werde es herausfinden.

Zum ersten Mal verpasse ich die Morgendämmerung. In meiner Fünf-Sterne-Höhle schlafe ich tatsächlich sechs Stunden durch! Am Himmel hängen die Regenwolken, an meinen Schuhen der Lehm – wie auf Plateausohlen stapfe ich am Vormittag weiter. Schon bald muss ich meine Wanderhose gegen hauteng Leggins eintauschen, da ich mir die Innenseiten meiner Oberschenkel aufgescheuert habe.

Als ich mittags die Kuppe eines Hügels überschreite, sind alle Strapazen vergessen, und mir kommen fast die Tränen, so schön breitet sich die Küstenlinie der Akamas-Halbinsel vor mir aus. Überall wunderschöne türkise und tiefdunkelblaue Buchten!

Ich habe nur noch wenige Kilometer bis zum Kap Arnaoutis und verstecke meinen Rucksack einfach unter ein paar stacheligen Büschen, da ich auf dem Rückweg wieder hier vorbeikomme. Um einige Kilos leichter laufe ich die felsige Küste entlang und erreiche mein erstes Zwischenziel: Ein kleiner Kasten aus Ziegeln mit dem Modell einer Kirche auf seinem Dach markiert den nordwestlichsten Punkt Zyperns. Ich öffne die Tür und sehe ein kleines goldenes Kreuz, umrahmt von Kerzen, Holzketten und Gottesbildern. Viele Wanderer haben ein kleines Steinchen daraufgelegt, und ich fühle mich mit ihnen verbunden. Ich erinnere mich an das kleine Schneckenhaus, das ich am ersten Tag auf dem Weg zum Kap Aspro aufgehoben habe und tatsächlich steckt es noch in meiner Bauchtasche. Feierlich lege ich es unter das goldene Kreuz. Fast hundert Kilometer ist es mitgewandert – die Westküste Zyperns liegt hinter mir. Nun kann es in die Berge gehen!

REISEWEISHEIT NUMMER 2:
No risk, no fun!

Wenn man allein unterwegs ist, muss man vorsichtig sein, klar! Doch im Vorfeld kann man nicht immer einschätzen, ob eine Situation lebensgefährlich ist oder nur ein tolles Abenteuer mit wichtiger Erfahrung fürs Leben. Und wie schon der weise Ilja Trojanow schreibt: »Wer auf Reisen das Unangenehme, Mühsame, Schmerzhafte stets meidet, der könnte genauso gut Beruhigungsmittel schlucken. Das leicht Erreichte und das wirklich Erlebte verhindern sich gegenseitig.«

Das heißt natürlich nicht, dass ich mich ständig absichtlich Gefahren aussetze, und nicht jeder muss gleich fünf Monate unterwegs sein. Doch ich plädiere dafür – besonders auf Reisen – oft und lange die berühmte Komfortzone zu verlassen! Sich selbst mehr zuzutrauen und sich öfter kleinen oder großen Herausforderungen zu stellen. So habe ich im Laufe der Jahre und mit jeder neuen Reise- und Wandererfahrung meine Komfortzone Stück für Stück erweitert. Zugegeben, vielleicht hatte ich manchmal mehr Glück als Verstand, und vielleicht wäre es das ein oder andere Mal tatsächlich ratsam gewesen, die Risiken im Vorfeld abzuwägen, statt mit der Strategie draufloszupreschen: Wenn es gefährlich wird, drehe ich wieder um. Doch andererseits ist eben auch genau diese Art zu reisen mein Rezept dafür geworden, mich so frei, lebendig und glücklich zu fühlen wie sonst nur selten im Leben!

Mein Freund Halloumi

24 Stunden später stehe ich leider nicht am Fuße eines Berges, sondern am Busbahnhof von Paphos. Es ist praktisch unmöglich, direkt von der Akamas-Halbinsel ins Troodos-Gebirge zu kommen, denn in die Berge führen nur wenige Straßen. Entnervt studiere ich die Fahrpläne und Abfahrtszeiten und hoffe, heute noch irgendwie ins Gebirge zu kommen.

Nach der wunderbaren Einsamkeit auf der Akamas-Halbinsel, stressen mich die Menschen und der Verkehrslärm extrem und irgendwann kapituliere ich. Es ist Samstagnachmittag, am Sonntag fahren so gut wie keine Busse und somit gibt es keine Möglichkeit, vor Montag das Troodos-Gebirge zu erreichen – außer ab Limassol per Anhalter. Aber will ich mich an einem Samstagabend an die Straße stellen? Außerdem habe ich Angst vor den Temperaturen in den Bergen. Gestern Nacht habe ich unter einem Felsvorsprung in einer kleinen Bucht geschlafen und mir bei Temperaturen um die zehn Grad schon fast den Hintern abgefroren. Andererseits würde ich so gern die kaledonischen Wasserfälle und die Scheunendachkirchen sehen. Unentschlossen lasse ich mich auf eine Bank fallen.

»Na, auch am Rumreisen?«, werde ich auf Englisch angequatscht. Ein junger Typ mit mandelförmigen Augen, glatten schwarzen Haaren und amerikanischem Akzent mustert mich neugierig. »Ja« ist meine knappe Antwort, die ihm hoffentlich mit meinem unfreundlichen Blick zu verstehen gibt, dass ich nicht in Plauderlaune bin. Er versteht nicht und erzählt mir ungefragt und ausführlich von den Strapazen seiner heutigen Ankunft auf Zypern. John war vorher in der Türkei und wollte von dort mit einer Fähre nach Nordzypern übersetzen, bis er herausfand, dass das illegal wäre. Da Nordzypern von den türkischen Truppen besetzt ist, müssen Reisende auf dem südlichen Teil der Insel einreisen. Ich horche interessiert auf, schließlich habe ich in ein paar Tagen dasselbe in die andere Richtung vor – ich möchte von Nordzypern mit der Fähre in die Türkei.

John ist extra von der Türkei nach Israel gereist, um einen Flug nach Paphos nehmen zu können. Gespannt höre ich zu, als er über seine Reise berichtet. Vor einigen Wochen ist er in den Niederlanden gestartet und über Deutschland, Polen und Litauen bis in die Ukraine gereist. Dort hat er die militärische Aufrüstung Russlands an der ukrainischen Grenze mitbekommen. Vor zwei Tagen sind die russischen Truppen in die Ukraine einmarschiert. John ist sich allerdings sicher, dass Russland keine Chance haben wird. Er hat während seines Aufenthalts in der Ukraine mit so vielen Menschen gesprochen und war von dem starken Willen der Bevölkerung, sich zur Wehr zu setzen, und der Einigkeit darüber, dass man zu Europa gehöre, tief beeindruckt.

Dabei vergesse ich völlig die Zeit. Irgendwann stelle ich erschrocken fest, dass kaum noch Busse auf dem Parkplatz stehen und wir uns über eine Stunde lang unterhalten haben. Ich verabschiede mich hastig und laufe schnell zum letzten Bus. Aufgeregt frage ich den Fahrer, ob er nach Limassol fahre. Nein, er fahre in zehn Minuten nach »Pano Panagia«. Ein Bus nach Limassol komme erst um 22 Uhr. So ein Mist. Das Beste wäre, mir hier oder in Limassol eine günstige Unterkunft zu suchen, doch ich habe mir nun mal vorgenommen, draußen zu schlafen. Nur im Notfall oder alle zwei bis drei Wochen wollte ich mir ein bequemes Bett mit Dusche gönnen. Vielmehr lässt mein knappes Reisebudget auch gar nicht zu. Ich schaue auf der Karte nach, wo Pano Panagia liegt. Ungefähr eine Stunde in nordöstlicher Richtung von Paphos entfernt. In den Bergen. Mmh … Ich schaue bei meinen abfotografierten Tagestouren nach und entdecke tatsächlich eine Rundtour, die direkt in Pano Panagia beginnt: »Auf aussichtsreichem Höhenweg durch die Weinberge von Panagia. Folgen sie dem Vouni Trail hinauf auf den Prophetenberg auf über 1143 Meter Höhe.« Das klingt doch gar nicht schlecht. Der Busfahrer startet den Motor und ich steige ein. Als ich ein Ticket kaufen will, schaut er irritiert: »Es fährt heute Abend kein Bus mehr zurück aus Panagia, erst am Montag wieder.« Ich kaufe trotzdem ein Ticket und setze mich in den leeren Bus. Unterwegs steigen noch ein paar ältere Frauen ein, die anscheinend ihre Wochenendeinkäufe in Paphos getätigt haben und nun zurück in ihr Bergdorf fahren. Ich bin begeistert von meiner unerwarteten Spontaneität.

Frische Bergluft schlägt mir eine Stunde später entgegen, als ich aus dem Bus steige. Sehr kalte Luft. Beim Ausatmen bildet sich eine weiße Dampfwolke vor meinem Gesicht. Hui. Ich schaue mich um und stelle fest, dass ich in einem wirklich süßen Dorf gelandet bin. Ich entdecke ein paar nette Cafés, doch die scheinen alle geschlossen zu haben. Ein alter Mann humpelt, auf seinen Stock gestützt, die Kopfsteinpflasterstraße entlang. Sonst entdecke ich niemanden. Der dichte Nebel, der hoch über dem Dorf und über den Bergen hängt, scheint jedes Geräusch zu verschlucken. Ich fange an zu frösteln und hole schnell mein Handy hervor, um nachzuschauen, wo mein Rundweg beginnen soll.

Am Vorplatz der großen weißen byzantinischen Kirche mit Glockenturm und Kuppeldach biege ich links ab, hier führt mich eine schmale Teerstraße steil bergauf und hinaus aus dem Ort. Ein junger Schäferhundmischling läuft mir übermütig hinterher. Immer weiter geht es bergauf und bald wird die Teerstraße zu einem breiten Schotterweg. Mein tierischer Begleiter weicht mir nicht mehr von der Seite. An einem Holzpavillon mit spektakulärem Blick über das Dorf und die umliegenden Weinberge machen wir Rast. Die Nebeldecke ist nicht mehr weit entfernt – noch ein paar Höhenmeter mehr und sie wird mich vollkommen verschlucken. Von hier oben sehe ich zurück an die Küste bis nach Paphos. Ich erkenne, dass der Nebel nur hier oben in den Bergen hängt, doch es sieht so aus, als würde sich die Sonne landeinwärts kämpfen. Vielleicht reißt der Himmel gegen Abend doch noch auf und ich bekomme ein paar Sonnenstrahlen ab. Trotzdem mache ich mir Sorgen wegen der Nacht. Es ist viel kälter, als ich erwartet hatte, und schon nach ein paar Minuten fange ich an zu frieren. Ich schlinge eine große Scheibe Brot mit Halloumi-Käse hinunter – zumindest konnte ich in Paphos meine Vorräte wieder ordentlich auffüllen. Dann laufe ich schnell weiter.

Rechts vom Weg geht es steil bergab, links breiten sich Felder mit ordentlich aneinandergereihten Weinbergen aus. Wenn die Temperaturen steigen, werden hier saftig grüne Weinreben sprießen. Doch im Moment sieht alles trostlos und ein bisschen gruselig aus. Der Nebel wird immer dichter. Bald kann ich nur noch etwa zehn Meter weit sehen und bin froh, dass der junge Hund immer noch aufgeregt an meiner Seite auf und ab flitzt.

Was habe ich mir nur dabei gedacht, im Februar auf einen über tausend Meter hohen Berg zu steigen? Blöde Sorglosigkeit und blöde Spontaneität!

Ich lese mir noch einmal die Wegbeschreibung durch: Schon bald müsste ich den Gipfel mit einem Brandausguck und Picknickplatz erreichen und später an einer Kapelle vorbeikommen. Danach soll der Weg bergab führen. Das ist meine Chance, denke ich, ich muss wieder weiter hinunterkommen und hoffen, dass es ein paar Grad wärmer wird. Der Hund freut sich, als ich meinen Turbogang einlege. Ich taufe ihn auf den Namen Halloumi, da ich schon wieder große Lust auf ein Brot mit dem würzigen Käse bekomme, der hier Nationalgericht ist. Ich knuddele und streichele Halloumi und schärfe ihm ein, an meiner Seite zu bleiben.

Der Brandausguck stellt sich als zweistöckiges kleines Häuschen heraus. Hoffnungsvoll drücke ich die Klinke herunter, doch leider sind beide Türen und alle Fenster verschlossen. Das wäre meine Rettung gewesen! Eigentlich sollte man von hier einen wunderschönen Blick auf die Akamas-Halbinsel im Westen und auf den höchsten Berg, den Olympus, im Osten haben. Stattdessen stehe ich vor einer weißen Wand. Nervös schaue ich auf die Uhr. Es ist halb sechs. An der Küste war es die letzten Abende um kurz nach sechs schon immer stockduster. Viel Zeit bleibt mir nicht mehr.

Eine halbe Stunde später taucht aus dem Nebel plötzlich die winzige Kapelle Profitis Ilias auf. Aufgeregt laufe ich über den kleinen Vorplatz, vorbei an einem großen Azaroldornbaum, an dem eine große bronzene Kirchenglocke hängt. Gespannt drücke ich die schwere Klinke der alten Holztür hinunter. Sie schwingt auf. Ich kann es nicht fassen! Von drinnen flackert mir warmes Kerzenlicht entgegen und beleuchtet die Gemälde dreier Heiliger. Mit angehaltenem Atem blicke ich mich um. »Hello?«, rufe ich in die Dunkelheit. Doch in der kleinen, fensterlosen Kapelle sind außer mir nur noch ein kleiner Holzaltar und ein goldener Stehtisch, auf dem zwei Ölkerzen brennen. An den Wänden hängen eine Handvoll Propheten, Jesus Christus und die Jungfrau Maria und an den Seiten stehen ein paar Stühle, festgeschraubt auf zwei massiven

Holzpodesten. Doch hier ist es sicher drei oder vier Grad wärmer als draußen und somit steht mein Entschluss schnell fest: Obwohl als Schlafplatz nur der unbequeme Steinboden infrage kommt, werde ich die Nacht hier verbringen. Ich kann es nicht lassen und läute einmal kurz die Glocke auf dem kleinen Kirchenvorplatz. Halleluja, ich bin gerettet!

Ich esse noch eine Scheibe Brot mit Käse zum Abendbrot und Halloumi verputzt in Windeseile eine Dose gegrillter Auberginen mit Speck. Danach richte ich mein Nachtlager und weiß nicht so recht, was ich mit dem Hund machen soll. Die Kirchentür möchte ich wegen der Kälte nicht offenlassen, doch was, wenn Halloumi mal muss? Außerdem habe ich Angst, dass er meine Sachen ankauen oder mir ständig das Gesicht ablecken könnte, während ich versuche zu schlafen. Doch in die Kälte möchte ich ihn auch nicht schicken. Außerdem ist es ein bisschen gruselig allein in der dunklen Kapelle. Ich probiere es aus, schließe die Tür und kauere mich auf dem Steinboden zusammen. Unruhig läuft Halloumi in der Kapelle umher und schnuppert in alle Ecken. Hin und wieder stupst er meinen Kopf an, als wolle er fragen: »Ist das dein Ernst? Hier sollen wir schlafen?« Leise, aber streng erkläre ich ihm die Sachlage und versuche, ihn zu überzeugen zu schlafen. Doch er jagt lieber irgendwelchen Spinnen und Holzwürmern zwischen den Stühlen hinterher. Irgendwann versuche ich es mit bittendem, fast flehendem Tonfall: »Halloumi, ich muss jetzt wirklich einschlafen, sonst fange ich an zu frieren und kriege die ganze Nacht kein Auge zu. Meine Füße sind jetzt schon eiskalt, also bitte leg dich hin!«

Er schaut mich mit verständnisvollem Blick an, dann legt er sich auf meine kalten Füße und kuschelt sich auf meinem Schlafsack zusammen. Ein paar Sekunden starre ich ihn ungläubig an, dann streichele ich ihm dankbar über den Kopf, bevor ich mich zusammenrolle und einschlafe. Die Nacht ist eiskalt, trotz dicker

Steinwände, die uns umgeben, und obwohl Halloumi die ganze Nacht nicht eine Sekunde von meiner Seite weicht. Ich will mir gar nicht vorstellen, wie ich diese Nacht ohne Halloumi und ohne Kapelle überstanden hätte.

Um fünf Uhr morgens halte ich die Kälte nicht mehr aus, krieche aus meinem Schlafsack und packe bibbernd zusammen. Als ich die schwere Holztür aufstoße, begrüßt uns der Morgen mit einem atemberaubenden Sonnenaufgang über den Weinbergen.

Geschafft, denke ich, Nacht überstanden und nicht erfroren!

Beim Abstieg ins Dorf ziehen allerdings schon wieder Nebelschwaden heran, die sich, angestrahlt von der Morgensonne, in ein unwirkliches Orangerot färben. Mit jedem Schritt werde ich trauriger, denn mir ist klar, dass ich mit meinem dünnen Sommerschlafsack unmöglich noch so eine kalte Nacht mit Temperaturen von nur drei oder vier Grad überstehen werde. Deshalb muss ich heute wieder zurück nach Paphos und dann am besten weiter nach Nikosia. Das bedeutet keine kaledonischen Wasserfälle und keine Scheunendachkirchen. Und vor allem werde ich mich von Halloumi verabschieden müssen.

Nach zwei Stunden sind wir zurück in Panagia. Auf einem kleinen Spielplatz setze ich mich auf eine Bank und kuschle noch einmal ausgiebig mit diesem süßen, wilden, schlauen, wohlerzogenen Hund, der mich heute Nacht gerettet hat. Die Kälte hat uns zusammengeschweißt, wir sind Freunde geworden. Nun muss ich meinem Freund Lebewohl sagen. Unter Tränen verabschiede ich mich von ihm und zum ersten Mal wünsche ich mir, ich wäre auf dieser Reise nicht ganz allein.

Kurz darauf stehe ich mit ausgestrecktem Daumen an der Straße und werde von einem riesigen sympathischen Kerl im roten Pick-up mitgenommen. Als er sieht, wie ich Halloumi traurig zuwinke, versichert er mir, dass er den Besitzer des Hundes kenne und dass der ein netter Kerl sei, der sich gut um Halloumi kümmere.

REISEWEISHEIT NUMMER 3:

»Allein sein zu müssen ist das Schwerste,
allein sein zu können das Schönste!«

(Hans Krailsheimer)

Eigentlich bin ich ein großer Fan des Alleinreisens, denn ohne Begleitung geht man viel offener auf andere Menschen zu und wird auch offener von ihnen empfangen. Außerdem steigt die Intensität der Gefühle durch das Alleinsein rasant an: Alles ist doppelt so aufregend, doppelt so spannend oder manchmal eben auch doppelt so traurig! Zum Beispiel wenn man sich von einem tollen Hund verabschieden muss, den man nach nur sechzehn Stunden schon tief in sein Herz geschlossen hat. Allein unterwegs zu sein, fällt mir deshalb in traurigen Momenten am schwersten. Von vielen anderen habe ich allerdings gehört, dass ihnen gerade die schönen Momente zu schaffen machen, da sie den Augenblick mit niemandem teilen können.

So hart das Alleinsein in manchen Situationen ist, so viele Vorteile bringt es auch. Zwar trifft man alle Entscheidungen allein, doch die Last der Konsequenzen wiegt geringer – man trägt ja nur die Verantwortung für sich selbst. Und Herausforderungen stellt man sich ganz nach den eigenen Fähigkeiten.

Auf eine lange Reise – vor allem eine Wanderung – würde ich deshalb immer lieber allein gehen. Nur so hat man die Freiheit, seinem eigenen Rhythmus zu folgen und kompromisslos die Sachen zu machen, auf die man selbst Lust hat und die man sich selbst zutraut.

Erste Grenzerfahrungen

Angenehm duftend und mit frisch gewaschenen Haaren und Kleidern laufe ich am nächsten Tag durch Nikosia.

Nachdem ich per Anhalter nach Paphos gefahren war, hatte ich gleich den Bus in die Hauptstadt genommen und mir noch auf der Fahrt ein Bett in einem Hostel gebucht. Ein schlechtes Gewissen habe ich deswegen nicht, denn in Städten hatte ich mir sowieso vorgenommen, nicht draußen zu schlafen – und außerdem stank ich nach der Nacht mit Halloumi so sehr nach nassem Hund, dass ich dringend eine Dusche brauchte und meine Kleider einmal im Waschbecken durchgespült habe. Nach einer Woche draußen bei den Temperaturen habe ich mir das erlaubt.

Nun laufe ich mit meinem Rucksack voll mit Proviant durch die engen Straßen und mir fällt auf, dass mich Nikosia an Berlin erinnert. Ganz schön abgeranzt, aber ziemlich cool! Ich bin aufgeregt, denn ich bin auf dem Weg zur Grenze. Die verläuft hier mitten durch das Stadtzentrum – noch eine Gemeinsamkeit mit Berlin. Ich biege in eine kleine Gasse ein und plötzlich sind die Fensterfronten links und rechts leer oder mit Holzbrettern verrammelt. Hier beginnt also die sogenannte Pufferzone.

Seit 2008 gibt es den Grenzübergang im Zentrum der Stadt und angeblich soll man Tag und Nacht in beide Richtungen passieren können. Ich hole meinen Reisepass heraus, komme an zwei Kontrollhäuschen vorbei und tatsächlichen schauen die Beamten nur flüchtig auf mein Ausweisdokument. Ich habe lediglich fünfzig Meter zurückgelegt und doch habe ich das Gefühl, in einer völlig anderen Welt gelandet zu sein.

Statt den Buchstaben des griechischen Alphabets prangen nun plötzlich türkische Worte über den Geschäften und Cafés und drei Frauen mit Kopftuch kommen mir entgegen. Alles wirkt orientalischer, ein bisschen lauter, ein bisschen aufdringlicher. Ich gebe mir Mühe, alles unvoreingenommen zu betrachten, doch schon bald wird es mir zu viel und ich möchte nur noch raus aus der Stadt! Ich versuche wirklich nicht, der Nordseite die Schuld daran zu geben, denn ich bin einfach kein Stadtmensch und mit dem schweren Rucksack auf dem Rücken macht ein Stadtbummel gleich noch weniger Spaß. Drei Geldautomaten weisen jedoch meine Kreditkarte ab und in einer Wechselstube muss ich ordentlich Gebühren bezahlen, um an Türkische Lira zu kommen. Erst dann kann ich in einen der überfüllten Minibusse steigen. Nach einer lauten, engen, zweistündigen Fahrt erreiche ich schlecht gelaunt die schöne Hafenstadt Kyrenia. Dort werde ich gleich wieder von aufdringlichem Hupen und den Rufen der Taxi- und Minibusfahrer begrüßt. Genervt schaue ich auf meinem Handy nach, wie ich am schnellsten von der Stadt in die Berge komme. Doch ich bin ja nicht mehr in der EU, deshalb habe ich keinen Internetempfang. Am liebsten würde ich mir die Bettdecke über den Kopf ziehen, doch wütend erinnere ich mich daran, dass ich schon letzte Nacht in einem Hostel war. Statt teure Roaming-Gebühren zu zahlen, steige ich einfach in ein Taxi.

Zwanzig Minuten und dreihundert Lira später stehe ich vor einem geschlossenen, aber schönen Restaurant, das ich dem Fahrer als Ziel genannt hatte. Hinter dem Gebäude sieht man die schroffe Bergkette des Kyrenia-Gebirges und nur widerwillig lässt mich der Taxifahrer in dieser verlassenen Gegend zurück. Er weist mich mehrmals darauf hin, dass es schon fünf Uhr und Regen vorhergesagt sei. Zum Abschied drückt er mir seine Karte in die Hand und immer noch schlecht gelaunt schaue ich dem Auto hinterher. Dann schaue ich in den dunklen Himmel und hoffe, dass die Wolken ihre feuchte Fracht in den nächsten Tagen für sich behalten werden – dann stiefle ich los.

Direkt hinter dem Restaurant beginnt ein Trampelpfad, der mich im Laufe des nächsten Tages um den sogenannten Fünf-Finger-Berg führen soll. Schon mein Taxifahrer hatte mich auf den »Besparmak Daglari« oder auf Griechisch »Pentadaktylos« aufmerksam gemacht, der seine fünf kargen Finger in den heute so tiefdunklen Himmel reckt – die auffälligste Erhebung dieser nördlichen Bergkette.

Nach wenigen Metern stehe ich vor drei uniformierten Soldaten mit dicken Gewehren, die mir demonstrativ den Weg versperren. »Hier geht es nicht weiter! Militärübung!« Und wie auf Kommando hört man in der Ferne eine Detonation. Ich schaue die Soldaten verdattert an. Auch ich bin kurz davor zu explodieren, denn meine Geduld hängt nach diesem anstrengenden und nervenzehrenden Tag am seidenen Faden! Mit zusammengepressten Zähnen und übertrieben höflich frage ich, wie lange diese Militärübung denn dauere und ob das bedeute, dass im Moment alle Wanderwege gesperrt seien. Die Antwort kommt prompt: »Keine Ahnung, aber hier geht es nicht weiter!« Da ich meine Wut besser nicht an drei bewaffneten Soldaten auslassen sollte, drehe ich mich rasch um und laufe zornig zurück zum Restaurant. Dort setze ich mich auf die Holzstufen der leeren Terrasse und zwinge mich zum hundertsten Mal, tief durchzuatmen. Wie soll es nun weitergehen? Nach der Umrundung des Fünf-Finger-Berges wollte ich hoch zum Buffavento Castle, eine von vielen alten Trutzburgen auf den Gipfeln der tausend Meter hohen Bergkette. Ich schaue auf das GPS-Gerät. Der Weg dorthin beginnt tatsächlich genau auf der anderen Straßenseite! Ich würde genau in entgegengesetzter Richtung zu den Soldaten laufen – da sollte ich doch hoffentlich in keine Militärübung hineingeraten. Da es anfängt zu dämmern, halte ich gleich Ausschau nach einem Schlafplatz. Doch der rote, lehmige Boden ist übersät mit Felsbrocken und stacheligen Hartlaubbüschen, die mein Wanderführer als »Macchia« bezeichnet. So schön der Name klingt, so unmöglich machen diese Büsche es, auf dem Boden meine Isomatte auszubreiten.

Als ein paar Kiefern am Wegrand auftauchen, spanne ich erleichtert meine Hängematte. Endlich ist dieser Tag vorbei!

Ich schlafe schlecht, in der Nähe muss eine Baustelle sein, deren Lärm die ganze Nacht nicht aufhört. Und am nächsten Morgen ist der Himmel dunkelgrau. Perfekt für einen Ruhetag. Ich bleibe einfach in meiner Hängematte liegen und lese den gesamten Vormittag weitere Abenteuer von Mr. Globetrotter. Dazu genieße ich die Leckereien vom Einkauf in Nikosia. Die gefüllten Blätterteigtaschen und Schokoriegel schaffen es schließlich, meine schlechte Laune zu vertreiben, und auch das Buch ist genau der Tritt in den Hintern, den ich jetzt brauche. Gegen die Abenteuer von Klaus Denart ist nämlich das, was ich hier veranstalte, Kinderkram. Zusammen mit Rüdiger Nehberg, Deutschlands bekanntestem Survival-Experten, ist dieser Mann in einem hölzernen Sarg den Blauen Nil in Afrika hinuntergefahren – dabei wären sie fast von Krokodilen gefressen und erschossen worden. Außerdem haben die beiden die heißeste Wüste der Welt, die Danakil in Äthiopien, durchquert und Denart war im Dschungel zwischen Panama und Kolumbien, in der berüchtigten Darian-Gap, zu Fuß und ganz allein unterwegs.

Motiviert und abenteuerlustig laufe ich am Nachmittag noch ein paar Kilometer und beschließe, mir für die Nacht ein richtig schönes Plätzchen zu suchen und ein Lagerfeuer zu machen. Die Bedingungen sind ideal: Es liegt eine Menge Totholz auf dem Boden herum, es ist windstill und die Büsche sind nicht zu trocken, da es in den letzten Tagen ordentlich geregnet hat. Eine große Kiefer nicht weit vom Wegesrand ist perfekt für mich. Direkt neben dem dicken Stamm richte ich mir ein Nachtlager her. Aus Kiefernnadeln mache ich mir eine weiche Unterlage für Isomatte und Schlafsack, davor baue ich mit großen Steinen eine geschützte Feuerstelle und drum herum stapele ich, der Größe nach sortiert, eine Menge Brennholz – ich finde sogar ein wenig Kienspan, als ich einen großen morschen Ast von der Kiefer absäge! Stolz betrachte ich mein Werk und freue mich tatsächlich ein bisschen auf die Nacht. Als es dunkel wird, wird es Zeit für meinen Trick aus dem Outdoor-Center in England: Man schmiert ein bisschen Vaseline auf einen flauschigen Wattebausch und zündet diesen an – zum Beispiel mithilfe eines Feuerstahls, dann brennt er so lange wie eine kleine Kerze. So hat man genügend Zeit, das Feuer mit Stöckchen und Ästen zum Brennen zu bringen. Statt der Wattebäusche benutze ich einen Tampon, der ist praktischerweise auch gleich wasserfest verpackt. Mit der Vaseline kann man außerdem seine Wanderschuhe einfetten, damit das Leder schön geschmeidig bleibt.

Nach ein paar Minuten brennt mein Feuer ganz wunderbar und ich schlüpfe schnell in meinen Schlafsack. Fasziniert betrachte ich die Flammen. Ich liebe es, am Feuer zu schlafen! Wenn ich nur lange genug in die Flammen schaue, rückt in meinem Kopf alles langsam zurück an seinen richtigen Platz.

Nach dieser herrlich warmen Nacht bin ich am nächsten Morgen gut gelaunt und ausgeschlafen. Ich gebe mir Mühe, alle Spuren zu beseitigen, lösche sorgfältig den letzten Glutfunken und lege Steine auf die Aschereste, damit der Wind sie nicht wieder anpusten kann. Dann marschiere ich los, hinein in den nebeligen Morgen. Auch heute kämpft die Sonne vergeblich gegen dunkle Wolken und Milliarden kleiner Wassertröpfchen in der Luft. Bald bin ich völlig durchnässt. Wenig später kommt Nieselregen dazu und als ich den kleinen Wanderparkplatz erreiche, von dem aus ein Weg steil bergauf zum Buffavento Castle führen soll, kann ich die Felswand neben mir kaum erkennen. Kurz denke ich an die Karte mit der Nummer des Taxifahrers in meiner Jackentasche, doch schnell verbiete ich mir den Gedanken und harre stattdessen einfach hier aus. Ein Aufstieg zum Buffavento Castle kommt bei dieser Wetterlage nicht infrage, das wäre zu gefährlich und sinnlos bei der schlechten Sicht.

Eine Stunde später baumle ich deshalb schon wieder in meiner Hängematte, futtere Kekse und betrachte zufrieden die Konstruktion über mir: Das Tarp, das ich mir von Tiago für diese Reise geliehen habe, spannt sich wie ein kleines Spitzdach über meine Hängematte. Da die Plane weder besonders lang noch besonders breit ist, hoffe ich, dass es windstill bleibt, sonst werde ich nass. Doch für den Moment liege ich geschützt, trocken und einigermaßen warm. In ein paar Stunden wird es bestimmt aufklaren und vielleicht kann ich mir sogar den Sonnenuntergang vom Buffavento Castle aus anschauen.

Doch falsch gedacht: Der Regen wird bis zum Abend sogar noch stärker. Als er endlich nachzulassen scheint, ist es drei Uhr nachts! Sechzehn Stunden harre ich nun schon in dieser Hängematte aus und ich weiß nicht, wie oft ich schon mein Handtuch auswringen musste, dass ich unter dem Tarp befestigt habe, weil es immer wieder durchgeregnet hat. Mir ist eiskalt und geschlafen habe ich deshalb auch nicht. So fühlt es sich also an, wenn man sich schutzlos der Natur ausliefert – ziemlich beschissen!

Meine steifen Beine habe ich so weit wie möglich angezogen, um mich so gut es geht warm zu halten. Regelmäßig laufen mir Kälteschauer über den Rücken, die mich jedes Mal wachrütteln, wenn ich gerade am Einschlafen bin. Warum, verdammt noch mal, habe ich kein Zelt mitgenommen?!

Damit ich nicht völlig verzweifle, habe ich seit sechzehn Stunden fast durchgängig gelesen. Nach Mr. Globetrotter ist Cheryl Strayed meine neue Freundin, die ich über den Pacific Crest Trail entlang der Westküste Nordamerikas begleite. Sie schildert die Erfahrungen und Anstrengungen, die sie dort erlebt, so eindrücklich und mitreißend, dass ich fast das Gefühl habe, ich wäre den Trail selbst gelaufen.

Doch als mitten in der Nacht auch noch ein kräftiger Wind aufzieht, denke ich daran, dass ich erst ganz am Anfang meiner Reise stehe. Ich schließe die Augen und wünsche mir, dafür belohnt zu werden, in dieser Kälte ausgeharrt und nicht gleich das Handtuch geworfen zu haben. Der Wind bläst die Regenwolken davon und bald kann ich weit unter mir die Lichter einer kleinen Stadt erkennen. Auf der anderen Seite nimmt die imposante Felswand endlich Gestalt an und über ihr leuchten Tausende wunderschöne Sterne. Zusammengerollt wie ein kleiner Igel, betrachte ich dieses

Naturschauspiel und obwohl mir vor Kälte die Zähne klappern, kann ich mich langsam wieder daran erinnern, warum ich kein Zelt mitgenommen habe.

Erleichtert atme ich auf, als die Nacht endlich überstanden ist. Mein lieber Scholli, da bin ich meinen körperlichen und mentalen Grenzen ganz schön nahegekommen! Umso erstaunlicher, wie schnell die Nacht vergessen ist, als die ersten Sonnenstrahlen hervorkriechen. Sofort springe ich aus der Hängematte und bade meinen durchgefrorenen, erschöpften Körper ausgiebig in der Morgensonne. Wie meine Solarpowerbank lädt er sich mit jedem Sonnenstrahl, der um die Ecke herumgekrochen kommt, weiter auf und bald sind meine Akkus wieder vollgeladen. Der Wind hat meine Sachen trocken gepustet und nach wenigen Minuten bin ich bereit zum Aufbruch.

Nach achtzehn Stunden in der Hängematte habe ich einen unglaublichen Bewegungsdrang und renne fast die Stufen der Felswand empor. Ich starte so überstürzt, dass ich vergesse, meinen Rucksack in den Büschen zu verstecken. Doch vielleicht hat mein Körper die lange Ruhephase dafür genutzt, um neue Muskeln aufzubauen, denn ich fliege förmlich die Felswand empor.

Erst nach zwei Dritteln der Strecke erinnere ich mich an das dicke Ding auf meinem Rücken. Doch nun ist es auch schon egal, den Rest schaffe ich auch so. Stufe für Stufe geht es weiter steil hinauf. Irgendwann kommt ein Geländer in Sicht und ich kralle mich daran fest – hier oben ist es so windig, dass man aufpassen muss, nicht weggepustet zu werden. Doch meine Beine und mein Hintern fühlen sich an, als wären sie aus Stahl. Ich erreiche den Eingang zur Burg. Langsam schreite ich durch das große Tor und blicke mich ehrfürchtig um. Außer den Grundmauern ist nicht mehr viel von dem einst prächtigen Bauwerk übrig. Ich schaue durch ein großes Fenster in der Mauer. Unten entdecke ich den kleinen Wanderparkplatz, von dem aus ich gestartet bin. Durch das Fenster bläst mir der Wind um die Ohren, doch statt den Kopf einzuziehen, recke ich ihn noch weiter hinaus. Bis zum Horizont erstreckt sich eine flache grüne Ebene vor mir. Das Grün wird nur hin und wieder vom Grau kleiner und größerer Häuseransammlungen unterbrochen. Rechts am Horizont sehe ich einen kleinen Regenbogen, der sich bis nach oben in die Wolken reckt. Ich bin glücklich. Ich habe meine letzte Wanderung auf Zypern geschafft. Morgen Abend sitze ich schon auf der Fähre in die Türkei. Und obwohl die letzten Tage anstrengend und nervenaufreibend waren, bin ich unglaublich gespannt, was mich dort an neuen Abenteuern und Herausforderungen erwarten wird! Übermütig lehne ich mich noch weiter aus dem Fenster und heule laut wie ein Wolf die Morgensonne an.

REISEWEISHEIT NUMMER 4:

»Reisen bedeutet
Grenzen zu überschreiten –
auch die eigenen.«

(Wanda Rezat)

Achtzehn Stunden lang Wind, Regen und Kälte ausgeliefert zu sein, war bestimmt nicht die schönste Erfahrung meiner Reise. Doch um wirklich herauszufinden, wozu man eigentlich fähig ist, gibt es nur eine Möglichkeit: Man muss an die eigenen Grenzen gehen und sie hin und wieder bewusst überschreiten! Ich weiß jetzt, dass ich so etwas aushalten kann. Ich weiß, dass für mich nach so einer Nacht Glück und Euphorie mehr wiegen als Anstrengung und Strapazen! Doch jeder muss für sich selbst ausloten, wo die eigenen Grenzen verlaufen, und sie nicht gleich am Anfang meilenweit überschreiten. Denn wenn das Erlebnis nur als Quälerei empfunden wird, war es wahrscheinlich etwas zu viel. Dann sollte man lieber einen Gang runterschalten, seine Pläne anpassen. Und sollte man an den Punkt gelangen, seine Reise ganz abbrechen zu müssen, so ist auch das nicht so schlimm! Denn daraus lernt man immer noch mehr, als wenn man erst gar nicht aufgebrochen wäre.

KAPITEL 2:
TÜRKEI

Der schrecklich schönste Wanderweg der Welt

Verschlafen schaue ich mich um, als hinter den Fenstern der Fähre die Sonne aufgeht und die Berge der türkischen Küste in Sicht kommen. Alle Passagiere – mich eingeschlossen – sehen ziemlich gerädert aus von der anstrengenden Nacht auf den unbequemen Sitzen. Der Grenzbeamte am Hafen von Kyrenia hatte gestern Abend meinen Pass zwar etwas verwundert beäugt und auch meinen Personalausweis verlangt, doch nachdem ich Absichten und Reiseroute erklärt hatte, durfte ich passieren.

Ich gähne geräuschvoll, da beugt sich ein gut aussehender Typ über eine Sitzreihe hinweg zu mir herüber und fragt: »Sorry, do you have …«, und tippt dann mit dem Zeigefinger auf die obere Ecke seines Smartphones, »… for Simcard?« Kurz wühle ich in meinem Rucksack, dann halte ich ihm eine kleine Nadel entgegen. Er nickt begeistert und tauscht die Simkarten in seinem Handy aus. Als er mir die Nadel zurückgibt, frage ich, ob er sich in Taşucu unserem Ausstiegspunkt, auskennen würde. So kommen wir ins Gespräch, allerdings nur sehr holprig, da er kaum Englisch spricht. Wo der Busbahnhof in Taşucu ist, bekomme ich leider nicht aus ihm heraus, dafür aber, dass er Müslüm heißt, einundzwanzig ist und bei seinem Bruder auf Zypern lebt. Als das Gedränge losgeht und die Passagiere die Fähre verlassen, hefte ich mich an seine Fersen. Die meisten steigen in wartende Autos und Minibusse, deshalb stehen Müslüm und ich bald in einer staubigen Sandwolke und versuchen uns zu verständigen. Nach ein paar Minuten scheint klar zu sein: Er möchte einen Bus nach Adana nehmen und ich einen nach Antalya. Also müssen wir beide zum Busbahnhof! Doch ob Müslüm weiß, wo der ist, wird mir leider immer noch nicht klar. Trotzdem laufe ich ihm hinterher. Wie fast alle Leute möchte er wissen, was es mit meinem Rucksack auf sich hat. Ob es nicht unglaublich anstrengend sei, damit herumzulaufen, und wie viel genau der wiege. Ich erzähle von meinem Plan, von Antalya bis Fethiye zu laufen, und dass ich danach weiter durch Europa bis hoch zum Nordkap reisen möchte. Dass mein Rucksack so um die fünfzehn Kilo wiegen müsste und dass es anfangs echt anstrengend war, damit mehr als drei oder vier Kilometer am Stück zu laufen, ich mich aber mittlerweile an das Gewicht gewöhnt hätte.

Aus ihm ist dagegen nicht viel herauszubekommen, auf die meisten meiner Fragen antwortet er nur mit einem Kopfschütteln, Nicken oder Schulterzucken.

Nachdem wir eine halbe Stunde einer mehrspurigen Straße gefolgt sind, frage ich noch einmal, wie weit es noch zum Busterminal sei – doch wieder bekomme ich nur ein Schulterzucken zur Antwort. Ob er nicht auf seinem Handy nachgucken könne, frage ich, denn im Gegensatz zu mir scheint er doch eine türkische Simkarte zu haben – die Antwort ist wieder ein Kopfschütteln.

Einige Kilometer und Gesprächsversuche später fragt er, ob er meine Nadel noch einmal haben dürfe, und verschwindet in einem Tankstellenhäuschen. Freudestrahlend kommt er wieder heraus und hält triumphierend sein Handy in die Höhe. Dann spricht er auf Türkisch hinein und ich muss lachen, als die monotone Stimme der Dame von Google Translate mir erklärt, dass es Probleme mit der Simkarte gab, die nun gelöst seien und er endlich Internetempfang habe.

Wir wollen uns gerade über Google Translate unterhalten, da hält ein Auto neben uns. Müslüm spricht kurz mit dem jungen Fahrer, dann winkt er mich heran und erzählt, dass der Fahrer angeboten habe, uns zum Busbahnhof zu bringen. Misstrauisch schaue ich mir den Kerl an, schließlich haben wir keinerlei Anstalten gemacht, mitgenommen werden zu wollen.

Ich denke an meine gestrige Fahrt per Anhalter in einem schrottreifen Lkw zurück nach Kyrenia. Der heruntergekommene Fahrer mit gelben Nikotin-Zähnen hatte mir einen unangenehmen Heiratsantrag gemacht! Als ich höflich ablehnte, leuchteten mir danach auf seinem Handy die Worte: »Ich wünschte, du wärst mein!«, entgegen. Während ich im Kopf schon durchging, wie ich am schnellsten an mein Messer kommen oder aus dem Lkw springen könnte, ließ mich der Fahrer zum Glück wie vereinbart am Ortseingang raus, und ich war unglaublich erleichtert.

Umso skeptischer beobachte ich deshalb nun vom Rücksitz aus Körpersprache und Mimik unseres Fahrers – doch der scheint ein netter und harmloser Kerl zu sein. Als er fünfzehn Minuten später vor dem Busbahnhof hält, lehnt er sogar vehement die Scheine ab, die Müslüm und ich ihm unter die Nase halten. Als wir aussteigen, laufen uns sofort die nächsten Helfer entgegen: Sechs oder sieben Männer, die fragen, wo wir hinwollen. Müslüm wimmelt sie zum Glück ab und ich folge ihm über den großen Parkplatz zum Fahrkartenschalter. Da mir noch zwei Stunden Zeit bleiben und Müslüms Bus noch später abfährt, lade ich ihn als Dankeschön zum Frühstück ein. Wir setzen uns in ein kleines Café und ich erfahre endlich mehr über ihn.

Müslüm kommt aus einem türkischen Dorf nahe der syrischen Grenze. Seine Eltern und ein paar Geschwister wohnen noch dort, doch da es für ihn keine Jobperspektiven gab – nur schlecht bezahlte Arbeit auf dem Bau –, ist er zu seinem älteren Bruder nach Nordzypern gezogen. Dort versucht er sich seit zwei Jahren als »Broker«. Alles, was er über das Börsengeschäft und den Aktienhandel weiß, hat er sich selbst mithilfe des Internets beigebracht. Zu Beginn seiner Karriere hat er über zehntausend Dollar in den Sand gesetzt, doch mit der Zeit hat er dazugelernt, und seit ein paar Monaten scheint es ganz gut zu laufen. In seiner Welt dreht sich alles nur ums Geldverdienen und wie er in möglichst kurzer Zeit möglichst viel Gewinn machen kann. Eigentlich äußerst unsympathisch, wenn das oberste Lebensziel nur aus Anhäufen von Geld besteht, doch Müslüm kommt aus völlig anderen Verhältnissen als ich. Sein Traum ist ein kleines Haus mit Garten, um dort eine Familie zu gründen und vielleicht ein paar Tiere zu halten. Und reisen würde er gerne. Bisher hat er außer der Türkei und dem Norden Zyperns nichts von der Welt gesehen.

Ich bin beeindruckt, wie reif er mit seinen einundzwanzig Jahren wirkt. Viel zu früh müssen wir zurück zum Busterminal. Dort kommen uns eilig die Männer entgegen. Diesmal wollen sie uns keine Fahrkarten andrehen, sondern teilen uns aufgeregt mit, dass ich meinen Bus verpasst habe! Blödsinn! Ich schaue auf meine Uhr. Auch Müslüm schaut auf sein Handy und klärt mich beschämt auf, dass zwischen Zypern und der Türkei eine Stunde Zeitunterschied bestehe. Geknickt ordert er am Fahrkartenschalter ein neues Ticket für mich und besteht darauf, die umgerechnet zwölf Euro zu bezahlen. Mir geht das gehörig gegen den Strich, denn auch unser Frühstück hatte er bereits heimlich bei einem Gang zur Toilette übernommen. Doch ihm scheint die Sache sehr ernst und falls das hier ein blödes Männerding ist, will ich ihn nicht vor allen anderen bloßstellen. Also lasse ich mich zur Seite drängeln und bedanke mich zähneknirschend. Wir setzen uns auf eine Bank und er erzählt mir schüchtern, dass er auch für sich eine neue Fahrkarte gekauft habe, um ebenfalls einen späteren Bus zunehmen. So müsse ich hier nicht allein fünf Stunden herumsitzen. Sprachlos und mit großen Augen schaue ich ihn an.

Die nächsten Stunden reden wir über Gott und die Welt. Es ist zwar sehr umständlich mit der Handyübersetzung, doch das ist es wert. Für eine kurze Zeit tauchen wir beide in ein komplett anderes Leben ein und als mein Bus zwei Stunden früher kommt als erwartet, bin ich fast ein bisschen traurig. Wir tauschen Nummern aus und nehmen uns noch einmal fest in die Arme. Außerdem drücke ich ihm eine große Tafel Schokolade in die Hand, die ich mir eigentlich für die Busfahrt gekauft hatte. Wenigstens die nimmt er als kleines Dankeschön für seine großzügige Hilfe und großartige Gesellschaft an.

Auf der achtstündigen Busfahrt habe ich Zeit zum Nachdenken. Ich überlege, ob das seltsame, zuweilen auch aufdringliche Verhalten der türkischen Männer vielleicht nur Ausdruck großer Gastfreundschaft und Hilfsbereitschaft sein könnte. Wenn so ein Verhalten eine Selbstverständlichkeit ist, wird wahrscheinlich auch nicht erwartet, dass man sich revanchiert.

Und so nehme ich mir vor, wenn ich das nächste Mal Benehmen und Verhalten anderer Menschen als komisch oder sogar lästig empfinde, mir noch einmal zu überlegen, welche Beweggründe oder Denkweisen dahinterstecken könnten. Überrascht stelle ich fest, wie viel Stoff zum Nachdenken mir die Türkei und die Menschen hier bereits geliefert haben, und dabei bin ich noch keinen einzigen Schritt gewandert!

Das soll sich am nächsten Tag ändern. Nach einer angenehmen Nacht in einem günstigen Hotel in Antalya stehe ich um neun Uhr in Göynük am Startpunkt meiner Wanderung. Ich habe lange überlegt, wo auf dem Lykischen Weg ich meine Wanderung beginnen soll und welche Route ich von Zypern aus weiter bis zum Nordkap nehmen könnte. Doch da man ohne Flugzeug von Zypern nur in die Türkei kommt, war die Entscheidung schnell getroffen. Ich will ohne Flugzeug reisen, einerseits, um meinen ökologischen Fußabdruck klein zu halten, andererseits, weil ich die Entfernungen auf dieser Reise spüren möchte. Aus dem Bus-, Auto- oder Zugfenster kriegt man mehr von einem Land mit, als wenn man es nur überfliegt.

Die schönste und intensivste Reiseform ist und bleibt für mich aber das Wandern! Deshalb wollte ich erst einen der vielen Europäischen Fernwanderwege laufen, habe mich aber dagegen entschieden, da diese zu oft und zu lang über Straßen oder durch Städte führen. Lieber habe ich mir schöne Wege und Zwischenstopps entlang meiner Route gesucht und mich entschlossen, die Distanzen dazwischen per Bus, Bahn, Auto oder Schiff zurückzulegen.

In der Türkei möchte ich den Lykischen Weg wandern. Es ist der erste markierte Weitwanderweg des Landes, und in meinem Wanderführer steht, dass die Halbinsel Lykien zwar schon in Homers *Ilias* erwähnt wurde, doch dass dieser südwestlichste Zipfel noch bis 1988 weitestgehend isoliert war. Erst da wurde die heutige Küstenstraße gebaut. Deshalb wunderten sich früher die Anwohner über die merkwürdigen Ausländer, die zwar genügend Geld für ein Flugticket hatten, aber dann wie die Esel schweres Gepäck durch die Gegend schleppten. Mittlerweile sollen sie sich jedoch an den Anblick gewöhnt haben. Ich werde auf dem Weg feststellen, dass sogar ein paar Türken, die sonst eher nicht für ihre Wanderlust bekannt sind, den Likya Yolu für sich entdeckt haben.

Reiseberichten zufolge wurde der Lykische Weg schon häufig als einer der schönsten Wanderwege der Welt ausgezeichnet. Will man allerdings die gesamte Strecke zurücklegen, muss man über fünfhundert Kilometer und sechzehntausend Höhenmeter hinauf und wieder hinunter! Bei meinen Planungen kam mir das völlig utopisch vor, weshalb ich mir vornahm, in der Mitte einzusteigen.

Doch wie der Zufall es will, gibt es erst wieder Anfang April einen Fährbetrieb zwischen Fethiye, dem Endpunkt der Wanderung, und der griechischen Insel Rhodos, meinem nächsten Zwischenstopp. Somit wurde mir die Entscheidung abgenommen, wo ich einsteigen soll: Ich habe nämlich genau sechsundzwanzig Tage Zeit bis zu meiner gebuchten Fährüberfahrt, und der Lykische Weg hat zufällig genau sechsundzwanzig Etappen.

Die erste Etappe hätte mich gleich heute über den fast tausendfünfhundert Meter hohen Hüdacik-Pass geführt. Da man dort bis
in den April hinein mit Schnee und Eis rechnen muss, überspringe
ich die erste Etappe und starte in Göynük – das schenkt mir unterwegs wenigstens einen Ruhetag.

»Na, bist du auf dem Likya Yolu unterwegs?«, werde ich gefragt,
als ich am Kassentresen das Eintrittsgeld für den Göynük Canyon
zahlen will. Der Mann hinter dem Tresen mustert mich abschätzend.
Nachdem er mir mein Ticket ausgehändigt hat, fügt er mit ernster
Stimme hinzu:»Manche Leute schaffen es, den Fluss zu überqueren,
manche nicht.«

Ich verstehe nicht, was er mir damit sagen möchte, doch ich
bin viel zu ungeduldig und aufgeregt, um noch einmal nachzu-
fragen – schließlich wartet ein spektakulärer Canyon auf mich!

Blaugrün rauscht das Wasser unter mir, als ich auf der über fünfzig Meter langen Hängebrücke stehe und dem Fluss bei seiner ra-
santen Fahrt durch schroffe Felswände zuschaue. Mit jedem Schritt
offenbart sich mir mehr von dem spektakulären Panorama des
Taurusgebirges: grüngraue, majestätische Gipfel, so weit das Auge
reicht. Hier herrschen auf jeden Fall andere Größenordnungen als
auf Zypern, stelle ich beeindruckt fest.

Knapp fünfhundert Kilometer liegen vor mir und ich freue mich
wahnsinnig darauf! Endlich bin ich auf einem richtig langen, aus-
geschilderten Wanderweg unterwegs und muss mir keine Gedanken
mehr machen, wie ich per Bus oder Anhalter von einem Ort zum
nächsten komme. Einen Monat lang kann ich einfach vor mich
hin spazieren und werde viele andere Wanderer treffen, von denen
ein paar mit Sicherheit auch draußen schlafen. Vielleicht können
wir abends gemeinsam am Lagerfeuer sitzen und Erfahrungen austauschen.

Tatsächlich kommt mir bald ein drahtiger älterer Herr im sportlichen Wanderoutfit und mit Rucksack entgegen. Ich grinse ihn er-

wartungsvoll an und frage, ob auch er dasselbe vorhabe wie ich. Hat er! Allerdings in entgegengesetzter Richtung – aufgeregt erzählt er mir, was ihm gestern auf dem Tahtalı-Sattel passiert ist: »Dort liegt noch so viel Schnee, dass ich trotz GPS-Gerät den Weg fast nicht gefunden habe! Stundenlang bin ich herumgeirrt und schließlich sogar abgerutscht und fast in den Tod gestürzt! Im letzten Moment bekam ich noch einen kleinen Baum zu fassen, der hat mir wahrscheinlich das Leben gerettet!«

Der Mann lässt mich gar nicht zu Wort kommen und setzt sich nach diesem Schreckensbericht gleich wieder in Bewegung. Kurz dreht er sich noch einmal um und ruft mir zum Abschied zu: »Ich hoffe du weißt, was du hier tust! Ich habe jedenfalls meine Fähigkeiten völlig überschätzt!«

Nachdenklich liege ich ein paar Stunden später in meiner Hängematte zwischen den Bäumen eines bewaldeten Hangs direkt oberhalb des Wegesrands. Ich habe noch einmal in meinem Wanderführer gelesen und festgestellt, dass es auch eine Küstenvariante des Likya Yolu gibt. Auf der könnte ich die drei vor mir liegenden Bergetappen und somit den Tahtalı-Sattel umgehen. Leider steht in meinem Wanderführer auch, dass die Etappen über den Tahtalı-Pass zu den schönsten des gesamten Lykischen Weges zählen sollen und da ich mich mittlerweile kenne, weiß ich, dass die leise Stimme der Vernunft in mir kaum eine Chance gegen so eine Aussage hat. Bis ich den Abzweig zur Küstenvariante erreiche, liegen zwei heftige Aufstiege vor mir, und ich kann ja morgen schauen, wie ich die so bewältige.

Um mich abzulenken, versuche ich mich auf die fremden Geräusche und Gerüche meiner neuen Umgebung zu konzentrieren: Ich lausche dem leisen Pfeifen des Windes und dem schaurigen Hu-huhuhuu eines Waldkäuzchens. Ich rieche Salbei, Oleander, Lorbeer und betrachte lange den hellen Mond, der langsam hinter den schroffen Berggipfeln emporsteigt. Schließlich hilft mir das stetige Rauschen des Flusses unter mir, mich zu entspannen und irgendwann in den Schlaf zu finden.

Am nächsten Morgen koche ich mir zum ersten Mal eine Tasse Tee zum Frühstück – was für ein Luxus! In Antalya hatte ich endlich daran gedacht, mir eine Gaskartusche für meinen Campingkocher zu besorgen.

Nach diesem Highlight wage ich den steilen Anstieg, der gleich hinter der ersten Kurve auf mich wartet. Verschwitzt und schnaufend, lege ich eine kleine Pause ein und entdecke unter ein paar Bäumen ein quietschgelbes Zelt, aus dem gerade ein großer dünner Wanderer gekrochen kommt. In Rekordtempo hat er seine Sachen zusammengepackt und ich bin erstaunt, wie klein sein Rucksack aussieht. Freundlich winke ich ihm zu und er kommt zu mir herüber. Der lange Kerl kommt aus Belarus und legt an einem Tag mal eben so vierzig bis fünfzig Kilometer zurück! Auch er wandert leider in entgegengesetzter Richtung und auch er ruft mir zum Abschied noch eine beunruhigende Warnung hinterher: »In ein paar Kilometern wartet eine etwas schwierige Flussüberquerung auf dich. Da musst du schwimmen, sonst schaffst du es nicht!« Wie bitte?! Doch da ist der Kerl auch schon losgejoggt und lässt mich verdattert auf meinem Stein zurück.

So hatte ich mir das nicht vorgestellt! Ich hatte mich auf einen Weitwanderweg und Gleichgesinnte gefreut, mit denen ich mich austauschen und ein paar Etappen gemeinsam laufen kann. Stattdessen scheinen es hier alle furchtbar eilig zu haben. Statt inspirierender Gespräche bekomme ich nur verstörende Warnungen, eine Menge Schnee und Eis und nun auch noch einen unüberwindbaren Fluss. Das stand so nicht in meinem Wanderführer! Wütend und ungläubig stapfe ich los. Es kann doch gar nicht sein, dass es keinen anderen Weg über diesen dämlichen Fluss gibt! Da fallen mir plötzlich die Worte des Kassierers wieder ein: »Manche Leute schaffen es über den Fluss, manche nicht.«

Die nächsten Stunden klettere ich über umgefallene Bäume, rutsche steile Hänge hinab und überwinde kleine Schneefelder. Und nur wegen meiner immer größer werdenden Wut über die unzumutbaren Wegbedingungen komme ich überhaupt irgendwie voran. Nach drei Stunden überquere ich, vorsichtig von einem Stein auf den nächsten balancierend, einen schmalen Fluss. Vielleicht ist das ja der Fluss, von dem der Typ gesprochen hat? Vielleicht ist er vom Weg abgekommen und hat ihn an einer anderen, tieferen Stelle durchquert? Bestimmt war er zu schnell unterwegs und hat deshalb nicht nach einer besseren Stelle gesucht.

Eine halbe Stunde später weiß ich es besser: Nach einem steilen Abstieg stehe ich im Nieselregen wieder zwischen den Felswänden des Canyons und blicke eingeschüchtert auf den Fluss, der hier bestimmt über hundert Meter breit ist und aus dem unzählige, vom Wasser glatt geschliffene Felsbrocken ragen. Das Wasser strömt im flotten Tempo über, unter und um sie herum und auf ein paar besonders großen Exemplaren entdecke ich tatsächlich ein paar Wegmarkierungen. Zuerst bin ich irritiert, dann wird mir klar, dass ich den Fluss nicht einfach geradewegs durchqueren kann, sondern ihm noch stromaufwärts folgen muss. Denn erst ein ganzes Stück weiter links ist es möglich, an dem sonst zu steilen, felsigen Ufer wieder hinaufzuklettern.

Minutenlang starre ich auf Felswände und Fluss, dann lege ich einfach los, denn manche Felsbrocken sind so riesig, dass ich den Verlauf des Wegs durch den Fluss sowieso nicht ganz überblicken kann. Ich werde schon sehen, wie tief das Wasser wird und ob ich wirklich schwimmen muss. Ich ziehe Wanderschuhe und Wanderhose aus – denn schon zu Beginn ist das Wasser knietief. Mit nackten Beinen und Sandalen an den Füßen wage ich die ersten Schritte ins eiskalte Wasser. Vorsichtig taste ich mich mit einem Stock voran und lehne mich mit seiner Hilfe gegen die leichte Strömung. Die Wegmarkierungen beschreiben einen kleinen Bogen, vorbei an einem fast drei Meter hohen Felsen, der in der Mitte des Flusses aus dem Wasser ragt. Jetzt ist die große Frage: Schaffe ich es, über diesen Felsen zu klettern, oder muss ich links an ihm vorbei? Letzteres würde bedeuten, tatsächlich eine ungefähr fünf Meter lange Strecke durch einen natürlich entstandenen Pool zu schwimmen.

Die Wegmarkierungen laufen eindeutig links am Felsen vorbei, trotzdem versuche ich mein Glück zuerst mit Klettern. Doch der Felsen ist vom Wasser so glatt geschliffen, dass ich einfach keinen Halt finde und immer wieder abrutsche. Wenigstens kann ich zwischendurch meinen Rucksack abstellen, denn neben dem Felsen befindet sich eine kleine Sandbank aus Kieselsteinen, auf der sogar ein kleiner Baum wächst. Ich unternehme unzählige Kletterversuche, doch es gelingt mir einfach nicht – immer wieder rutsche ich ab. Entweder muss ich jetzt umkehren und den Bus nehmen oder durch diesen blöden, eiskalten Pool schwimmen. »Manche Leute schaffen es, den Fluss zu überqueren, manche nicht«, geistert es schon wieder durch meinen Kopf. »Und ich gehöre definitiv zu denen, die es schaffen!«, rufe ich laut, sodass es von den Felswänden der Schlucht widerhallt.

Was ich nun in der nächsten Stunde in diesem Canyon veranstalte, lässt mich noch Wochen später den Kopf schütteln. Da ich schlecht mit meinem dicken Rucksack ins Wasser springen kann, schnappe ich mir meinen schwarzen Turnbeutel, der mir sonst als Proviantbeutel dient, und stopfe so viele von meinen Sachen wie möglich hinein. Dann lege ich mir den Beutel auf den Kopf, drücke ihn mit meiner linken Hand fest hinunter und wate vorsichtig ins Wasser. Schon nach zwei Schritten tauche ich bis zum Bauchnabel ein und schnappe erschrocken nach Luft. Verdammt, ist das kalt! Es fühlt sich an wie tausend Nadelstiche und beim nächsten Schritt finden meine Füße keinen Halt mehr. Bis zur Nasenspitze versinke ich im eiskalten Wasser. Aufgeregt paddeln meine Beine und mein Arm wie wild drauf los, um meinen Kopf irgendwie über Wasser zu halten. Doch das Gewicht des Beutels drückt mich immer wieder hinunter und ich schlucke ordentlich Wasser. Hustend, prustend und panisch taste ich blindlings nach der Felswand. Als meine Finger endlich wieder Stein zu fassen bekommen, finden auch meine Füße wieder Boden unter sich. Schnaufend klettere ich auf der anderen Seite aus dem Wasser.

Doch der Spaß ist noch nicht vorbei. Erst muss ich noch über einige Felsen balancieren und wieder knietief durchs Wasser, bis ich das andere Ufer erreicht habe. Mit zitternden Händen lasse ich den Inhalt meines Turnbeutels auf die Kieselsteine fallen, dann mache ich mich zähneklappernd auf den Rückweg. Zum Glück muss ich nicht wieder durch den eisigen Pool, denn von dieser Seite aus kann ich über den großen Felsen klettern. Am anderen Ende angekommen, rutsche ich den glatten Stein hinab und stehe wieder neben meinem Rucksack. Nun beginnt das Spiel von vorn.

Als ich zum vierten Mal verzweifelt durch den Pool paddle, höre ich auf einmal Schritte auf dem Kies und ein Paar Wanderschuhe stehen direkt vor meiner Nase. Haltsuchend kralle ich mich am Felsen fest und mein Blick wandert weiter nach oben, an zwei behaarten, muskulösen Männerbeinen entlang, über einen durchtrainierten Körper in Wanderoutfit hinweg und stoppt schließlich bei den weit aufgerissenen Augen eines jungen Wanderers. Erschrocken starren wir uns ein paar Sekunden lang an.

»Was zum Teufel machst du denn da?«, fragt mich der Kerl völlig entsetzt. Die Frage ist zwar berechtigt, doch bevor ich sie beantworte, sehe ich erst mal zu, aus dem eiskalten Wasser herauszukommen. Nun stehe ich nur in Unterhose und klatschnassem Oberteil zitternd vor ihm und presse mir immer noch meinen Turnbeutel auf den Kopf. In der Hoffnung, mir einen letzten Rest Würde zu bewahren, antworte ich so lässig wie möglich: »Schwimmen!« Als wäre das nicht völlig offensichtlich und auch vollkommen normal bei diesen Temperaturen. Seine Augen werden noch größer und nun kommt auch noch ein zweiter Kerl um den Felsen herumgeklettert. Aufgeregt fragt dieser, ob das alles meine Sachen wären, die dort am Ufer verstreut herumlägen. Zähneklappernd kläre ich die Situation auf und erzähle, dass ich einfach keinen anderen Weg gefunden hätte, mich und meine Sachen auf die andere Seite des Flusses zu schaffen. Die beiden gucken mich immer noch völlig verblüfft an. Dann findet der Erste seine Sprache wieder und erklärt, dass ich doch einfach hier über den großen Felsen hätte klettern können. Zum Beweis legt er sogleich los und mit gekonnten Griffen und Tritten ist er – trotz seines großen Rucksacks – in nur zwei Sekunden oben. Ich nicke ihm anerkennend zu, dann fordere ich ihn auf, das doch einmal auf der anderen Seite zu versuchen. Er könne dann auch gleich meinen – nun fast leeren – Rucksack mitbringen. Auch der andere klettert nun hoch. Am anderen Ende rutscht der Erste den Felsen hinunter und reicht dem Zweiten meinen Rucksack. Dann versucht er wieder hinaufzuklettern. Vergebens. Erst als er seinen Rucksack abgesetzt hat, schafft er es hinauf. Die beiden kommen zurück, drücken mir meinen Rucksack in die Hand und sagen nur: »Ganz schön schwierig, aber machbar!« Sie raten mir, schnell ein Feuer anzuzünden, ich müsse ja ganz ausgekühlt sein. Besserwisser, schießt es mir durch den Kopf, doch mit zitternden Händen nehme ich dankend meinen Rucksack entgegen, verabschiede mich und klettere schnell zu meinen Sachen ans andere Ufer. Ein Feuer wird wohl nicht nötig sein, aber ich sollte wirklich schleunigst raus aus meinem nassen Shirt.

In trockenen Klamotten und mit Mütze klettere ich weiter die Uferböschung hinauf über ein rutschiges Schneefeld und finde mich – schon wieder schwitzend – auf einem einigermaßen erkennbaren Trampelpfad wieder. Nun folgt der zweite Anstieg des Tages. Ich komme an schmalen Passagen vorbei, neben denen es mehrere Hundert Meter steil in die Tiefe geht, und ich sehe ganz unten im

Tal den hellblauen Fluss, wie er sich rauschend und wild durch die spektakuläre Landschaft schlängelt.

Am Nachmittag begegne ich wieder einem Wanderer. Der scheint endlich ein bisschen mehr Zeit für einen kleinen Plausch zu haben. Ausführlich berichten wir uns, was für abenteuerliche Wegbedingungen dem anderen heute noch bevorstehen werden. Er zeigt mir ein Video, das er mitten in einem Schneesturm – bis zur Hüfte im Schnee steckend – aufgenommen hat. Schockiert frage ich, ob das auf dem Tahtalı-Sattel war. »Nein, das war vor ungefähr einer Woche in den Bergen vor Finike. Über den Tahtalı-Pass hätten mich danach keine zehn Pferde mehr gekriegt!« Er rät mir, in Finike unbedingt nach den Schneeverhältnissen zu fragen, bevor ich dort in die Berge aufbreche. Außerdem empfehle er mir das Stück an der Küste entlang, denn obwohl er dort schlechtes Wetter hatte, fand er die Strecke wunderschön. Als wir uns verabschieden, fangen wir beide an zu lachen – so absurd ist die Situation! Denn trotz gegenseitiger Schreckensberichte steht für uns beide fest, dass wir einfach weiterlaufen. Es gibt hier also doch ein paar Gleichgesinnte, die genauso bescheuert sind wie ich.

Zum Abschluss des Tages laufe ich – den Wegmarkierungen folgend – über eine umzäunte Weide und finde mich plötzlich vor einem verlassenen Haus auf einem Privatgrundstück wieder. Sofort kommen zwei knurrende Hunde zähnefletschend auf mich zu. Ich laufe die Einfahrt hinunter zum einzigen Tor in dem zwei Meter hohen Maschendrahtzaun, der das gesamte Grundstück umgibt. Zu meinem Entsetzen stelle ich fest, dass es mit einem großen Vorhängeschloss verriegelt ist. Die Hunde kommen gefährlich nahe und sehen aus, als würden sie jeden Moment zubeißen. Ich hieve den Rucksack über meinen Kopf, springe so hoch ich kann und bekomme ihn mit meinen 1,62 m gerade so über den Zaun. Dann klettere ich schnell hinterher. Gerade noch rechtzeitig, denn einer der Hunde schnappt tatsächlich nach meinem Bein und reißt ein kleines Loch in meine Hose. Mir reicht es für heute!

Bei nächstbester Gelegenheit lasse ich mich auf den Boden fallen und werde von einer Welle der Erschöpfung überrollt. Um mich herum sieht es aus wie im Fangorn-Wald aus *Herr der Ringe*, doch ich habe keine Kraft mehr, mich genauer umzusehen. Ich will nur noch die Augen schließen!

Kraftlos und wie in Zeitlupe breite ich Isomatte und Schlafsack auf dem weichen Moos aus, ziehe meine Schlafklamotten an und schaffe es gerade noch, mir eine kleine Mahlzeit auf dem Gaskocher zu machen.

Über zehn Stunden bin ich heute durchgewandert und habe dabei kaum gegessen oder getrunken. Ich war viel zu aufgeregt und der Weg hat meine komplette Aufmerksamkeit beansprucht. Doch ich war voll im Moment. Kein Platz für andere Bedürfnisse, Zweifel oder Sorgen. Besonders während der Stunde im Canyon war ich wie in einem Tunnel. Mein Gehirn lief dabei nicht auf Autopilot, sondern war hellwach und konzentriert. Ein geniales Gefühl!

REISEWEISHEIT NUMMER 5:
Die intensivste Form des Reisens ist das Wandern!

Im Alltag habe ich oft das Gefühl, dass über allem, was ich tue, eine Art Schleier der Müdigkeit hängt. Viele Sachen kann ich gar nicht richtig genießen, weil es mir häufig schwerfällt, die volle Aufmerksamkeit auf eine Sache zu richten. Meist sind meine Gedanken bei tausend anderen Dingen, die ich noch zu erledigen habe. Oft sehne ich mich nur danach, einmal kurz die Augen zu schließen und mich auszuruhen.

Doch dieser Schleier ist seit meinem ersten Tag auf Zypern verschwunden. Ich habe das Gefühl, ich sehe, höre, rieche, schme-

NÄCHTLICHE UNGEHEUER UND ANDERE ESKAPADEN

cke und spüre alles viel klarer und intensiver. Und obwohl ich jeden Tag sportliche Höchstleistungen vollbringe und unzählige neue Eindrücke auf mich einprasseln, habe ich so viel Energie wie nie zuvor! Erst am Abend, wenn ich zur Ruhe komme, spüre ich Erschöpfung und Hunger. Und dann überrollen sie mich fast.

Professor Shane O'Mara, Neurowissenschaftler am Trinity College in Dublin, bezeichnet deshalb das Gehen als eine echte Superkraft. In seinem Buch *Das Glück des Gehens* beschreibt er, was in unserem Körper passiert, wenn wir laufen: Gehen erhöhe die kognitive Kontrolle und Aktivität unseres Gehirns, verbessere die Gedächtnisleistung, helle unsere Stimmung auf, fördere die Kreativität, verlangsame den Alterungsprozess, schütze Herz und Organe, vermindere Stress und, und, und …

Somit gibt es kaum eine bessere, nachhaltigere oder gesündere Reiseform als das Wandern. Auch Goethe wusste schließlich schon: »Nur wo du zu Fuß warst, bist du auch wirklich gewesen.«

Nächtliche Ungeheuer und andere Eskapaden

Gleich hinter der ersten Kurve kommt am Morgen der 2366 Meter hohe schneeweiße Tahtalı Dağı in Sicht – ein beeindruckender wie einschüchternder Anblick! Es ist mit Abstand der höchste Berg weit und breit. Nicht nur der Gipfel, sondern der komplette Berg ist vollständig mit Schnee bedeckt. Auch ohne vorherige Warnungen hätte ich mich spätestens an diesem Punkt für die Küstenvariante entschieden. Doch auch die hat es in sich, wie sich an diesem Tag herausstellt. Zwar muss ich heute keine steilen Abhänge mehr hinunterrutschen oder Flüsse durchqueren, doch Erdrutsche und umgefallene Bäume machen den Weg fast unpassierbar. Ungläubig lese ich die Wegbeschreibung noch einmal, und tatsächlich steht dort schwarz auf weiß: Der Teil der Küstenvariante werde schon seit einigen Jahren nicht mehr instand gehalten. Mit der Zeit haben zahlreiche Felsstürze und Erdrutsche die Piste unter sich begraben.

Na toll! Doch es nützt nichts, bis zur Nase im Schnee versinken möchte ich auch nicht. Also kämpfe ich mich weiter voran, immer mit der Angst im Nacken, hinter der nächsten Kurve könnte ich auf einen noch größeren Erdrutsch stoßen.

Am späten Nachmittag taucht endlich die langersehnte Asphaltstraße vor mir auf und laut Wanderführer habe ich somit den schwierigsten Teil der vier Küstenetappen geschafft.

Fix und fertig schlage ich am Abend mein Lager in einem lichten Wäldchen am Rand eines Orangenhains auf und futtere deprimiert ein paar Wraps mit Gemüse. Irgendwie habe ich es im Laufe des Tages geschafft, meine warme Fleecejacke zu verlieren. Dummerweise hatte ich sie außen am Rucksack festgemacht und nun muss ich für die Nacht mit meiner Regenjacke als Kälteschutz vorliebnehmen. Die wärmt zwar auch, aber darin fühle ich mich wie in eine große Rolle Frischhaltefolie gewickelt: Bei der kleinsten Bewegung knistert es und ich werde immer wieder wach.

Erst zwei Tage später komme ich mittags durch einen größeren Ort und halte Ausschau nach einem günstigen Bekleidungsgeschäft. Die vorherige Nacht hatte ich in einer Hütte auf einem Campingplatz verbracht, denn es waren Gewitter und Sturm vorhergesagt, doch am Ende hat es nur ein bisschen geregnet. Trotz dicker Bettdecke habe ich die ganze Nacht gefroren. Alle Leute auf dem Campingplatz haben von einem heftigen Temperatursturz geredet, der anscheinend kurz bevorstehen soll. Umso wichtiger, dass ich mir eine neue Jacke besorge.

Im Zentrum von Tekirova entdecke ich eine lange Schaufensterfront, hinter deren Scheiben mir zahlreiche warme Fleecejacken entgegenleuchten, doch die Geschäfte scheinen alle geschlossen zu sein. Verdutzt schaue ich mich um. Ich habe noch nie gehört, dass es in der Türkei eine Siesta gibt. Ich laufe die Straße entlang und suche die Öffnungszeiten – vergeblich. Ein Mann tippt an einen Pfeiler gelehnt auf seinem Smartphone herum und ich frage ihn, warum alle Geschäfte geschlossen seien. Er erklärt freundlich: »Die machen erst in einem Monat wieder auf. Für die Touristen, wenn Anfang April die Urlaubssaison beginnt.« Natürlich, denke ich, da hätte ich auch selbst draufkommen können. »Wissen Sie zufällig, wo ich eine warme Jacke herbekommen könnte?«, frage ich weiter. Der Mann überlegt. Dann zeigt er mir auf Google Maps ein Geschäft namens Sok Market. »Eigentlich ein Supermarkt, doch die könnten auch ein paar Kleidungsstücke haben«, erklärt er mir. Ich schaue auf die Karte, um mir den Weg einzuprägen, doch da steckt er das Handy schon wieder ein. »Weißt du was, ich fahre dich schnell hin!«

Keine zehn Minuten später betrete ich mit Hakan den Sok Market und tatsächlich haben sie genau eine Strickjacke mit kuscheligem Innenfutter da. Hakan entdeckt noch ein dickes, kariertes Männerhemd, und da jedes Teil umgerechnet nur fünf Euro kostet, kaufe ich beides – schließlich steht ja ein Temperatursturz bevor.

Danach fährt mich Hakan zu der Stelle, wo der Lykische Weg die Stadt wieder verlässt, und drückt mir zum Abschied seine Handynummer in die Hand: »Solltest du unterwegs Probleme haben, kannst du dich jederzeit melden. Egal wo du bist, ich hole dich ab!« Dankbar und fast ein bisschen gerührt schaue ich meinem persönlichen Shoppingberater und Notfallkontakt hinterher. Dann drehe ich mich um und laufe federnden Schrittes und mit ordentlich Proviant im Rucksack aus dem Städtchen hinaus.

Schon gestern hatte ich das Meer und ein paar wunderschöne Buchten erreicht, doch wie sich die Küste hinter Tekirova präsentiert, ist einfach unglaublich! Trotz bewölktem Himmel leuchtet mir jede Bucht von Weitem blaugrün entgegen, und die gelben Blüten der Ginsterbüsche strahlen am Wegesrand. Unzählige kalabrische Kiefern verströmen einen würzigen Harzgeruch, den ich tief einatme. Ich platze fast vor Glück und guter Laune, so froh bin ich, die Berge nun für einige Tage hinter mir lassen zu können. Wenn ich wirklich bis zum Nordkap durchhalten möchte, muss ich lernen, mit meinen Kräften besser zu haushalten, und ein bisschen netter zu mir selbst sein. Schon die kalten Nächte verlangen mir so einiges ab. Wenn ich mich dann noch tagsüber immer bis zur völligen Erschöpfung verausgabe, ohne vernünftig zu essen, kann das nicht mehr lange gut gehen. Ein Strandspaziergang ist der nächste Teil der Etappe nämlich auch nicht. Zu jeder der wunderschönen Buchten, an denen ich heute an der hohen Steilküste vorbeikomme, gehört leider auch immer ein Ab- und Aufstieg.

Eine Wanderin mit einem schwarzen, flauschigen Hund an ihrer Seite kommt mir entgegen. Wir grüßen uns freundlich, sind jedoch zu sehr aus der Puste, um uns groß zu unterhalten. Während wir aneinander vorbeilaufen, macht der Hund plötzlich kehrt und läuft mir hinterher. Als er nach fünf Minuten noch immer keine Anstalten macht, zu seinem Frauchen zurückzukehren, bleibe ich stehen und drehe mich um. Doch die Frau ist längst über alle Berge bzw. Buchten verschwunden. Mit auffordernden Armbewegungen versuche ich den Hund zum Umkehren zu bewegen. Doch der schaut mich nur neugierig und belustigt aus seinen dunklen Augen an. »Na, dann eben nicht«, denke ich und laufe wieder los. Nach weiteren zwanzig Minuten glaube ich langsam nicht mehr, dass die Wanderin sein Frauchen war. Trotzdem halte ich mich mit Zuneigungsbekundungen ihm gegenüber zurück, denn zu gut erinnere ich mich an den Abschiedsschmerz von meinem Freund Halloumi.

Eine Stunde später halte ich es nicht mehr aus und knuddele ausgiebig mit dem süßen, flauschigen Kerl und taufe ihn liebevoll auf den Namen Kebab. Denn ja, ich bin mal wieder ganz schön hungrig! Außerdem verlangt mein Körper nach drei einsamen Wochen langsam nach mehr Gesellschaft und Kommunikation. Meine Kamera hat sich zwar als geduldiger Zuhörer erwiesen, doch leider kommt nur herzlich wenig zurück. Kebab hingegen springt immer wieder auffordernd an mir hoch und versucht ständig, mein Gesicht abzulecken.

Gemeinsam entscheiden wir uns am Abend für eine ganz besonders schöne und große Bucht. Bis es dämmert, spielen und jagen wir noch über den lang gezogenen, breiten Strand. Dabei entdecke ich im hinteren Teil der Bucht einen rostigen Container mit offener Tür und kleinem Fenster. Was für ein perfekter regengeschützter Schlafplatz für die Nacht! Vorsichtig spähe ich hinein: Auf dem Boden liegt neben einem Haufen Schutt tatsächlich eine alte Matratze. Darauf hat es sich eine getigerte Katze gemütlich gemacht, hinter ihr entdecke ich einen olivgrünen Schlafsack. Bei genauerer Betrachtung sieht der Schlafsack verdächtig neu aus. Ein mulmiges Gefühl steigt in mir hoch. Bin ich nicht die Einzige, die sich diese Bucht hier als Schlafplatz ausgesucht hat? Verunsichert stehe ich vor dem Container und scanne den gesamten Strand und die dichten Bäume und Büsche ab. Doch ich kann keine Bewegung erkennen. Dann entdecke ich auf dem Meer ein kleines Boot am Rand der Bucht. Mmh … Um noch eine Bucht weiter zu wandern ist es eigentlich schon zu spät. Doch ich bin auch nicht scharf darauf, mir mit jemandem diese Bucht zu teilen – vor allem wenn dieser Jemand in so einem Container haust. Nach einigem Hin und Her hänge ich meine Hängematte so versteckt wie möglich am anderen Ende der Bucht auf. Als ich mir mit Kebab mein Abendessen teile, schärfe ich ihm ein, heute Nacht besonders wachsam zu sein und mir nicht von der Seite zu weichen.

Stunden später, Kebab schläft längst seelenruhig ein paar Meter entfernt, liege ich immer noch hellwach in der Hängematte und spähe mit zusammengekniffen Augen über den Strand. Das Boot kann ich in der Dunkelheit nicht mehr erkennen und ich habe keine Ahnung, ob es hier in der Bucht angelegt hat oder nicht. Ich strenge mich an, meine Gedanken im Zaum zu halten, denn das ist wichtig, wenn man nachts allein draußen schläft – man muss höllisch aufpassen, sich nicht irgendwelches gruseliges Zeug vorzustellen! Doch heute Nacht will mir das nicht gelingen, und immer wieder denke ich daran, wie eine große dunkle Gestalt aus dem Container über den Strand auf mich zukommt. Beharrlich zwinge ich mich, meine Augen geschlossen zu halten, doch beim kleinsten Geräusch muss ich sie wieder aufreißen, um zu sehen, ob nicht doch jemand durch die Dunkelheit geschlichen kommt und vielleicht direkt neben mir steht. Luft und Nerven sind wie elektrisch geladen, doch irgendwann falle ich trotz Anspannung und Nervosität in einen leichten Halbschlaf.

Da spüre ich auf einmal kühle Finger über mein Gesicht streichen! Ich reiße die Augen auf und starre in die Dunkelheit, vor Angst bin ich wie gelähmt. Mit rasendem Herzen liege ich stocksteif da. Noch bevor sich meine Augen an die Dunkelheit gewöhnt haben, spüre ich schon wieder die kühlen Fingerspitzen auf meinem Gesicht! Mein Herz klopft so wild in meiner Brust, gleich muss ich mich vor Angst übergeben! Eine Sekunde später begreife ich, dass es nur Regentropfen sind, die langsam auf mein Gesicht perlen. Erleichtert atme ich aus, und langsam beruhigt sich mein Herz. Doch die Tropfen verwandeln sich schnell in einen Schauer. Fluchend und immer noch zittrig muss ich aus meiner Hängematte krabbeln. Es ist das Letzte, worauf ich Lust habe, doch ich muss so schnell wie möglich mein Tarp über die Hängematte spannen. Als ich wieder im Schlafsack liege, bin ich völlig durchnässt und es zucken bereits die ersten Blitze über dem Meer. Der Sturm, der für gestern Nacht vorhergesagt war, als ich in meiner übersteuerten Hütte lag, hat sich entschlossen, lieber heute Nacht über die lykische Küste hereinzubrechen. Bald zerreißt ein ohrenbetäubendes Donnergrollen die Stille und ich sitze kerzengerade in der Hängematte. Kebab schläft seelenruhig weiter und zuckt nur hin und wieder mit dem Schwanz. Toller Wachhund! Doch da er anscheinend nicht die geringste Gefahr wittert, weder vom Sturm noch von dunklen Containergestalten, zwinge auch ich mich wieder zur Ruhe. Selbst wenn tatsächlich jemand in diesem Container hausen sollte, würde niemand in diesem Sauwetter draußen herumlaufen, rede ich mir gut zu. Irgendwann gelingt es mir endlich, ein bisschen zu schlafen. Der Rest der Nacht wird trotzdem ganz schön lang und kalt, und ich warte ungeduldig und durchgefroren auf den Sonnenaufgang. Nach einer heißen Tasse Tee und einer Portion Porridge mit Cranberries sind die Geister der Nacht schnell vergessen. Trotzdem laufe ich noch einmal zurück zu dem Container. Vorsichtig spähe ich hinein: Die Katze ist verschwunden, doch der Schlafsack und die Matratze liegen exakt so da wie am Abend zuvor – da war ich heute Nacht also wirklich paranoid!

Gestern konnte ich mir kaum vorstellen, dass die Buchten noch traumhafter werden könnten, doch im Sonnenschein leuchtet mir das Meer heute smaragdgrün, türkisblau oder in allen Blautönen gleichzeitig entgegen. Nach einem anstrengenden Aufstieg mache ich an einer Biegung halt, hinter der es über hundert Meter in die Tiefe geht – bis hinunter zum Meer. Ich schaue zurück und staune nicht schlecht: Hinter einer tiefblauen Bucht, eingerahmt von rötlichen und dunkelgrünen Hügeln, ragt strahlend und schneeweiß der Tahtalı Dağı am Horizont empor. Was für ein Anblick und was für Farben!

Als ich mittags Cirali erreiche, ist Kebab nicht mehr an meiner Seite. Er hat kehrtgemacht, als eine junge Frau mit Tagesrucksack an mir vorbeilief. Ich hatte nicht einmal die Chance, mich zu verabschieden, so schnell war er mit ihr um die nächste Kurve verschwunden. Schon die dritte Frau in nur zwei Tagen, was für ein Schwerenöter!

In Cirali trifft der Weg wieder auf den ursprünglichen Likya Yolu. Hinter dem Städtchen lodern die berühmten ewigen Flammen aus dem felsigen Boden. Der Legende nach soll hier ein Feuer speiendes Ungeheuer, die Chimäre, ihr Unwesen treiben. In Wahrheit steigen hier chemische Gase aus dem Erdinneren auf, die sich an der Luft entzünden und so die kleinen tanzenden Flammen entstehen lassen – was ich für ebenso spannend wie die Geschichte mit dem Ungeheuer halte. Fasziniert laufe ich von einem Flammenfeld hinauf zum nächsten und beobachte ein paar Männer dabei, wie sie sich über dem Feuer saftige Würstchen grillen. Gott, riecht das lecker! Vor ein paar Tagen habe ich auf dem Weg ein New Yorker Pärchen getroffen, das mir erzählt hat, wie sie in einem Restaurant in Ulupinar den besten Fisch ihres Lebens gegessen haben und dann sieben Kilometer weiter, hier bei den ewigen Flammen, gezeltet haben. Es ist früher Nachmittag, ich habe einen Bärenhunger und überlege, ob ich die sieben Kilometer bis nach Ulupinar schaffe. Ich will dort essen und rechtzeitig wieder zurück sein, um die ewigen Flammen in der Dunkelheit zu sehen. Dann sollen sie laut dem Pärchen am schönsten sein.

Eigentlich wollte ich mich ja nicht mehr so verausgaben, doch mein Magen knurrt so laut und ehe ich mich versehe, folge ich schon dem hügeligen Trampelpfad durch den Wald in Richtung Ulupinar. Zwei Stunden, dreihundert Höhenmeter und eine Flussüberquerung später, sitze ich in dem kleinen Fischrestaurant. Vor mir stehen eine gegrillte Forelle, frittierte Calamari, ein großer Hirtensalat, warmes Fladenbrot, verschiedene Dips und eine kalte Cola. Ich bin völlig erschöpft, aber schwebe im siebten Himmel! Als einziger Gast im Restaurant beobachtet mich der Kellner staunend, wie ich das Essen innerhalb einer halben Stunde in mich hineinschlinge. Satt und zufrieden mit der Entscheidung meines Magens, hierherzukommen, trete ich den Rückweg an.

Was ich allerdings nicht bedacht hatte: Mit so vollem Magen lässt es sich nicht mehr so gut wandern. So wird der Rückweg zu einer Tortur und mehrere Male muss ich anhalten, um mich nicht zu übergeben. Stöhnend und laut vor mich hin rülpsend, erreiche ich irgendwann das oberste Flammenfeld – da ist die Sonne längst hinter den Bergkuppen verschwunden. Der Anblick der orange-roten und blauen Flammen ist wirklich magisch, doch so richtig kann ich das nicht genießen. Mit schmerzendem Magen errichte ich schnell mein Nachtlager. Dabei entdecke ich im Halbdunkel einen Haufen Brennholz neben einer alten Feuerstelle. Ich danke den Menschen, die hier vor mir übernachtet haben und mir zum zweiten Mal auf meiner Reise eine wunderbar warme Nacht am Feuer ermöglichen.

Der Halbmond steht senkrecht am Nachthimmel, über mir fun-keln die Sterne und rundherum ragen Berggipfel auf. Ich liege mit dem Rücken an einen riesigen umgefallenen Baumstamm gelehnt und vor mir flackert mein kleines Feuer.

Fast dreihundert Kilometer habe ich mittlerweile zu Fuß zurück-gelegt und so langsam merke ich eine Veränderung in meinem Kör-per. Bisher habe ich morgens Nüsse, Obst und Haferflocken ge-gessen und abends ein paar Scheiben Brot mit Käse oder Wraps mit Gemüse. Tagsüber war ich so mit dem Weg beschäftigt, dass ich den Hunger gar nicht gespürt habe. Nach fast drei Wochen rea-lisiert mein Körper langsam: Die hört so schnell nicht wieder auf, wie eine Irre durch die Gegend zu rennen und dabei etliche Kilos auf ihrem Rücken mitzuschleppen. Meine Gedanken kreisen nun auch tagsüber ausschließlich ums Essen und mein Magen knurrt ununterbrochen. Heute in Ulupinar war ich zum ersten Mal seit Tagen satt. Es ist spannend zu beobachten, wie der Körper auf eine so extreme Veränderung reagiert.

Tiago hat mich oft gefragt, warum ich nicht einfach ein paar Wochen irgendwo wandern gehe, warum es gleich mehrere Monate sein müssen? Eine zufriedenstellende Antwort konnte ich ihm dar-auf nicht geben – in Spanien war ich auch nur zwei Wochen unter-wegs und hatte die Zeit meines Lebens! Doch ich wollte heraus-finden, was es mit mir macht, wenn ich länger unterwegs bin. Hält der energiegeladene Rauschzustand an oder macht mein Körper irgendwann schlapp? Als Erstes verlangt er anscheinend nur nach mehr Essen – sehr viel mehr Essen. Für das er heute sogar bereit war, vierzehn extra Kilometer in Kauf zu nehmen.

Ich bin gespannt, welche Veränderungen noch auf mich zukommen. Neben dem Hungergefühl wird auch mein Durst nach Gesellschaft und Kommunikation größer. Außer mit Antonios und Müslüm haben die Begegnungen bisher nie länger als ein paar Minuten gedauert. Da ich mir keine türkische Simkarte besorgt habe, kann ich im Moment auch nur selten mit meiner Familie und Freunden telefonieren. Nur wenn ich irgendwo WLAN-Zugang habe, was so gut wie nie der Fall ist. Für sie ist es wahrscheinlich auch nicht leicht, so gut wie nichts von mir zu hören. Normalerweise telefoniere ich ständig mit meiner Mutter und meiner Schwester – und meinem Vater würde ich es zutrauen, mir heimlich einen GPS-Tracker in den Rucksack geschmuggelt zu haben, denn er macht sich immer die größten Sorgen, wenn ich allein unterwegs bin. Was mir erstaunlicherweise gar nicht fehlt, sind Dusche und Toilette. Bisher habe ich zumindest einmal die Woche richtig geduscht. Und da ich immer eine Packung Feuchttücher dabeihabe, könnte ich darauf glatt verzichten. Nur Haare waschen muss ein-, zweimal die Woche wirklich sein. Das macht allerdings unter Wasserfällen oder in Flüssen doppelt so viel Spaß! Toiletten dagegen werden meiner Meinung nach völlig überschätzt. Es macht mir nichts aus, morgens mein kleines Loch zu buddeln und mein Geschäft mitten in der Natur zu verrichten. Und zum Pinkeln verstecke ich mich nicht mal mehr. Ich bin sowieso die ganze Zeit allein, deshalb hocke ich mich meist direkt neben den Weg. Nur das Pinkeln mit Rucksack auf dem Rücken muss ich noch üben – dann könnte ich mir das nervige Auf- und Absetzen ersparen. Dieses Kunststück gelingt mir bisher nur, wenn ich irgendwas zum Festhalten vor mir habe.

REISEWEISHEIT NUMMER 6:
Das Gehen lernt man erst, wenn man stolpert!

Ich bin nicht der Typ, der lange plant, sich vorbereitet oder trainiert. »Learning by doing!« ist eher mein Ding. Deshalb habe ich viele Sachen auf die harte Tour erfahren müssen. Zwei Dinge hätte ich gerne vorher gewusst:

Erstens: Nachts allein draußen schlafen ist nicht der absolute Horror, sondern einfach Übungssache. Man kann wirklich lernen, seine Gedanken zu kontrollieren und sie auf etwas anderes zu fokussieren als auf Hexen, Geister, Mörder oder Vergewaltiger. Außerdem hilft es, vorher nicht tonnenweise Thriller und Horrorfilme zu schauen. Und zur Not helfen Hörbücher oder leise Musik beim Einschlafen – hierbei sollte man jedoch beachten, dass man mit Kopfhörern in den Ohren Geräusche nicht mehr so gut mitbekommt.

Zweitens: Den sogenannten Hiker Hunger gibt es wirklich! Zu Beginn meiner Reise hatte ich mir vorgenommen, zwischendurch nur von dem zu leben, was am Wegesrand wächst. Extra dafür habe ich mir ein kleines Buch über essbare Pflanzen in Europa mitgenommen. Doch der Hiker Hunger traf mich mit voller Wucht und leider völlig unvorbereitet. Erst später in einem Podcast mit Christine Thürmer – der wohl meistgewanderten Frau der Welt – erfuhr ich, dass der Körper nach ein paar Wochen in eine Art Fluchtmodus umschaltet. Der Stoffwechsel stellt sich um und bei Frauen kann die Menstruation ausbleiben. Tatsächlich hatte ich während der Reise nicht ein einziges Mal meine Periode. Anfangs machte ich mir Sorgen, aber als ich erfuhr, dass das völlig normal sei, habe ich mich wahnsinnig gefreut! So blieb mir die Frage erspart: Wohin bloß mit den ollen Tampons?! Wer wie ich schon einmal in der Not verzweifelt versucht hat, einen Tampon im staubigen Boden des australischen Outbacks zu verbuddeln, weiß, wovon ich spreche!

Hochmut kommt vor Gelassenheit

Die nächsten beiden Tage sind unglaublich schön und kalt. Ich komme an der Ruinenstadt Olympos vorbei, die vor über zweitausend Jahren zu den bedeutendsten Städten Lykiens zählte.

Am Tag darauf steige ich hinter dem traumhaft gelegenen Örtchen Adrasan hoch zum Leuchtturm am Kap Gelidonia. Eigentlich wollte ich dort oben die Nacht mit Blick aufs Meer verbringen, doch schon nach einer Stunde bin ich trotz praller Sonne durchgefroren und steige die vierhundert Höhenmeter wieder hinunter – in der Hoffnung, es könnte unten ein paar Grad wärmer sein. Seit dem Gewittersturm ist zwar Sonnenschein und ich kann nachts die Sterne funkeln sehen, doch leider ist der angekündigte Temperatursturz gekommen und ich befürchte, heute Nacht könnte es Minusgrade geben.

Als Schlafplatz habe ich mir eine kleine Bucht ausgesucht, an deren Rand ein paar Bäume wachsen und unter denen ich ein paar alte Feuerstellen entdeckt habe. Leider ist dieses Mal kein Brennholz für mich übrig. Ich suche die ganze Bucht ab, finde allerdings nur eine Handvoll kleiner Äste – so ein Mist! Da es schon fast dunkel ist, muss ich die Feuerholzsuche abbrechen, denn hinter der Bucht geht es gefährlich steil in die Tiefe. Ich ziehe alles an, was ich an Kleidung dabeihabe, und erhitze schnell einen Liter Wasser auf meinem Gaskocher. Das heiße Wasser fülle ich in meine Trinkflasche aus Hartplastik und nehme sie als Wärmflasche mit in den Schlafsack. Ich kuschle mich so gut wie möglich ein und lege Handtuch und Regenjacke obendrauf.

Tatsächlich herrschen in dieser Nacht Temperaturen um den Gefrierpunkt und später werde ich erfahren, dass es in Istanbul und Athen ein tagelanges Schneechaos gegeben hat. Und ich liege hier draußen ohne Zelt im dünnen Sommerschlafsack herum, dessen Grenztemperatur bei sieben Grad liegt. Auf der Hülle wird darauf hingewiesen, dass es bei minus zwei Grad zu starkem Kälteempfinden und auch Erfrierungen kommen kann. Aha.

Immer wieder schiebe ich meine Wärmflasche zwischen Bauch, Rücken und Zehen hin und her und hoffe auf Erschöpfungsschlaf. Um Mitternacht halte ich es nicht mehr aus. Verzweifelt zünde ich eine Handvoll Brennholz an. So gut es geht, wärme ich mich an dem kleinen Feuer und koche das Wasser meiner Wärmflasche noch einmal auf. Das dauert lang, denn die Gaskartusche ist empfindlich kalt geworden. Nur in Begleitung eines hohen Pfeiftons strömt ein bisschen Gas heraus.

Das Feuer ist längst erloschen, als ich meine Wärm-Trinkflasche endlich fest an mich drücke. Gottverdammt, warum ist es bloß so kalt?! Die Hoffnung auf Schlaf habe ich aufgegeben, ich will die Nacht einfach unbeschadet überstehen. Ich schaue nach oben in den Sternenhimmel und beobachte, wie sich bei jedem Atemzug eine kleine Dampfwolke vor meinem Gesicht bildet. Ich muss an etwas anderes denken, sonst werde ich verrückt. Ich starre in den Sternenhimmel über mir und versuche verzweifelt, irgendwelche Sternbilder zu erkennen, um mich abzulenken. Doch außer dem großen Wagen und dem Gürtel des Orion kenne ich kaum eine Sternenformation. Ein Großteil meiner Fantasie aus der Kindheit ist wahrscheinlich über die Jahre verloren gegangen. Doch Stunde um Stunde starre ich weiter nach oben – was bleibt mir anderes übrig? Und als mein Körper vor lauter Erschöpfung schon aufgehört hat zu zittern, klappt es plötzlich: Der Himmel über mir erwacht zum Leben! Auf einmal schießen die Sterne unter dem Umhang eines großen Zauberers hervor und landen auf den Dächern eines mächtigen funkelnden Schlosses. Die Kälte und Schlaflosigkeit stellen in dieser Nacht noch einige komische Sachen in meinem Kopf an und am Morgen weiß ich nicht, ob es die vielen Sternschnuppen wirklich gab oder ob sie nur Fantasie waren.

Wie in Trance schleppe ich mich an der strahlend schönen Küste bis nach Karaöz. Dort steige ich in einen Bus und mir fallen sofort die Augen zu. Zwei Stunden und dreißig Kilometer später wache ich in Finike auf. Mein Wanderführer hatte empfohlen, diese langweilige, nur an der befahrenen Straße entlangführende Etappe zu überspringen. Wie gerne bin ich heute der Empfehlung gefolgt. Ohne schlechtes Gewissen suche ich mir in Finike ein günstiges Hotel. Ich habe mir bewiesen, dass ich bei Regen, Sturm, Gewitter und Minusgraden draußen übernachten kann. Jetzt muss ich mir noch beweisen, dass ich mir auch eingestehen kann, wann es zu viel für mich ist.

Ein Abendessen, eine heiße Dusche und eine Nacht im Hotel später ist es schon wieder vorbei mit meinem Zugeständnis. Todesmutig habe ich beschlossen, in die Berge aufzubrechen, in denen der zwei Meter große Wanderer bis zur Hüfte im Schnee versunken ist. Damit mir nicht dasselbe passiert, nehme ich mir mal wieder fest vor: Sollte es zu gefährlich werden, drehe ich um! Ich laufe auf geschwungenen Serpentinen bergauf, vorbei an ausgewaschenen Terrassen, die bezeugen, dass hier irgendwann ein Fluss den Berg hinuntergeflossen sein muss. An hölzernen Verschlägen, die den Hirten im Sommer als Unterkünfte dienen, fülle ich an einer sehr fragwürdigen Zisterne meine Wasservorräte auf. Zum Glück habe ich mir einen guten Wasserfilter gekauft.

Als ich mittags an den Ruinen von Belos vorbeikomme, fange ich langsam an, nach einem Schlafplatz Ausschau zu halten, denn dank meines Wanderführers weiß ich, dass ich nun ungefähr auf tausend Höhenmetern sein muss. Weiter wollte ich heute wegen der Kälte nicht mehr steigen. Der Weg wird mich morgen auf bis zu tausendachthundert Meter führen und ich muss mindestens zwanzig Kilometer Strecke machen, um wieder in tiefere und wärmere Gefilde zu gelangen. Sollte dort oben tatsächlich hoher Schnee liegen, wären zwanzig Kilometer ganz schön schwer zu schaffen –

wenn nicht gar unmöglich. Doch erst mal konzentriere ich mich auf den heutigen Tag und die heutige Nacht. Der blicke ich aber schon bald ganz gelassen entgegen, denn ich finde ein kleines Kiefernwäldchen, und die Bäume stehen sogar in einer Talsenke! Kaum ein Windhauch ist zu spüren und vier Stunden später betrachte ich stolz meine gemütliche Kiefernnadelmatratze mit Feuerstelle und Massen an Brennholz. Als der Himmel sich orangerot färbt, klettere ich die Böschung hinauf und mir stockt der Atem: Die Sonne ist ein riesiger, strahlend roter Feuerball und färbt die darüber hängende Wolkendecke in surreales tiefdunkles Rosa. Ich vergesse für einen Moment zu atmen, so spektakulär schön sieht der Himmel aus. Dies ist einer dieser Momente. All die Mühe, die Anstrengungen, der Schweiß und die Tränen der letzten Wochen haben sich gelohnt. All das war es wert.

Ich bleibe noch eine Weile dort oben und schaue mir den Sonnenuntergang und den glühend rosa Abendhimmel an. Erst als es schon fast dunkel ist, steige ich zurück zu meinem Lagerplatz und bringe das Feuer in Gang. Mit Brot und Oliven mache ich es mir gemütlich, und dank des Feuers kann ich heute Abend auch endlich wieder lesen, weil meine Hände nicht mehr einfrieren. Ich entscheide mich für *Die Wand* von Marlen Haushofer. Ich lande direkt im Kopf der namenlosen Protagonistin, die über Nacht durch eine unsichtbare Wand vom Rest der Welt abgeschnitten wird und allein in den Bergen zurechtkommen muss. Fasziniert lese ich, wie sie sich in einer Jagdhütte zusammen mit dem Hund Luchs fürs Überleben einrichtet – während hinter der Wand alle Menschen und Tiere zu Stein erstarrt sind. Natürlich identifiziere ich mich sofort mit ihr und kann ihre Schilderungen über Anstrengungen, Strapazen und Selbstzweifel gut nachvollziehen.

Es ist noch fast dunkel, als ich meine Sachen zusammenpacke und loslaufe. Ich bin nervös. Meine schweißnassen Hände umklammern zwei hüfthohe Kiefernstöcke, die mir im Schnee als Gehhilfen dienen sollen. Die ersten Sonnenstrahlen kommen langsam über die Bergspitzen und ich laufe durch mystische Wälder, deren Bäume mit Moos und Flechten bewachsen sind. Überall liegen Felsbrocken auf dem Boden und ich würde diese geheimnisvolle Umgebung so gerne genießen, doch ich bin viel zu nervös und frage mich ständig, wann ich wohl auf den ersten Schnee treffen werde.

Wie kleine weiße Seen tauchen nach einer paar Stunden Schneefelder zwischen den Bäumen auf. Zuerst kann ich sie leicht umgehen, doch bald ist der gesamte Boden mit Schnee bedeckt. Jetzt ist es wirklich Winter um mich herum. Und das Ende März und im Süden der Türkei. Der Schnee ist nur knöchelhoch und eher eine hartgefrorene Eisdecke. Ich rutsche nur so vor mich hin und versuche bei jedem Schritt vergeblich, meine Gehstöcke in den Boden zu rammen. Wahrscheinlich war der Schnee schon fast weggeschmolzen, bis der Temperatursturz einsetzte und er wieder steinhart geworden ist. Zum Glück entdecke ich Fußspuren in der Eisdecke und wenn ich genau in sie hineintrete, habe ich endlich festen Halt. Doch mit der Zeit wird es ganz schön anstrengend, den großen Schritten zu folgen – aber immer noch besser als vor mich hinzurutschen. Stunde um Stunde hüpfe ich von einem Fußabdruck in den nächsten und werde immer zuversichtlicher, nicht mehr auf irgendwelche Schneemassen zu stoßen. Übermütig springe ich weiter, worauf ich voll danebentrete und ausrutsche. Schmerzhaft lande ich auf dem rechten Hüftknochen und schlittere der Länge nach einen kleinen Abhang hinunter. Ein großer Baum bremst meine Rutschpartie schließlich ab. Hui, gerade noch mal Glück gehabt! Mit hysterischem Kichern krabble ich den Abhang wieder hinauf. Doch statt weniger übermütig zu sein, bin ich nur beeindruckt, wie schnell ich vorankomme, und denke darüber nach, direkt weiter nach Demre zu laufen. Dann müsste ich heute Abend nicht wieder stundenlang Brennholz sammeln, die ganze Nacht das Feuer in Gang halten und könnte in einem warmen Bett schlafen. Kurz entschlossen schalte ich meinen

Turbogang ein und versuche, so schnell wie möglich von den Bergen herunterzukommen. Doch der Abstieg stellt sich als Alptraum heraus: Obwohl der Schnee bald verschwunden ist, führt der Weg mehrere Kilometer lang fast senkrecht bergab. Meine Knie tun höllisch weh und ich fluche über das Geröll, über das ich immer wieder stolpere. Ständig knicke ich um, sodass auch meine Knöchel bald höllisch wehtun. Als ich eine alte Kirchenruine auf einer Wiese erreiche, wäre es das Beste, die Nacht hier zu verbringen, statt weiter nach Demre zu laufen. Doch ich bin so in Rage, weil auch hier alles von diesem Scheißfelsgeröll übersät ist, dass mein einziger Gedanke ist: Ich werde es diesem Geröll schon zeigen!

Doch Demre ist noch fast fünfzehn Kilometer entfernt und natürlich habe ich in meiner Wut die Wegbeschreibung der nächsten Etappe nicht ordentlich gelesen. Der steile Abstieg geht nämlich hinter der Wiese noch eine ganze Weile weiter und gibt meinen Knien und Knöcheln schon bald den Rest. Ich habe tierische Schmerzen und muss mir kleinlaut eingestehen, dass ich nicht mehr weiterlaufen kann. Bei erstbester Gelegenheit werde ich mein Lager aufschlagen müssen. Das Problem ist nur: Es gibt keine Gelegenheit mehr! Denn direkt nach dem steilen Abhang reihen sich plötzlich große Treibhäuser dicht an dicht aneinander, unmittelbar gefolgt von ziemlich heruntergekommenen Wohnhäusern. Mit einsetzender Dämmerung fühle ich mich immer unwohler in dieser zwielichtigen Gegend und mein rechtes Knie kann ich mittlerweile nicht mehr belasten. Wie eine dreibeinige Schildkröte humpele ich im Schneckentempo vor mich hin und bin bei jedem Schritt sicher, dass ich vor Erschöpfung gleich umfallen werde.

Da kommt mir ein schwarzes Moped auf der staubigen Straße entgegen und der Fahrer hebt freundlich die Hand zum Gruß. Ich kann den Gruß nicht erwidern, denn ich bin unfähig, meine Arme auch nur einen Zentimeter zu heben. Teilnahmslos registriere ich, wie das Moped hinter mir umkehrt und vor mir zum Stehen kommt. Der Fahrer ist ungefähr in meinem Alter, trägt ein staubiges schwarzes Muskelshirt und hat einen gewaltigen Überbiss. Der könnte jetzt mit mir machen, was er will, wehren kann ich mich nicht mehr. »Hey, bist du zufällig auf der Suche nach einem Hotel?«, fragt der Typ in ganz passablem Englisch. Es ist spät, es ist dunkel und ich sollte in dieser Gegend nicht bei einem Fremden aufs Motorrad steigen! Doch Erschöpfung und Verzweiflung sind zu groß und ohne nachzudenken, hieve ich mich hinter dem jungen Kerl auf den Sitz. Sofort gibt er Gas und nur im letzten Moment kann ich verhindern, nicht geradewegs wieder hinten herunterzurutschen. »Bitte bring mich in ein Hotel, bitte bring mich einfach in ein Hotel«, wiederhole ich wie ein Mantra, während wir die breite Schotterstraße entlangsausen, die einfach kein Ende nimmt. Als wir über eine große Betonbrücke fahren, wird der Untergrund endlich zu Asphalt und die Häuser werden ansehnlicher. Wir scheinen wirklich in Richtung Stadtzentrum unterwegs zu sein. Wenige Minuten später biegt er in eine kleine Seitenstraße ein und wir kommen vor einem heruntergekommenen Hotel zum Stehen. Er begleitet mich hinein und der Besitzer am Empfangstresen spricht sogar ein bisschen Deutsch. Trotz schwindender Kräfte versuche ich so gut wie möglich, meine Dankbarkeit auszudrücken, und bin sicher, dass mein Fahrer eine kleine Provision erhält.

Mein Zimmer ist hässlich und kalt, doch mir ist alles egal. Komplett angezogen lasse ich mich aufs Bett fallen und schließe die Augen. Nie wieder werde ich auch nur einen einzigen Schritt tun – nie wieder! Fast 700 Höhenmeter hinauf und 1800 Höhenmeter hinunter bin ich an diesem Tag gelaufen. Dabei habe ich eine Strecke von ungefähr 35 Kilometern zurückgelegt. Nicht zu vergessen: der dicke Rucksack. Eindeutig zu viel für mich, vor allem für Knie und Knöchel. Diesmal erholen sie sich nicht mehr über Nacht.

Am nächsten Morgen fühle ich mich wie von einem Lastwagen überrollt. Äußerst eindringlich hat mir diese Bergetappe klar gemacht, dass ich in Zukunft gelassener unterwegs sein muss. Als Folge brauche ich für die nächsten 35 Kilometer nicht einen, sondern drei Tage!

REISEWEISHEIT NUMMER 7:
Abenteuer muss man sich nicht suchen, sie finden einen!

Nervenkitzel, Spannung, Gefahr – damit verbinde ich echte Abenteuer – und die waren einer der Hauptgründe, warum ich diese Reise machen wollte! Doch mit der Zeit habe ich erkannt, dass auch ein Zustand heiterer Gelassenheit ein erstrebenswertes Ziel sein kann. Denn wenn man zu Fuß, noch dazu ganz allein und nur mit einer Hängematte, unterwegs ist, kommen die Abenteuer ganz von selbst – man braucht sie nicht aktiv zu suchen. Plötzlich steckt man mittendrin!

Was allerdings nicht so leicht zu finden ist: Gelassenheit – zumindest gilt das für mich. Viel zu oft ärgere ich mich über meine Unsicherheit und Selbstzweifel und das führt manchmal dazu, dass ich mir unbedingt etwas beweisen will.

Doch um zu dieser Erkenntnis zu kommen, musste ich erst auf Reisen gehen. Denn wenn man allein so vor sich hin spaziert, ist das die perfekte Gelegenheit, um sich einmal ausführlich mit sich selbst und dem eigenen Verhalten zu beschäftigen.

Be careful what you wish for …

»Dinner, Breakfast, Sleep!«, tönt es drei Tage nach meinem Gewaltmarsch neben meinem Ohr. Ich fülle gerade meine Wasserflasche an der Moschee des Bergdorfs Bogacik auf. Eine kleine türkische Omi mit buntem Kopftuch steht an ihrem Gartenzaun und bietet mir offenbar eine Unterkunft für die Nacht an. Freundlich lehne ich ab. »Oooh, no Dinner?«, fragt sie und läuft dann lachend zurück zu ihrem Haus. Im selben Moment frischt der Wind auf und weht mir eiskalt die Haare aus dem Gesicht. Dieser Temperatursturz dauert nun schon fast zehn Tage und noch immer ist kein Ende in Sicht. Eilig laufe ich der Omi hinterher, denn die letzten Nächte an der Küste waren bitterkalt. Das »Dinner, Breakfast, Sleep« kostet mich umgerechnet nur zwölf Euro – zu verlockend, um mir stattdessen eine schlaflose, kalte Nacht um die Ohren zu schlagen. Sie führt mich nach oben in ein eiskaltes Gästezimmer mit vier Betten. Die Toilette, ein kleines Porzellanloch im Boden, ist gleich nebenan. Doch mir gefällt ihre kleine Pansiyon, wie man auf Türkisch sagt, richtig gut, und es gibt sogar einen netten kleinen Essensraum mit Internetempfang – leider auch eiskalt.

Das Dinner wird um Punkt achtzehn Uhr serviert, und während ich das köstliche warme Mahl in mich hineinschlinge, führt sie einen jungen – auch völlig durchgefrorenen – Franzosen in das Zimmer meinem direkt gegenüber. Ich esse nun um einiges langsamer, denn mittlerweile bin ich seit einem Monat unterwegs und so langsam brauche ich wirklich mehr Gesellschaft und Kommunikation. Doch statt sich zu mir in den Essensraum zu gesellen, gönnt sich der Franzose erst mal eine lange Dusche und ich ziehe mich enttäuscht in mein Zimmer und unter meine warme Bettdecke zurück. Zu meiner großen Freude wird zwei Stunden später aber noch Tee im Essensraum serviert und ich bekomme doch noch Gelegenheit, mich mit dem Franzosen zu unterhalten. Sam ist einundzwanzig Jahre alt, hat langes dunkelblondes Haar und einen wunderbaren französischen Akzent. Wie ich war auch er eine Weile in Mittel- und Südamerika unterwegs und so haben wir eine Menge Gesprächsstoff. Sam weiß ziemlich genau, was er mit seinem Leben anfangen will: Er möchte reisen! Ständig werde er mit der nervigen Frage konfrontiert, wie er denn seinen Lebensunterhalt ohne

Ausbildung oder Studium finanzieren wolle. Doch wie ich kommt Sam mit kleinem Reisebudget aus und auch er ist der Meinung, dass viele Menschen viel zu oft eine Reise mit einem langen Urlaub verwechseln. Im Urlaub möchte man sich jedoch erholen, sich was gönnen. Wohingegen eine Reise – unserer Meinung nach – eigentlich immer mit Strapazen verbunden ist. Und je größer die Strapazen, umso intensiver und lehrreicher meist auch die Reiseerlebnisse. Und: Umso günstiger kann man eben auch unterwegs sein. In meinem Fall um die fünfhundert bis maximal siebenhundert Euro im Monat, in Sams Fall sogar noch etwas weniger. Wenn man keine großen Fixkosten hat – ich habe zum Beispiel meine Wohnung in Bremen untervermietet – und für die Ausrüstung nicht Hunderte von Euros ausgibt, muss man vorher kein großes Vermögen anhäufen oder auf der Reise nicht viel Geld dazuverdienen, um lange unterwegs zu sein.

Als der Tee leer ist und wir beide schon wieder zu frösteln beginnen, gehen wir schweren Herzens ins Bett, auch wenn wir noch stundenlang weiter philosophieren könnten.

Mitten in der Nacht werde ich von einem Kälteschauer geweckt. Im Haus gibt es keine Heizung und selbst unter der dicken Bettdecke ist mir furchtbar kalt. Ich fange an zu zittern. Mein Handy zeigt für Bogacik minus zwei Grad an. Kälte, Dunkelheit und Wind fühlen sich so ungemütlich an und ich muss daran denken, dass nur wenige Meter den Flur entlang ein warmer, weicher Körper liegt, an den ich mich jetzt so gerne anschmiegen würde. Je lauter der Wind heult, umso größer wird mein Wunsch, an die andere Zimmertür zu klopfen und Sam zu fragen, ob ihm auch so kalt ist wie mir. Mein Bedürfnis nach Wärme und Körperkontakt wird so groß, dass ich mich überrascht dabei beobachte, wie ich aus meinem Bett krabble, die Tür öffne und auf den dunklen Flur tapse. Dort halte ich noch einmal inne und stehe mehrere Minuten lang wie erstarrt in der Dunkelheit. Ich bin hin- und hergerissen: Was ist denn schon dabei, sich ein bisschen Wärme und Geborgenheit bei einem anderen Menschen zu holen? Andererseits könnte er sich belästigt fühlen oder es falsch verstehen, sodass das eine vielleicht zum anderen führen könnte … Darüber haben Tiago und ich vor Beginn meiner Reise ausführlich gesprochen. Als feststand, dass wir uns mehrere Monate nicht sehen, zog ich auch eine offene Beziehung in Betracht. Tiago war davon weniger überzeugt, und am Ende haben wir gemeinsam beschlossen, nichts mit anderen anzufangen. Diese gemeinsame Entscheidung muss ich natürlich respektieren. Andererseits will ich ja gar nichts mit Sam anfangen, ich will doch nur ein ganz kleines bisschen Wärme und Geborgenheit, ja einfach ein klitzekleines bisschen Körperkontakt.

Eine gefühlte Ewigkeit stehe ich auf dem dunklen Flur herum, dann schüttle ich den Kopf, mache kehrt und tapse zurück in mein Zimmer. Dort ziehe ich mir die Bettdecke über den Kopf und versuche, mir warme Gedanken zu machen. Ich stelle mir vor, wie ich Tiagos muskulösen Körper umarme, und hole mir noch ein zweites Kissen, das ich mit Armen und Beinen fest umklammere und an mich drücke.

»Ich vermisse dich, Tiago«, denke ich dabei, während der Himmel draußen sich rosa färbt.

Beim Frühstück mit Sam kommt mir meine Idee, mich einfach zu ihm ins Bett zu legen, völlig absurd vor, und ich bin heilfroh, es nicht gemacht zu haben. Da hat mir mein unterkühltes Hirn wohl wieder einmal einen Streich gespielt. Als wir uns zum Abschied umarmen, kann ich es jedoch nicht lassen, ihn ein bisschen fester und ein bisschen länger an mich zu drücken. Wahrscheinlich werde ich von dieser Berührung wieder sehr, sehr lange zehren müssen.

Im Küstenörtchen Kaş lege ich am nächsten Tag einen Ruhetag ein – nachdem sich meine Knie und Knöchel schmerzhaft über den anstrengenden Abstieg dorthin beschwert haben. Zum ersten Mal seit Beginn meiner Reise schlafe ich zwei Nächte am selben Ort und leider auch schon wieder drinnen. Doch für diese Minusgrade ist meine Ausrüstung nicht geschaffen. Statt mich zu ärgern, versuche ich es zur Abwechslung gelassen zu sehen.

Absolut gar nichts tun kann ich am nächsten Tag allerdings auch nicht, dafür ist der Ort zu schön. Ich schaue mir das Amphitheater an und laufe die kleine Çukurbağ-Halbinsel entlang. Dort lege ich mich an einen weißen Kieselstrand und blicke aufs Meer. Als ich später im Bikini ins glasklare, türkise Wasser springe, fange ich fast an zu glauben, mir die kalten Temperaturen der letzten Tage nur eingebildet zu haben.

Zuversichtlich und erholt, breche ich am nächsten Tag auf. Vier Etappen, die ich wegen des Ruhetags nun in drei Tagen schaffen muss, liegen vor mir – und es geht mal wieder auf bis zu tausend Höhenmeter.

Am ersten dieser drei Tage werde ich nachmittags von einem kleinen Schneesturm überrascht. Schneeflocken! Richtig dicke Schneeflocken fallen plötzlich vom Himmel und ich werde leicht panisch, wenn ich an die Nacht denke – an einer Pansiyon komme ich heute nicht vorbei. Um die Panik unter Kontrolle zu bekommen, beschließe ich, alle Sorgen auszublenden und gedankenlos weiter durch den Schnee zu laufen. Erstaunlicherweise klappt das ganz gut, und nach einer Weile beobachte ich fasziniert, wie die gelben Blüten der Ginsterbüsche in ein weißes, flauschiges Kleid gehüllt werden.

Am Abend erreiche ich ein kleines Tal, durch das ein Bach fließt, und spanne dort meine Hängematte zwischen ein paar Kiefern. Dreimal muss ich in dieser Nacht das Wasser für meine Wärme-Trinkflasche aufkochen. Als im Morgengrauen ein eiskalter Nieselregen einsetzt, ergebe ich mich einfach völlig gelassen (und zugegeben auch etwas resigniert) meinem Schicksal.

Am zweiten Tag wird meine neue Gelassenheit weiter auf die Probe gestellt, denn was sich die letzten Tage schon abgezeichnet hatte, sehe ich nun bestätigt: Mein Energierausch ist vorbei. Er ist einer trägen Erschöpfung gewichen. Gerade morgens war ich sonst erstaunlich energiegeladen und zu allem entschlossen, doch heute empfinde ich außer dieser resignierenden Gelassenheit nur eine abgrundtiefe Unlust aufs Wandern.

Vielleicht liegt es an meinem Ruhetag? Während ich träge durch den trostlosen Ort Gökçeören stapfe, suche ich nach Gründen. Vielleicht war es nicht gut, den Wanderfluss zu unterbrechen, und mein Körper hat den schon viel zu lange geöffneten Energiehahn zugedreht. Am Ortsausgang läuft mir bellend ein Hund entgegen und schnappt wütend nach meinem Bein. Einfach so. Arschloch, denke ich gelassen. Schon das zweite Loch von Hundezähnen in meiner Wanderhose.

Als ich mittags gelassen unter einem Baum stehe und versuche, einem Hagelschauer zu entgehen, steht plötzlich ein strohblonder Däne vor mir. Er heißt Kevin und fragt freundlich, ob ich nicht lieber drin bei der netten Ziegenhirtin Unterschlupf suchen wolle. Er deutet auf eine baufällige, mit Plastikfolien verkleidete Holzhütte, die ich für vollkommen verlassen gehalten hatte. Normalerweise beziehen die Ziegenhirten erst im Sommer ihre Quartiere in den Bergen, die mein Wanderführer als Yaylas bezeichnet. Kevin versichert mir, dass dort eine sehr nette Omi wohne, die Essen für Wanderer zubereite. Das lasse ich mir nicht zweimal sagen und Kevin entschließt sich zu meiner Überraschung, noch einmal bei der Dame einzukehren.

Er habe seit drei Tagen keinen Menschen mehr getroffen und würde sich sehr freuen, wenn ich mich ein bisschen mit ihm unterhalte. Am liebsten würde ich ihm auf der Stelle um den Hals fallen und ihn für sehr, sehr lange Zeit nicht mehr loslassen! Doch ich halte mich zurück und entgegne lässig: »Klar, warum nicht«, während in mir ein kleines Freuden-Feuerwerk tobt. Die Ziegenhirtin serviert mir ein bescheidenes Festmahl und Kevin eine Kanne

Tee. Ich habe gerade zum ersten Mal das dünne Fladenbrot in die Tomatensuppe getunkt, da winkt sie eine junge Wanderin namens Pelin herein. Heute und auch gestern bin ich niemandem begegnet, doch als hätten wir uns hier in der Pampa verabredet, sitzen wir nun in der erstaunlich gemütlichen Hütte mit Ofen und lauschen gespannt den Erzählungen der alten Dame über ihr hartes Leben in den Bergen: Seit ihr Mann verstorben ist, hat sie nur noch wenige Tiere und lebt nur von den Einnahmen durch die Wanderer, die hier vorbeikommen.

Pelin, eine türkische Ärztin, übersetzt für uns, und nach einer Weile versucht auch Kevin, sich ein bisschen auf Türkisch zu unterhalten. Er hat sich vorgenommen, auf seiner Reise durch die Türkei auch die Sprache ein wenig zu lernen, und ich bin beeindruckt, wie gut er die beiden Frauen schon versteht. Mit dem Sprechen hapert es bei ihm allerdings noch. Kevin erzählt, dass er ohne Wanderführer oder GPS-Gerät auf dem Likya Yolu unterwegs sei und ungläubig frage ich ihn, ob er sich nicht ständig verlaufe? »Jeden Tag ein paar Mal«, erwidert er lachend, »deshalb schaffe ich in der Regel auch nicht mehr als zehn Kilometer.« Sein langsames Vorankommen scheint ihn nicht im Geringsten zu stören und ich bin beeindruckt! In Sachen Gelassenheit habe ich noch eine Menge zu lernen.

Doch auch er ist von mir beeindruckt, genauer gesagt, von meinem Rucksack. Der ist um einiges schwerer als seiner, obwohl Kevin ein großes Zelt mit dabeihat.

»Hast du darin Goldbarren versteckt?«, fragt er belustigt, als er die beiden Rucksäcke zum Vergleich hochhebt. Beschämt gebe ich zu, ganz schön viel Essen mit mir herumzuschleppen. Lachend wendet Kevin ein, dass ich so großen Hunger habe, weil ich mit so viel Gepäck herumlaufe.

Interessante Theorie, vielleicht bin ich tatsächlich in einen Teufelskreis geraten? Nach über einer Stunde verabschieden wir uns, und Pelin gibt mir die Adresse einer Pansiyon wenige Kilometer entfernt von hier. Sie und Kevin laufen gemeinsam weiter und ich ärgere mich ein wenig, weil ich wieder einmal in die entgegengesetzte Richtung muss.

Bei strömendem Regen erreiche ich wenig später den Ort Saribelen und gehe schnurstracks in die empfohlene Pansiyon Mozaic, die von einem jungen türkisch-französischen Paar geleitet wird. Ich verbringe einen wunderbaren Abend mit interessanten Gesprächen, köstlichem Essen und schwebe wie auf Wolken hinauf in mein hübsches Zimmer mit Heizlüfter.

Einziger Wermutstropfen: Olivier, mein Gastgeber, hatte meine nassen Wanderschuhe dicht an den heißen Ofen gestellt, damit sie warm und trocken werden. Dabei hat sich das Leder zu schnell und stark zusammengezogen, sodass nun zwei kleine Löcher im Gummi sind.

Doch an Tag drei dieser Etappe kommt zum Glück weder Schnee noch Regen oder Hagel vom Himmel. Ich werde von einem sonnigen, eiskalten Morgen begrüßt. So kalt, dass ich auf dem Weg aufpassen muss, nicht auf dem Eis auszurutschen.

Als ich den Anstieg geschafft habe, kann ich ins nächste Tal hinabschauen und sehe das wunderschöne Bergdorf Bezirgan, eingerahmt von schneebedeckten Gipfeln, im Morgennebel. Damit habe ich auch diese Etappe fast hinter mich gebracht, denn hinter dem Ort führt der Weg nur noch bergab in Richtung Küste.

Am Abend stehe ich am Strand von Kalkan und schaue gedankenverloren aufs Meer. Tatsächlich habe ich vier Etappen in drei Tagen geschafft und bin nun wieder voll im Zeitplan. Acht Etappen liegen noch vor mir und genau acht Tage habe ich Zeit, bevor am zweiten April meine Fähre von Fethiye nach Rhodos geht. Doch ich bin wirklich ganz schön erschöpft. Der Weg heute war wunderschön, aber der lange, steile Abstieg ein ziemlich harter Kampf. Über hundert Kilometer liegen noch vor mir und über eine Woche muss ich stramm durchmarschieren und darf mir weder Ruhetag noch halbe Etappen leisten.

Hinter Kalkan wartet am nächsten Morgen eine kurze Kletterpartie über eine felsige Klippe auf mich. Mein Reiseführer warnt, dass es besonders mit vollgepacktem Rucksack ganz schön gefährlich werden könnte, und rät, das kurze Stück per Anhalter zu umfahren. Ich entscheide mich für eine dritte Variante und versuche, die Klippe mithilfe meines GPS-Geräts zu umgehen. Das gelingt mir gut, nur zum Schluss lande ich vor einer steilen, mit Sträuchern überwucherten Böschung. Drei Bauarbeiter sehen mir belustigt zu, wie ich mich auf allen vieren durch das Gestrüpp nach oben zur Straße kämpfe. Dort angekommen, bekomme ich Applaus.

Zurück auf dem Likya Yolu, mache ich Pause an der über zweitausend Jahre alten Aquäduktbrücke Delikkemer. Ich lehne mich gegen die Steinmauer, die früher einmal fast zwölf Meter hoch und über fünfhundert Kilometer lang gewesen sein soll. Ich bin erschöpft. Nicht nur von den kalten Nächten, sondern auch von den unzähligen Höhenmetern der letzten Wochen. Läuft man den kompletten Lykischen Weg, legt man insgesamt fast sechzehntausend Höhenmeter zurück. Man klettert also theoretisch fast zweimal den Mount Everest hinauf und hinunter. Und genau wie der Mount Everest erscheinen mir heute diese letzten Etappen: unmöglich zu bewältigen. Nur die unfassbare Schönheit der Patara-Halbinsel und die Tatsache, dass der Temperatursturz ein Ende zu haben scheint, halten mich davon ab, das Handtuch zu werfen. Morgen soll ein endlos langer Sandstrand auf mich warten, der zu den spektakulärsten der Mittelmeerküste zählen soll.

Doch als ich den dreihundert Meter breiten und fast zwanzig Kilometer langen Patara Beach am nächsten Tag erreiche, bläst mir der Wind so gehörig die feinen Sandkörner in die Augen, dass ich fast nichts erkennen kann. Den Arm schützend vor Augen, stehe ich genervt vor den Wellen und halte vergeblich nach einer windgeschützten Stelle Ausschau. Als auch noch ein älterer Herr vor mir stehen bleibt, kopfschüttelnd auf mich hinabschaut und minutenlang einfach nicht glauben will, dass ich ganz allein unterwegs bin, trete ich genervt den Rückzug an. Ich gebe mir wirklich Mühe, gelassen zu bleiben, doch ich hatte mich so auf ein paar entspannte Stunden am Strand gefreut. Nun erwartet mich ein Tal, das von Treibhäusern übersät ist. Ein Niederländer hatte mir am Morgen erzählt, dass die nächsten drei Etappen landschaftlich nicht gerade zu den schönsten des Weges zählen, außerdem solle ich mich vor Straßenhunden in Acht nehmen.

In Gelemiş setze ich mich deshalb erst mal auf eine Bordsteinkante und stelle verdrossen fest, dass ich keine Lust auf diese drei Etappen habe. Kurzerhand gehe ich in den kleinen Supermarkt mir gegenüber und frage die Kassiererin, wann der nächste Bus fährt. Gar nicht, ist die ernüchternde Antwort, denn es ist Wochenende. Niedergeschlagen und frustriert, laufe ich durch die Einkaufsgänge und kaufe mir ungesundes Zeug. Als ich bezahlen will, fragt mich die Kassiererin, ob sie mir ein Taxi rufen solle. Ich schaue sie an, horche kurz in mich hinein, dann flüstere ich: »Ja, bitte.«

Drei Etappen lege ich auf dem ledernen Sitz eines Taxis und in weniger als einer halben Stunde zurück. Danach kämpfe ich mit meinem schlechten Gewissen und dem beschämenden Gefühl, eine Versagerin zu sein. Doch als ich am Abend in meiner Hängematte liege – direkt oberhalb eines Steilhangs mit fantastischem Blick aufs Meer und den kilometerlangen Patara Beach –, überwiegt doch die Freude darüber, die letzten Etappen des Weges entspannt angehen zu können. Ich spüre, wie eine gewaltige Last von meinen Schultern fällt.

Am nächsten Morgen lege ich mich erst mal über zwei Stunden in die Morgensonne und genieße die Wärme auf meiner Haut. Gott, fühlt sich das gut an, nachdem ich zwei Wochen nur gefroren habe! Mit neuer Energie klettere ich danach wieder hinauf in die

Berge, direkt an einem Abhang entlang. Der Weg ist so unglaublich schön und ich glaube, mein Körper dreht den Energiehahn wieder ein wenig auf. Nach dieser berauschenden, dreistündigen Kletterpartie erstreckt sich unter mir das türkisblaue Meer.

Ich laufe an diesem Tag noch durch lichte Nadel- und knorrige Eichenwälder, an Terrassen mit uralten Olivenbäumen entlang und vorbei an spektakulär schönen Tälern, hinter denen sich schneebedeckte Berggipfel strahlend weiß aneinanderreihen. Am Nachmittag kommt das mintgrüne Spitzdach einer rosafarbenen Moschee in Sicht, die zum Bergdorf mit dem passenden Namen Bel gehört. Das New Yorker Paar, das mir schon das Fischrestaurant in Ulupinar empfohlen hatte, schwärmte mir von einer kleinen Pansiyon in Bel vor, in der sie ein unglaublich gutes Abendessen und günstiges Zimmer bekommen hatten. Mein knurrender Magen treibt mich an, Ausschau nach dieser Pansiyon zu halten. Im Garten des zweiten Hauses winkt mich eine nette ältere Dame zu sich heran und bietet mir ein »Dinner, Breakfast, Sleep« für nur zehn Euro an. Dankend lehne ich ab und erkläre, dass ich auf der Suche nach Fatmas Pansiyon sei. Die Dame schaut mich erstaunt an, fängt an zu lachen und deutet auf ein Schild an ihrem Haus mit der Aufschrift »Fatma Pansiyon«. So ein Zufall, da wäre ich doch glatt dran vorbeigelaufen, hätte sie mir nicht gewunken. Bis zum Abendessen dauert es allerdings noch zwei Stunden, erfahre ich, als sie mir mein einfaches, aber hübsches Zimmer zeigt. Erschöpft lasse ich mich aufs Bett fallen und wenige Minuten später bin ich eingeschlafen.

Laute Stimmen und Gelächter wecken mich auf. Ich spähe vorsichtig aus meiner Zimmertür. Fast muss ich mir die Augen reiben, denn ich kann kaum glauben, was ich sehe: Der große Tisch im Essensraum ist mit leckeren Speisen gedeckt und um ihn herum sitzen sechs! gut gelaunte Wanderer, die fröhlich schmatzend ihre lustigsten Wanderanekdoten erzählen. Träume ich? Genau das hatte ich mir doch die ganze Zeit so sehnlichst gewünscht! Dieses unbezahlbare gemütliche Beisammensein und der Austausch mit Gleichgesinnten zur Belohnung für einen anstrengenden Wandertag.

Ein junges Mädchen, das aussieht wie Fatmas Tochter, kommt mit einer großen Schüssel den Flur entlang und fordert mich mit einer Kopfbewegung auf, ihr zu folgen. Mit großem Hallo werde ich begrüßt und natürlich muss ich mich vorstellen, bevor ich mich den leckeren Speisen widmen darf. Die anderen sind erst seit ein paar Tagen unterwegs und ganz begierig darauf zu erfahren, was der Lykische Weg alles für sie bereithält. So kurz wie möglich schildere ich die Erlebnisse der letzten Wochen und schaue in ungläubige Augen. Sogleich wird mir versichert, dass ich mich nicht dafür zu schämen bräuchte, ein paar Etappen übersprungen zu haben – keiner von ihnen habe vor, den gesamten Weg zu laufen. Erst recht nicht die vielen Bergetappen oder den letzten Teil durch den Göynük Canyon. Es wird ein unglaublich schöner Abend, denn unsere kleine Gesellschaft ist ein bunt gemischter Haufen. Die drei Wanderpaare könnten unterschiedlicher nicht sein. Vor mir sitzen zwei junge Niederländerinnen, Anfang zwanzig und Schwestern. Sie haben ihr Zelt in Fatmas Garten aufgestellt, denn sie sind fest entschlossen, draußen zu schlafen. Der Vorsatz kommt mir bekannt vor. Neben mir sitzt ein älteres amerikanisches Ehepaar, Ron und Claire. Sie wohnen seit Kurzem in Ecuador, haben vorher über zehn Jahre in China gelebt, und ich hänge an Rons Lippen, als er ein paar spannende Geschichten aus seiner Zeit als Dozent an einer Universität nahe Tokio erzählt. Am anderen Ende sitzen zwei türkische Piloten, die ich auf Ende vierzig oder Anfang fünfzig schätze. Ozan, der ältere, erzählt großspurig, wie sie sich jeden Tag ihre Rucksäcke von einer Pansiyon zur nächsten fahren lassen und nur mit einer kleinen Kühlbox voller Bier auf dem Likya Yolu unterwegs seien. Lachend zeigt er uns auf seinem Handy ein Video, auf dem die beiden oberkörperfrei und ziemlich betrunken am Rand eines Abhangs entlanglaufen und sich laut johlend auf die nackten Bierbäuche klopfen. Jedem sein Abenteuer.

Später finde ich heraus, dass die sechs alle gemeinsam angekommen sind, nachdem sie sich gestern auf dem Weg kennengelernt und Ozan sie davon überzeugt hat, hier die Nacht zu verbringen. Darauf ist mir der Typ schon etwas sympathischer, erst recht, als er erzählt, dass er, sooft es geht, auf dem Lykischen Weg unterwegs sei und jedes Mal bei Fatma einkehre. Das hervorragende Essen in Fatmas Pansiyon scheint seit Langem kein Geheimtipp mehr zu sein. Nachdem mich die Schwestern über die bevorstehenden Bergetappen und den Göynük Canyon ausgefragt haben und ich Ron und Claire eine Menge Fragen zu China und Ecuador gestellt habe, verabschieden wir uns ins Bett – so geht ein langersehnter, lustiger Abend viel zu schnell zu Ende.

Am nächsten Morgen wartet eine Überraschung auf mich. Mit offenen Armen empfängt mich Ozan im Essensraum und verkündet, dass er für mich seine Wanderrichtung ändern würde. Ich weiß zuerst gar nicht, ob ich lachen oder weinen soll, und stehe nur stumm da. Claire eilt mir zu Hilfe und fragt neugierig, was denn aus seinem Wanderkumpel werden soll? Der habe heute früh einen dringenden Anruf von seiner Airline bekommen und ist mit einem Taxi unterwegs nach Fethiye. Und auch Ozan müsse morgen wieder in Fethiye sein, deshalb habe er beschlossen, die Richtung zu ändern und seinen letzten Wandertag mit mir zu verbringen. Dass ich meinen Tag auch mit ihm verbringen möchte, scheint für ihn außer Frage zu stehen. Ärgerlich erinnere ich mich daran, wie oft ich gestern Abend erwähnt hatte, wie sehr ich mir wünsche, auch mal eine Etappe gemeinsam mit jemandem zu laufen. »Be careful what you wish for …«, schießt mir das englische Sprichwort durch den Kopf. Sei vorsichtig, was du dir wünschst, es könnte in Erfüllung gehen! Dann reiße ich mich zusammen und versuche mich darüber zu freuen, heute mal nicht allein unterwegs zu sein – auch wenn Ozan wahrscheinlich der Letzte gewesen wäre, den ich mir als Wanderbegleitung ausgesucht hätte.

Nach einem netten Frühstück packen die Niederländerinnen ihr Zelt zusammen und Ozan und ich verabschieden uns von Ron und Claire, dann laufen wir los. Auf den ersten Metern müssen wir zahlreiche Stopps einlegen, denn Ozan fummelt immer wieder an seinem Rucksack herum – schließlich ist er das Wandern mit Rucksack ja nicht gewohnt. Irgendwann scheint er aber alles richtig eingestellt zu haben und wir finden zum Glück in ein angenehm flottes Wandertempo. Ausführlich und in allen Details erzählt mir Ozan in den darauffolgenden Stunden seine Lebensgeschichte. Es ist fast so, als würde ich einem Hörbuch lauschen, denn zu Wort komme ich nur selten.

Ozan stammt wohl aus einem sehr wohlhabenden Elternhaus und wie es scheint, war er sein ganzes Leben lang nur von schönen Frauen umgeben. Nachdem er mir von seinem ersten Kuss und seinen ersten Freundinnen berichtet hat, erzählt er mir, wie er seine erste Frau, Michaela aus Deutschland, kennenlernte: Ozan begegnet ihr auf der Straße, als sie Urlaub in der Türkei macht. Er ist hin und weg von ihr und spricht sie an. Sie sei die schönste Frau, die er je gesehen hätte, erzählt er ihr, und wenige Monate später sind sie verheiratet. Sie leben mehrere Jahre in Deutschland, doch Michaela trennt sich von ihm.

Er geht zurück in die Türkei und heiratet seine zweite Frau – natürlich ebenfalls unglaublich schön – und sie bekommen zwei Kinder. Doch auch diese Ehe hält nicht.

Vor acht Monaten trennt sich auch seine dritte Frau von ihm. Sie waren zwar nicht verheiratet, doch sie war die Schönste von allen und er ist immer noch am Boden zerstört, weil sie keinen Kontakt mehr zu ihm haben will.

Er erwähnt, dass er sich eine Frau wie mich an seiner Seite wünsche, mit der er wandern könne und draußen schlafen und die nicht die ganze Zeit nur auf ihr Äußeres fixiert sei. Ich erwähne sooft wie möglich, dass ich seit Jahren glücklich in einer festen Beziehung sei, doch Ozan hört mir gar nicht zu. Nach der stundenlangen Schilderung seines Liebeslebens ist nun sein beruflicher Werdegang an der Reihe: Als er noch in Deutschland wohnt, nimmt Ozan aus Spaß ein paar Flugstunden bei einem pensionierten Piloten der Lufthansa. Dieser ist völlig begeistert von seinen Flugkünsten und versichert ihm, dass er, Ozan, zum Fliegen geboren sei. Noch nie habe er bei einem seiner Schüler ein so großes Talent gesehen wie bei ihm! Also macht Ozan seinen Pilotenschein und arbeitet fortan für eine türkische Airline. 2020 kommt die Coronakrise und seitdem ist er nicht mehr geflogen. Zwei Jahre lang musste er schon von seinem Ersparten leben, doch zum Glück hat er davon mehr als genug – denn als Pilot verdiene man viel Geld, sehr viel Geld! Und ich müsse ihn ja unbedingt mal in seiner Pilotenuniform sehen, dann wäre ich sofort hin und weg.

Ich kann kaum fassen, wie selbstverliebt dieser Kerl über sich spricht. Tatsächlich kommt er mir wie ein überzeichneter Filmcharakter aus einer lächerlichen Liebeskomödie vor.

Später überredet mich Ozan, vom Weg abzubiegen, um zu einem traumhaften Strand namens Paradise-Beach zu laufen, den natürlich nur er, Ozan, kennen würde. Ewig lang stapfen wir auf einem fast zugewachsenen Trampelpfad an der Steilküste entlang und Ozan versichert immer wieder, am Ende warte der schönste Strand der lykischen Küste auf mich. Irgendwann wird er immer stiller und ich habe die Vermutung, dass er sein Repertoire verbraucht hat und nicht mehr weiß, was er sagen soll. Vielleicht ist er auch nur erschöpft, schließlich wandert er ja sonst nur mit Kühlbox. Seine Unsicherheit überspielt er mit der Frage, ob ich denn nicht finde, dass er für sein Alter doch wirklich noch top in Form sei und noch extrem jung und gut aussehe. Angestrengt versuche ich, nicht laut zu lachen und einer ehrlichen Antwort mit höflichen

Floskeln zu entgehen. Am späten Nachmittag kommt tatsächlich eine Bucht mit traumhaftem Strand in Sicht. Ozan legt mir feierlich den Arm um die Schulter und versucht, mir einen verschwitzten Kuss auf die Wange zu drücken. Schnell ducke ich mich weg und frage ungeduldig, ob das dort unten nun sein berühmter Paradise-Beach sei. »Ja«, antwortet er, »dort unten siehst du den schönsten Strand ganz Lykiens und unseren Schlafplatz für die Nacht.« Kurz glaube ich, mich verhört zu haben, und hake nervös nach: »Aber du wirst ja noch weiterlaufen zur nächsten Pansiyon? Du musst doch morgen in Fethiye sein?!«

Doch Ozan hat schon wieder eine Überraschung für mich. Strahlend eröffnet er mir, dass er in seinem Rucksack eine Campingausrüstung versteckt hat und erst morgen Abend wieder in Fethiye sein muss. Außerdem würde er mich niemals hier draußen allein schlafen lassen, das wäre doch viel zu gefährlich für mich!

Zuerst bin ich wie erstarrt. Auf dem Weg zum Strand versichere ich ihm mehrmals, dass ich seit über einem Monat gut allein zurechtkomme und es vorziehen würde, die Nacht allein zu verbringen. Er ist jedoch nicht von seinem Plan abzubringen und egal wie unhöflich ich für meine Verhältnisse auch werde, er scheint nicht in Betracht zu ziehen, dass jemand ihn nicht in seiner Nähe haben möchte.

Am Strand entdecke ich zu meiner großen Erleichterung zwei weitere Zelte im Sand – eins links und eins rechts in der Bucht. Ozan scheint davon nicht begeistert und beäugt misstrauisch den jungen hageren Mann, der am anderen Ende der Bucht steht. »Keine Sorge, ich passe auf dich auf!«, flüstert er mir zu und will mich wieder in den Arm nehmen. Ich ducke mich wieder weg und baue mich demonstrativ vor ihm auf. Klipp und klar und mit ernster Stimme erkläre ich ihm, dass unser Verhältnis rein freundschaftlich bleibt. Das bedeutet keine weiteren Umarmungen und erst recht keine Wangenküsse mehr! Mit klopfendem Herzen warte ich auf seine Reaktion. Doch er lächelt nur und hebt abwehrend die Hände: »Kein Problem, ich weiß ja, dass du einen festen Freund hast, das respektiere ich natürlich.« Am liebsten würde ich noch hinzufügen, dass er auch ohne festen Freund für mich nicht im Traum infrage käme, doch ich lasse es gut sein, denn Ozan interessiert sich sowieso nur für sich selbst – sonst wäre ihm längst aufgefallen, wie unangenehm mir seine Annäherungsversuche sind. Demonstrativ lege ich meine Isomatte mehrere Meter entfernt von seinem Zelt in den Sand und gehe Feuerholz sammeln.

Als ich zurückkomme, wird die Stimmung zwischen uns immer gedrückter. Ich habe einfach keine Lust – und auch keine Geduld mehr –, höflich oder unverbindlich auf den Blödsinn zu reagieren, den er von sich gibt. Deshalb sage ich irgendwann gar nichts mehr und beobachte ihn, wie er versucht, das Feuer in Gang zu bringen – das ist selbstverständlich Männersache! Ich gebe ihm eine Viertelstunde Zeit, dann hole ich Feuerstahl, Vaseline und einen Tampon aus dem Rucksack und bringe das Feuer mit nur einem Strike meines Feuerstahls zum Brennen. Nur schwer kann ich mir ein Grinsen verkneifen, doch seine Reaktion bringt meine schlechte Laune sofort zurück: »Ich wünschte so sehr, ich hätte eine Frau wie dich!«, gefolgt von einem tiefen, mitleiderregenden Seufzer. In unangenehmer Stille sitzen wir am Feuer und irgendwann fängt Ozan tatsächlich an zu weinen. Schockiert schaue ich ihn an und frage, was auf einmal los sei, worauf er mir sein Herz ausschüttet. Wie einsam er sei und wie sehr er seine Exfreundin vermisse! Sobald er am Ende des nächsten Monats einen Gehaltscheck hätte, würde er ihn ihr zeigen und dann nähme sie ihn bestimmt zurück! Minutenlang laufen ihm dabei Tränen über die Wangen und ich bekomme tatsächlich ein bisschen Mitleid mit ihm. Kann es sein, dass hinter seiner großspurigen Fassade nur ein verunsicherter Kerl steckt, der keine Ahnung hat, wie er anderen Menschen – besonders Frauen – gegenüber seine Gefühle ausdrücken kann? Jeder Psychologe hätte seine helle Freude an ihm, doch ich bin völlig überfordert. Ist dieser Typ einfach ein riesengroßes manipulatives Arschloch, dem jemand mal so richtig die Meinung sagen müsste, oder ist das alles nur Fassade?

Ich habe keine Ahnung, doch ich weiß sicher, dass ich weder das eine noch das andere für ihn tun werde! Denn nur wenige Augenblicke später rückt er schon wieder ganz nah an mich heran und versucht, seinen Arm um mich zu legen. Mit verheulten Augen bittet er mich, ihn doch nur ein einziges Mal zu küssen! Schnell flüchte ich mich in meinen Schlafsack und atme erleichtert auf, als Ozan kurze Zeit später in seinem Zelt verschwindet. Lange liege ich noch wach und habe das Gefühl, im völlig falschen Film zu sein.

Am nächsten Morgen werde ich davon geweckt, dass Ozan mich und meinem Schlafsack mit beiden Armen fest umklammert. Sofort bin ich hellwach und will aufspringen, doch Ozan hält mich fest in der Löffelchenstellung gefangen. Er drückt seinen Unterleib gegen meinen Hintern und ruft triumphierend: »Siehst du, keine Erektion, alles ganz freundschaftlich!« Ich erstarre zu Eis. Keine Kälte-, sondern Ekelschauer laufen mir an diesem Morgen über den Rücken und wieder einmal muss ich mit Bedauern feststellen, dass ich einen viel zu dünnen Schlafsack mitgenommen habe. Mit zusammengepressten Zähnen und starr geradeaus gerichtetem Blick zische ich ihm zu, dass er mich sofort loslassen soll. Wenigstens scheint er schnell zu begreifen, dass ich die Situation nicht witzig finde, und lässt mich los. Er steht auf und entschuldigt sich: »Sorry, I'm just a dirty old man!«, und geht lachend zu seinem Zelt zurück. Wütend packe ich meine Sachen zusammen, jetzt reicht es mir endgültig. Ich war lange genug nett und freundlich. Doch er denkt im Gegenzug keine Sekunde darüber nach, wie ich mich fühle. Ich habe klar und deutlich gesagt, dass ich nicht von ihm angefasst werden möchte. Und das Erste, was ihm heute Morgen einfällt, ist, mich zu umklammern. Doch damit ist jetzt Schluss.

Als ich nach der Morgentoilette zurück aus dem Wald komme, ist Ozan bereit zum Aufbruch. Er will mir helfen, meinen Rucksack aufzusetzen, doch fällt fast hintenüber, als er bemerkt, wie schwer der ist. Kommentarlos setze ich ihn auf und stapfe davon. Wollen wir doch mal sehen, ob er wirklich noch in Topform ist! Schon bald fängt Ozan – der natürlich versucht, mein Tempo mitzuhalten – zu schwitzen an und sein Stöhnen hinter mir wird immer lauter. Das hält ihn nicht davon ab, am laufenden Band vor sich hin zu murmeln, wie leid es ihm tue, dass ich seit über einem Monat so einen schweren Rucksack mit mir rumschleppen müsse. Er wisse wirklich nicht, wie ich das aushalte, und der Rucksack sei definitiv viel zu schwer für mich! Als er mir zum hundertsten Mal: »Das tut mir so leid für dich!« zuruft, drehe ich mich abrupt um. Angriffslustig frage ich, ob er nicht sehe, dass ich hervorragend damit vorankomme?! Außerdem habe ich diesen Rucksack selbst gepackt und entschieden, damit durch die Gegend zu laufen, er könne sich sein Mitleid also sonst wohin stecken! Ich hoffe, ihn mit dieser Ansage zum Schweigen zu bringen, stattdessen fängt er wieder an, sich selbst zu bemitleiden. Selbst erstaunt über meine plötzliche Direktheit, unterbreche ich ihn aufgebracht und erkläre, dass er sich darüber nicht zu wundern brauche. Er sei doch die Eitelkeit und Oberflächlichkeit in Person! Seine Vorstellung, dass bei Männern nur das Geld und bei Frauen nur ihr Äußeres zähle, sei das perfekte Rezept, um einsam und unglücklich zu werden. Natürlich unterbricht er mich mitten in meinem Vortrag und seine Erwiderung lautet: »But I don't want to sleep with a monkey!« Er möchte halt nicht mit einem Affen schlafen. Sprachlos starre ich ihn an. Meine Angriffslust verpufft und fassungslos und angewidert wende ich mich ab.

Spätestens zu diesem Zeitpunkt hätte ich ihn stehen lassen sollen, doch dieser Kerl ist wie ein schlimmer Autounfall, bei dem man nicht weggucken kann. Ich schäme mich ein bisschen dafür, aber ich laufe fast noch den gesamten Tag mit ihm weiter und lasse mich am

Ende sogar noch zu einem Abschiedsessen überreden. Meine Neugierde darauf, was noch Unsägliches aus seinem Mund kommt, ist bedauerlicherweise größer als die wachsende Abneigung gegen ihn.

Am Abend bin ich endlich wieder allein und baue mein Lager am Rand einer Klippe auf. Nur wenige Meter vor mir geht es über dreihundert Meter in die Tiefe bis zum sogenannten Schmetterlingstal. Ich blicke neugierig in den Abgrund, doch kann Anblick und Stille nicht wirklich genießen. Die zwei Wandertage mit Ozan liegen wie ein dunkler Schatten auf mir. Ich fühle mich schlecht und brauche lange, bis ich die Begegnung mit ihm einigermaßen einordnen und verarbeiten kann.

Nur noch eine Etappe liegt vor mir, als ich am nächsten Tag die Lagune von Ölüdeniz erreiche. Ich muss mich anstrengen, nicht die ganze Zeit über Ozan nachzudenken und diesen feierlichen Moment auszukosten.

So richtig gelingt mir das erst, als ich in einer gemütlichen Strandbar direkt am Meer sitze und ein riesiger Hamburger vor mir auf dem Tisch steht. Ich schließe die Augen und genieße jeden Bissen, bevor ich ihn andächtig herunterschlucke. Dabei lausche ich der entspannten Musik, die ein DJ zwischen den Tischen der Bar auflegt. Musik! Wann habe ich das letzte Mal Musik gehört? Vor mir wird ein Stuhl zur Seite geschoben und ich schlage meine Augen schnell auf. Ein sympathischer älterer Türke steht vor mir. Er lächelt mich an und fragt, ob er sich setzen dürfe. Es sind noch genug andere Tische frei und ich habe ein bisschen Angst, wieder einen Heiratsantrag zu bekommen. Aber der Mann stellt sich als Besitzer der Bar heraus und erklärt: »Ich musste einfach kurz herüberkommen, denn ich habe noch nie einen Menschen gesehen, der unseren Hamburger so genossen hat!« Ich laufe rot an. Er freue sich sehr darüber und verstehe es als Kompliment. Wir kommen ins Gespräch und ich erzähle ihm von meiner Wanderung. Er ist ein angenehmer Gesprächspartner und außerordentlich guter Zuhörer.

Nachdem wir mehrere Tassen Tee geleert haben, macht er mir zum Abschied noch ein nettes Kompliment: »Man merkt, dass du keine Touristin bist. Die schauen sich meist nur die Sehenswürdigkeiten an und machen das, was in ihren Reiseführern steht. Doch du bist eine Reisende, du siehst, was es wirklich alles zu sehen gibt.«

REISEWEISHEIT NUMMER 8:
Manchmal hat man es als Frau nicht leicht!

So unangenehm die Begegnung mit Ozan am Ende war, so versuche ich, trotzdem etwas aus ihr zu lernen. Einerseits hat mir diese Erfahrung gezeigt, dass es auch Schattenseiten gibt, wenn man als Frau allein unterwegs ist. Vehement habe ich immer verteidigt, dass es keine großen Unterschiede gebe, dass es allein reisende Frauen in der Regel sogar leichter hätten, da ihnen mit weniger Misstrauen begegnet und öfter Hilfe angeboten werde. Und das unterschreibe ich immer noch. Doch Ausnahmen bestätigen die Regel. Zum Glück haben mir meine bisherigen Erfahrungen gezeigt, dass es nur sehr wenige Ausnahmen gibt. Deshalb halte ich es immer noch für falsch, sich aus Angst vor sexueller Belästigung oder gar Vergewaltigung von einer Reise abhalten zu lassen. Natürlich passieren solche Dinge – auch auf Reisen –, doch viel öfter eben in ganz anderen Lebenssituationen.

Sosehr mich Ozans Verhalten und Ignoranz ärgern, so versuche ich, daraus die Lehre zu ziehen, mich das nächste Mal noch klarer auszudrücken. Das soll nicht heißen, dass ich mir die Schuld daran gebe. Ich kann gut auf mich selbst aufpassen und das Allein-Unterwegssein ist der beste Weg, mir das immer und immer wieder zu beweisen.

KAPITEL 3:
GRIECHENLAND

Komische Vögel und böse Wölfe

Über dreitausend Sonnenstunden an über dreihundert Sonnen-
tagen im Jahr soll Rhodos haben. Während meiner fünf Tage hängt
allerdings ein Dunst über der Insel und das Meer sieht leider eher
grau als blau aus. Doch das ist mir im Moment egal, denn ich sitze
auf einem Hügel unter einem wunderschönen Olivenbaum und
bin ganz schön betrunken. Im Tal unter mir strahlen die weiß getünchten Häuser des kleinen Dorfes Malónas mit Orangenbäumen
um die Wette. Zwei große Dinge gibt es zu feiern, deshalb habe ich
mir heute bei meiner Ankunft in Rhodos-Stadt ausnahmsweise eine
Dose Bier gekauft. »Auf den erfolgreichen Abschluss des Likya Yolu
und auf Tiago!«, proste ich übermütig einer Herde Ziegen zu und
nehme einen großen Schluck aus der Bierdose. Erstaunt stelle ich
fest, dass sie noch fast halb voll ist und dass diese kleine Menge Al-
kohol schon ausreichend war, um den Boden unter mir tüchtig ins
Wanken zu bringen. Doch auch das ist mir egal, viel wichtiger ist:
Ich habe die eisige Kälte und die harten Geröllpfade des Likya Yolu
überwunden! Und viel wichtiger: In sechs Tagen werde ich Tiago
wiedersehen! Er hat tatsächlich einen Flug gebucht und in sechs
Tagen treffen wir uns in Athen. Es dauert an diesem Abend lange,
bis meine Hängematte zwischen zwei Olivenbäumen hängt. Nachdem ich mich in den Schlafsack gekuschelt habe, versuche ich still
liegen zu bleiben, denn vom Schwingen der Hängematte wird mir

leicht übel. Ansonsten fühle ich mich pudelwohl. Ich denke darüber nach, wie sehr ich mich heute darüber gefreut habe, als wieder Euros aus dem Geldautomaten kamen und dass ich ohne teure Roaming-Gebühren wieder Internetempfang habe. Ich war noch nie in Griechenland, doch als das Schiff heute im Hafen anlegte, fühlte es sich ein bisschen wie Nachhausekommen an.

»Ruhe und Einsamkeit in wildromantischer Natur. Fernab jeglicher touristischer Infrastruktur lassen schroffe, steile Felswände, malerische Flusslandschaften und ein reizendes kleines Kloster die Wanderherzen höherschlagen.« So wird die Wanderung durch die Skoutouljáris-Schlucht in meinem Wanderführer beschrieben. Tatsächlich begegne ich am nächsten Tag niemandem, als ich gut gelaunt und ausgeschlafen zwischen den imposanten Felswänden spaziere. Munter plätschert das Flüsschen dahin und übermütig springe ich von einem Stein zum nächsten. Meinen Rucksack habe ich am Eingang der Schlucht in den Büschen versteckt, denn ich werde einen weiten Bogen laufen und später zum Ausgangspunkt zurückkehren. Obwohl ich heute kein Gewicht auf meinem Rücken trage, schmerzen meine Knie bei jedem Schritt, und ich hoffe, dass die anspruchsvollen Geröllpfade des Likya Yolu keine bleibenden Schäden hinterlassen haben. Eigentlich hatte ich vor, Rhodos einmal zu umrunden, doch schon gestern habe ich eingesehen, dass es mir guttut, es in den nächsten Tagen ruhiger angehen zu lassen. Deshalb habe ich mir ein paar schöne Tagestouren zwischen Archangelos und Lindos ausgesucht.

Die Tour durch die Skoutouljáris-Schlucht ist tatsächlich wildromantisch und das strahlend weiße Kloster liegt wie versprochen wunderschön und malerisch an einem Hügel. Nach nur drei Stunden stehe ich schon wieder schwitzend neben meinem Rucksack und weiß nicht so recht, was ich nun mit mir anfangen soll. Sechs Wochen lang bin ich fast täglich von morgens bis abends durchgewandert und habe kaum Pausen eingelegt, weil es oft so kalt war.

Nun sind es noch sechs Stunden bis zum Sonnenuntergang. Aus lauter Langeweile fange ich schon wieder an, über eine Inselumrundung nachzudenken. Aber nein, ermahne ich mich streng, meine Knie und Knöchel brauchen Erholung, deshalb müssen fünfzehn Kilometer für heute reichen! Gemächlich halte ich Ausschau nach einem Platz für die Nacht und komme an einem breiten Flussdelta vorbei, an dessen Ufer ich einen schönen Strand entdecke. Vorsichtig schlage ich mich durch ein paar Tannen, die rechts und links am Fluss wachsen, und eine Stunde später spannt sich meine Hängematte am Rand des kleinen Strands. Ich klettere auf einen großen Felsen und schaue stundenlang zu, wie sich die Stimmung mit schwindendem Licht verändert: Die Schatten der Bäume werden länger und der Sonnenuntergang lässt die Felswände zu beiden Seiten noch einmal warm und hell aufglühen. Kurz trauen sich sogar zwei Hirschkühe aus den Bäumen am anderen Ufer. Langsam macht die Dämmerung sich breit und taucht alles in bläuliches Licht. Als die Schatten der Bäume und Felsen unheimlich werden, krabble ich schnell in meine Hängematte. Mittlerweile ist es abends zumindest bis kurz vor acht hell, doch wenn man sich tagsüber nicht bis zur völligen Erschöpfung verausgabt, ist das viel zu früh, um schlafen zu gehen. Vor meiner Reise dachte ich, ich wäre im Nichtstun ein echter Profi, doch sich stunden-, wochen- und monatelang nur mit den eigenen Gedanken zu beschäftigen, ist gar nicht so leicht. Zum Lesen habe ich heute keine Lust, und da meine Solarpowerbank sich in dem milchigen Dunst nicht besonders gut auflädt, möchte ich auch den Handy-Akku schonen. Da wartet wohl wieder eine neue Lektion auf mich. Ich werde sie gelassen angehen.

Eine viel befahrene Straße führt nach Lindos und da rechts und links kaum Platz zum Laufen ist, halte ich am nächsten Morgen mal wieder meinen Daumen ausgestreckt in Richtung Fahrbahn und lächle, was das Zeug hält. Ein Auto nach dem anderen rauscht an mir vorbei. Eigentlich sehe ich heute doch ganz passabel aus, wundere ich mich, denn ich habe Haare und Kleider gründlich im Fluss gewaschen.

Eine halbe Stunde und fünfzig Autos später will ich schon aufgeben, da hält doch ein Wagen an. Die beiden Männer sehen aus wie frisch aus dem Gefängnis entlassen: Beide tragen verdreckte Muskelshirts, einen ungepflegten Dreitagebart und sind mit Tattoos und Piercings übersät. Der Fahrer zieht lustlos an einer Kippe, doch hebt kurz die Hand, als ich durch das Rückfenster hereinspähe. Der Beifahrer schaut nur stur geradeaus. Na, das wird ja eine lustige Fahrt, denke ich, als ich mich und meinen Rucksack durch die Hintertür schiebe. Doch tatsächlich wird es das, denn nach ein paar Minuten tauen die beiden auf und erzählen mir von ihrer wilden Reise von Rumänien nach Griechenland. Falls ich alles richtig verstehe, leben die beiden mittlerweile sogar hier auf der Insel. Dann dreht der Fahrer die Musik voll auf, drückt das Gaspedal durch und kurze Zeit später stehe ich auf einem großen Parkplatz und winke dem Auto, das sich mit quietschenden Reifen entfernt, hinterher.

Lindos hat den Ruf, der schönste Ort der ganzen Insel zu sein, deshalb ist der große Besucherparkplatz übersät von Reisebussen und Menschenmassen und kurzerhand beschließe ich, mich erst morgen in dieses Getümmel zu stürzen. Heute gehe ich lieber ins Marmári-Massiv – eine wilde Hochebene, die direkt auf der anderen Straßenseite beginnt. Ich muss nur wenige Hundert Meter laufen, dann habe ich die Menschen hinter mir gelassen und bin allein auf dem schmalen Pfad unterwegs, der mich über eine duftende Blumenwiese führt. Je weiter ich laufe, umso mehr Steine und Felsbrocken tauchen rechts und links am Weg auf. Als ich irgendwann das von mächtigen Felswänden gesäumte Hochtal erreiche, fühle ich mich wie im Steinbeißer Tal aus *Die unendliche Geschichte*. Hoffentlich erwachen hier die Felsen heute Nacht nicht auch zum Leben! In vollkommener Stille laufe ich weiter durch dieses faszinierende Tal und kann kaum glauben, dass sich nur wenige Kilometer entfernt ganze Reisebusladungen durch die engen Gassen von Lindos schieben.

Begleitet vom Glockengeläut einer Ziegenherde, wandere ich an knorrigen Eichen vorbei und halte – auch heute wieder früh für meine Verhältnisse – Ausschau nach einem Nachtlager. Das erweist sich als nicht so leicht, denn der Boden ist mit Felsbrocken übersät und die Bäume stehen hier entweder zu eng oder meilenweit voneinander entfernt. Irgendwann finde ich zwei Exemplare mit hängemattentauglichem Abstand. Als ich alles fertig habe, übe ich mich wieder im Nichtstun. Zuerst lausche ich nur dem Zwitschern der Vögel und dem Summen der Bienen. Dann versuche ich, aus der herrlichen Symphonie der Gerüche einzelne Duftnoten herauszufiltern, und glaube, Salbei, Thymian und Oleander zu erkennen – sogar ein Hauch von Eukalyptus liegt in der Luft. Später schaue ich dabei zu, wie das warme Licht der Sonne immer weiter an den Felswänden hinaufkrabbelt. Als es schließlich hinter der obersten Felskuppe verschwunden ist, entdecke ich drei Gestalten am Ende des Tals. Ich kneife die Augen zusammen und erkenne drei Männer, die langsam auf mich zukommen. Ich ärgere mich, denn eigentlich versuche ich zu verhindern, dass jemand mitbekommt, wo ich nachts herumhänge. Seit Ozans Übergriff bin ich in dieser Hinsicht noch vorsichtiger geworden. Die Männer halten direkt auf mich zu und ich schnappe mir mein Handy und wähle Tiagos Nummer. Als er abnimmt erkläre ich ihm, dass er sich keine Sorgen zu machen brauche, sondern nur kurz in der Leitung bleiben solle. Dann nehme ich das Handy vom Ohr und hebe die Hand zum Gruß, denn die drei Männer sind mittlerweile nur noch wenige Meter entfernt und mustern mich neugierig. Sie tragen ausgewaschene, dreckige Klamotten und sehen auch aus der Nähe nicht gerade sympathisch aus. Da keiner von ihnen etwas sagt, plappere ich drauflos und frage, ob die Herren noch einen

Abendsparziergang machen. Ihr Englisch scheint nicht gut zu sein, denn sie schauen mich nur abschätzend an. Irgendwann kriegt einer von ihnen den Mund auf: »Wir schauen ... äh ...«, ihm fehlt das richtige Wort, und er gibt zur Erklärung ein meckerndes Geräusch von sich. »Ziegen? Ihr schaut nach euren Ziegen?«, frage ich. »Genau, Ziegen. Und du? Schläfst du hier?!« Das kann ich wohl schlecht leugnen, also nicke ich nur und erkläre: »Ja ich bin heute gewandert und jetzt will ich draußen schlafen.« Er nickt ebenfalls: »Schöner Platz«, dann setzt er sich wieder in Bewegung. Die anderen zwei starren mich noch eine Weile unverhohlen an. Erst als ich mir demonstrativ das Handy ans Ohr halte, laufen sie weiter. Zusammen mit Tiago überlege ich, ob es besser wäre, mir für heute Nacht einen anderen Schlafplatz zu suchen, denn ein bisschen komisch kamen mir die drei schon vor. Doch nur weil sie nicht permanent freundlich gelächelt und munter mit mir geplaudert haben, macht sie das noch lange nicht zu Triebtätern. Außerdem habe ich keine Lust, wieder alles zusammenzupacken und weiterzulaufen. Ich verabrede mit Tiago, dass ich ihm meinen Standort schicke und mich gleich morgen früh bei ihm melde, damit er weiß, dass alles in Ordnung ist.

Wirklich gut schlafen kann ich später allerdings nicht. Ständig taste ich nach meinem Messer und spähe in die Dunkelheit hinaus. Doch außer vom nervigen, peilsenderartigen Ruf einer Zwergohreule werde ich in dieser Nacht von keinen komischen Vögeln belästigt.

Mich erwartet ein strahlender Morgen. Die milchige Suppe, die seit drei Tagen über der Insel hing, ist verschwunden. Ich schicke Tiago eine Nachricht, dass alles in Ordnung ist, dann laufe ich, fröhlich vor mich hinsummend, los. Gleich hinter der ersten Biegung komme ich abrupt zum Stehen, denn direkt vor mir unter einem kleinen Holzverschlag mit Wellblechdach sitzen die drei Männer von gestern Abend an einem klapprigen Plastiktisch und trinken in der Morgensonne Kaffee. Als sie mich entdecken, lächeln sie mich an und suchen mit ihrem Blick den Weg hinter mir ab. »Hast du dort ganz allein geschlafen?!«, fragen sie entrüstet und in sehr holprigem Englisch. Ich nicke, lächle zurück und wünsche ihnen im Vorbeigehen einen guten Morgen. »Oho, oho!«, rufen sie mir laut hinterher, »eine schöne UND starke Frau!« Ich rolle die Augen und laufe weiter. Ein Glück, dass ich heute Nacht nicht wusste, dass diese drei Kerle keine fünfhundert Meter von mir entfernt lagen.

Am Nachmittag schlendere ich durch die weißen Gassen von Lindos, das wunderschön auf einer Landzunge zu Füßen einer antiken Akropolis liegt. Die azurblaue Bucht und der traumhafte Sandstrand, an dem ich später liege, machen die Postkartenidylle perfekt – Griechenland wie aus dem Bilderbuch!

Abends schultere ich meinen Rucksack und laufe den steinigen Pfad auf der gegenüberliegenden Landzunge entlang. Wieder kann ich es kaum fassen, dass ich gerade noch mit über hundert anderen Menschen am Strand unterhalb von Lindos lag und nun – nur wenige Hundert Meter weiter – vollkommen allein bin und die fantastische Aussicht auf Bucht und Akropolis ungestört genießen kann. Bäume gibt es hier allerdings kaum, also lege ich Isomatte und Schlafsack direkt auf den pflanzenüberwucherten Boden. Dort liege ich ziemlich unbequem und werde bald von unzähligen Mücken bei lebendigem Leib gefressen, doch die Aussicht auf die weiß getünchten Häuschen und die im Scheinwerferlicht strahlende Akropolis ist einfach zu schön! Einen besseren Schlafplatz für meine letzte Nacht auf Rhodos hätte ich mir kaum wünschen können.

Auf der Busfahrt zurück nach Rhodos-Stadt am nächsten Tag sitzt ein Herr mit langem grauem Zopf, runder Brille und Bauchansatz neben mir und fragt mich mit Blick auf meinen Rucksack, ob ich länger unterwegs sei. Erfreut über die Gelegenheit zu einem

Gespräch, erzähle ich ihm, dass ich seit fast sieben Wochen unterwegs bin und noch eine lange Zeit weiterreisen werde. »Ah, sehr schön! Ich war früher auch viel unterwegs«, erwidert er, »ich habe in Frankreich, Spanien und Italien gelebt, doch jetzt habe ich mich unsterblich in diesen kleinen Ort verliebt und komme seit Jahren nicht mehr weg!« Er erzählt, dass er von Beruf Koch sei und eigentlich immer wieder zurück nach Italien gehen wollte: »Du musst unbedingt durch Italien reisen, allein schon wegen des guten Essens!« Als ich ihm meine Reiseroute beschreiben will, unterbricht er mich: »Du bist als Frau allein durch die Türkei gereist?! Das ist aber sehr gefährlich!« Ich versichere ihm daraufhin, dass ich gerade in der Türkei überwältigt war von der großen Hilfsbereitschaft und Gastfreundschaft der Menschen, und frage nach, ob er denn schon einmal dort gewesen sei? Seine flapsige Antwort: »Nein! Und dort würde ich freiwillig auch niemals hinfahren!« Er würde an meiner Stelle jedenfalls keinem anderen Menschen trauen, besonders nicht den Türken! Und als ich erzähle, dass ich den Großteil der Nächte draußen verbringe, lacht er laut auf und schüttelt nur ungläubig den Kopf: »Und die bösen Wölfe da draußen freuen sich und reiben sich die Hände!« Als wir Rhodos-Stadt erreichen, hat sich unser Gespräch schon fast zu einem kleinen Streit entwickelt, denn vehement versuchen wir beide, den jeweils anderen vom eigenen Weltbild zu überzeugen. Um zu einem einigermaßen netten Abschluss zu kommen, einigen wir uns darauf, uns in vielen Punkten eben nicht einig zu sein.

Auf der fast zwanzigstündigen Fährüberfahrt nach Athen denke ich lange über die Begegnungen der letzten Tage nach und komme zu dem Schluss, dass Ozan und der Mann aus dem Bus wohl eine ähnliche Sicht auf die Welt und die Menschen haben und dass die beiden aufpassen müssen, nicht selbst zu einem dieser bösen Wölfe zu werden, die ihrer Meinung nach hinter jeder Ecke lauern.

REISEWEISHEIT NUMMER 9:

»Es ist nicht wichtig, was du betrachtest,
sondern was du siehst.«

(Henry David Thoreau)

Ich glaube nicht, dass es naiv von mir ist, erst mal das Beste von jedem Menschen anzunehmen. Zumindest versuche ich, das zu tun, doch natürlich lässt man sich viel zu oft von Äußerlichkeiten täuschen.

Bei mir sahen die Leute wahrscheinlich auf den ersten Blick eine sehr kleine Frau mit einem sehr großen Rucksack und die häufigen Kommentare und ungefragten Ratschläge gingen mir nach einer Weile ganz schön auf die Nerven – sodass auch ich aufpassen musste, nicht bei jeder Gelegenheit einen blöden Spruch oder eine doofe Anmache zu erwarten. Denn ich bin überzeugt: Wenn man es schafft, offen, unvoreingenommen und mit einer positiven Grundeinstellung durch die Welt zu gehen, dann lächelt sie einem fast immer freundlich zurück!

Mit Tiago auf den Spuren der Griechen

Aufgeregt sitze ich in der Ankunftshalle des Flughafens und starre wie hypnotisiert auf die beiden Schiebetüren. Dabei zupfe ich ständig an meinem Oberteil und meinen Haaren und hoffe inständig, dass ich nicht allzu eklig aussehe und rieche. Mehr schlecht als recht habe ich gestern Nacht versucht, mich auf der Fähre frisch zu machen. Natürlich hatte ich keine eigene Kabine und musste deshalb mit dem Waschbecken der Gästetoilette klarkommen. Egal, Tiago soll ruhig mitbekommen, wie mein Leben in der europäischen Wildnis aussieht, und es dann hoffentlich lieben lernen. Generell hat er zwar auch viel Freude am Wandern, doch am Abend

116

bevorzugt er ein bequemes Bett und eine heiße Dusche. Deshalb haben wir für unsere zehn gemeinsamen Tage auf dem griechischen Peloponnes einen guten Kompromiss gefunden: Die ersten fünf Tage werden wir den Menalon Trail in den Bergen Arkadiens laufen – und dabei vier Nächte draußen verbringen –, für die zweite Hälfte unseres Urlaubs haben wir ein Airbnb und zwei Hotels gebucht und werden mit dem Mietwagen rumfahren, uns antike Stätten anschauen und faul am Strand liegen.

Die Schiebetüren öffnen sich und ich entdecke einen dunkelbraunen Haarschopf und breite Schultern. Tiagos warme, dunkelbraune Augen fangen meinen Blick auf. Sofort stürme ich los und falle ihm kreischend um den Hals. Danach grinsen wir uns minutenlang an und auch als wir das Flughafengebäude verlassen, kann ich meine Augen nicht von ihm lassen. Es scheint so unwirklich, dass er hier vor mir steht, und es kommt mir vor, als wären Jahre vergangen, seit wir uns zum letzten Mal gesehen haben. »Du hast dich verändert«, sagt Tiago und schaut dabei in mein schmaler gewordenes Gesicht, das von der Sonne braun gebrannt und von ausgeblichenen, etwas fettigen Haaren umgeben ist. Er schaut an mir herunter auf mein kariertes Männerhemd, meine dreckige Wanderhose, die viel lockerer sitzt als vor sieben Wochen und meine staubigen Wanderschuhe, deren Gummisohlen vorne gerissen sind. »Du siehst aus wie jemand, der lange unterwegs war – wie eine echte Reisende.« Ich muss lachen und drücke ihn fest an mich. Dann flüstere ich ihm ins Ohr: »Ich habe dich ganz schön vermisst.« Mit lauter griechischer Musik sausen wir wenig später über die Straße von Korinth. Dieser schmale Kanal trennt die Halbinsel Peloponnes vom griechischen Festland und ist nur fünfundzwanzig Meter breit. Auf dem Peloponnes kann ich mich gar nicht einkriegen, wie schön und bergig die Landschaft ist, die an unserem Autofenster vorbeirauscht. Mir wird es fast ein bisschen zu viel und mein Kopf ist mit den Eindrücken ein wenig überfordert – ist er doch seit Wochen nur langsames Reisen gewöhnt. Nach drei Stunden sind wir im Herzen des Peloponnes angekommen, genauer gesagt im Bergdorf Stemnitsa. Uralte Kirchen und Steinhäuschen mit Terrakottaziegeln erwarten uns hier. Ich habe gelesen, dass Stemnitsa eines der schönsten Bergdörfer Griechenlands sein soll, und glaube es sofort, als wir durch enge Gassen zum Hotel fahren. Das Trikolonion Country, das wir uns für unsere erste Nacht gegönnt haben, ist die beste Adresse im Ort.

Ich habe das Gefühl, ich müsste vor Glück platzen, so freue ich mich über unser Zimmer mit riesigem weichem Bett und einem Badezimmer mit Waschbecken und Dusche! »Betten und Waschbecken sind wirklich wahnsinnig tolle Errungenschaften der Menschheit, die wir in unserem Alltag viel zu wenig würdigen«, stelle ich fest. Tiago schaut mich nur von der Seite an und überlässt mir großzügig das Bad. Später koche ich uns mit meinem kleinen Gaskocher auf dem Badezimmerboden gefüllte Tortellini mit Käse, damit wir unser wunderbares Zimmer bloß nicht mehr verlassen müssen. Der achtzig Kilometer lange Menalon Trail, der uns am Morgen erwartet, wurde erst 2015 eröffnet und verbindet neun kleine Bergdörfer. Man ist hauptsächlich auf alten Fuß- und Maultierpfaden unterwegs, die einen durch atemberaubende Schluchten, steile Flusstäler und vorbei an antiken Stätten wie Klöstern und Burgruinen führen. Man wandert die ganze Zeit mindestens achthundert Meter über dem Meeresspiegel und muss ungefähr dreitausend Höhenmeter hinauf- und hinunterlaufen.

Nach einem fantastischen Frühstück verstauen wir alle Sachen, die wir in den nächsten Tagen nicht brauchen, in unserem Mietwagen, den wir netterweise vor dem Hotel stehen lassen dürfen. In den ersten Stunden grinse ich Tiago alle paar Minuten begeistert an. Ich kann immer noch nicht glauben, nicht mehr allein unterwegs zu sein, und möchte, dass auch er sich mit dem »Wanderfieber« ansteckt. Deshalb versuche ich in seinem Gesicht zu lesen, wie es ihm gefällt. Doch ich brauche mir keine Sorgen zu machen, die erste Etappe des Menalon Trails haut uns beide um. Sie beginnt mit einem Abstieg in die Lousios-Schlucht und dort wartet das erste Highlight auf uns: das Kloster Prodromou. Vor vielen Jahrhunderten bauten Mönche es als Schutz- und Ruheort direkt in die Felswand. Fassungslos starren wir die dünnen Holzbalken in schwindelerregender Höhe an, die keinen vertrauenswürdigen Eindruck mehr machen. Das hält uns allerdings nicht davon ab, das Kloster auch von innen zu besichtigen.

Ehrfurchtsvoll schleichen wir durch die dunklen Räume, die – wie wir erfahren – im griechischen Unabhängigkeitskrieg eine wichtige Rolle gespielt haben. Damals fungierte das Kloster als Krankenhaus und als Versteck für die von den Osmanen verfolgten Revolutionäre. Wir steigen auf knarzenden Stufen bis ganz nach oben und entdecken unterm Dach eine kleine Kammer: Fein säuberlich sind dort, auf Regalen an den Wänden, über hundert Schädel aufgereiht und unzählige leere Augenhöhlen starren uns an. Unten erzählt uns einer der Mönche in schwarzer Robe und mit langem Bart, dass dies die Schädelknochen bedeutender Mönche seien, die im Laufe der Jahrhunderte im Kloster gelebt haben. Erstaunt über seine Offenheit, unterhalten wir uns länger und erfahren, dass er ursprünglich Englischlehrer war, ihn aber die Wirtschaftskrise vor fünf Jahren hart getroffen habe und er deshalb hierher ins Kloster gekommen sei. In ein oder zwei Jahren will er wieder weiterziehen.

Auch wir müssen bald darauf das Kloster verlassen, denn ab der Mittagszeit wollen die Mönche wieder ihre Ruhe haben.

Immer tiefer steigen wir in die Schlucht hinab und kommen an den Ruinen des ältesten Klosters Arkadiens vorbei: Philosophou aus dem Jahr 963 n. Chr. Tiago als Geschichtsnerd ist schwer begeistert und unser erster Wandertag könnte schöner nicht sein. Als am Abend die Häuser eines Bergdorfs in Sicht kommen, finden wir auf einer Anhöhe einen gemütlichen Schlafplatz, links mit Blick in die Schlucht, rechts auf die Terrakottadächer von Dimitsana. Auf einem Felsen essen wir im Sonnenuntergang feinste Hackbällchen in Tomatensoße und gefüllte Weinblätter aus der Dose. Satt und glücklich breite ich meine Arme aus und frage feierlich: »Wer braucht schon ein Hotel, wenn er das hier haben kann?!« Tiago schnappt sich als Antwort darauf nur das Toilettenpapier und erwidert wenig feierlich: »Wie und wo mache ich das jetzt genau?!« Ich halte ihm einen kurzen Fachvortrag, was bei einem Geschäft an der frischen Luft wichtig ist – vor meiner Reise ist mir ein Buch in die Hände gefallen mit dem Titel *How to Shit in the Woods* –, zudem habe ich inzwischen viel praktische Erfahrung gesammelt. Als wir eingekuschelt in unseren Schlafsäcken liegen, über uns die funkelnden Sterne und der leuchtende Halbmond, revanchiert Tiago sich mit einem Fachvortrag über Sonnensystem und Galaxie – so hat eben jeder von uns seine Fachgebiete. Und in der nächsten Sekunde schlafe ich glücklich ein.

Am Morgen warte ich ungeduldig, bis Tiago seine Augen aufschlägt. »Na? Wie war die erste Nacht?«, grinse ich ihn erwartungsvoll an. Gequält verzieht er das Gesicht und kneift die Augen wieder zu. »Ich muss sagen … ein bisschen miserabel.« Ich lache laut auf, muss ihm aber leider recht geben – die Nacht war tatsächlich ganz schön kalt. Das Tauwasser auf unseren Schlafsäcken ist zu kleinen Eisplättchen gefroren und unsere Rucksäcke sind mit weißem Frost bedeckt.

Der zweite Wandertag ist nicht mehr ganz so unbeschwert wie der erste, denn wir verpassen zweimal die Wegmarkierungen und müssen ein paar extra Kilometer laufen. Gegen Mittag ziehen dunkle Wolken auf und kurz vor Zygovisti, einem der höchstgelegenen Dörfer Griechenlands, fängt es an zu schneien. Erst denken wir noch, es seien die Blütenblätter der Mandelbäume, die hier schon überall weiß und rosa blühen. Dabei hatte ich mich schon so gefreut, die Kälte endlich hinter mir zu haben! Die Stimmung steigt, als wir auf einer Waldlichtung einen rostigen Bus entdecken wie bei Jon Krakauers *Into the Wild*. Auch dank der Landschaft und des wilden Gebirgspasses fühlen wir uns eher wie in Kanada oder Alaska als wie im Süden von Griechenland.

Da es so kalt ist, will ich heute Abend auf jeden Fall ein Lagerfeuer machen – auch damit Tiago einmal die Stimmung erlebt, wenn man mit Blick in die knisternden Flammen langsam in den Schlaf gleitet. Deshalb ignoriere ich den Nieselregen und die vielen Bäume, unter denen wir wunderbar unsere Hängematten mit den Tarps darüber spannen könnten. Ich habe mir für heute eine Lagerfeuer-Nacht in den Kopf gesetzt. Da Tiago die Auswahl des Schlafplatzes vertrauensselig mir überlässt, entscheide ich mich für eine große Waldlichtung, mit viel Feuerholz und langem hohem Gras, aus dem wir uns weiche Unterlagen für unsere Isomatten machen können.

Mit sorgenvollem Blick schaut Tiago zum Himmel, doch ich versichere, dass für heute Nacht kein Regen vorhergesagt wurde und er sich keine Sorgen zu machen brauche. Zwei Stunden später sitzen wir Seite an Seite auf unseren Schlafsäcken und schauen in die Flammen. Doch der Funke will an diesem Abend nicht überspringen – wir sind beide k. o. von der anstrengenden Wanderung. Nachdem wir gegessen und eine Weile still ins Feuer geschaut haben, kriechen wir in unsere Schlafsäcke und keine fünf Minuten später fängt es an zu regnen. Tiago schnappt sich schnell sein Tarp, das er neben seinem Schlafsack bereitgelegt hatte, und zieht es sich wie eine große Decke bis über den Kopf. »Das hört bestimmt gleich wieder auf!«, versichere ich ihm. Trotzdem hole auch ich mein Tarp aus dem Rucksack und verkrieche mich darunter. Plopp, plopp, plopp, plopp, plopp … macht es jetzt laut an meinem Ohr, als die Regentropfen immer schneller auf die dünne Plane niederprasseln. »Bitte, lass es aufhören!«, schicke ich ein Stoßgebet zum Himmel,

»BITTE!« Mit purer Willenskraft versuche ich in der nächsten halben Stunde den Regen aufzuhalten.

Vielleicht wäre es besser gewesen, gleich bei den ersten Regentropfen aufzuspringen, die Hängematten zu schnappen und uns einigermaßen wasserdichte Stellen unter den Bäumen zu suchen. Doch wir – vielmehr ich – verpassen diesen Moment und bald ist einfach alles nass. Ich höre wie Tiago sich neben mir dreht und wendet und wütende Laute von sich gibt. Beschämt ziehe ich meine Knie an die Brust und möchte mich am liebsten in Luft auflösen. Tiago ist der ausgeglichenste Mensch, den ich kenne, und hin und wieder treibt er mich in den Wahnsinn, weil er immer ruhig und gelassen bleibt, während ich mich vor Begeisterung oder Wut kaum einkriegen kann. Deshalb weiß ich, wie schlimm er diese Situation gerade findet.

Leider wird es nicht besser. Jedes Mal wenn ich denke, es hört gleich auf, kommt der nächste dicke Schauer. Irgendwann sind wir nur noch zwei nasse kalte Haufen, die einsam im Stockdunkeln auf einer Waldlichtung herumliegen und sich fragen, wann diese schreckliche Nacht endlich ein Ende haben wird. Um zwei Uhr morgens nehme ich mein Handy und buche uns für die nächste Nacht ein Hotel in Vytina. Um drei Uhr halte ich es vor Kälte nicht mehr aus und schaffe es, das Feuer noch einmal in Gang zu bringen. Zögernd frage ich Tiago, ob er sich aufwärmen möchte. Der gibt nur ein leises Knurren von sich und bleibt unter seinem Tarp. Um vier Uhr hört es auf zu regnen und ich schlafe zum ersten Mal in dieser Nacht für eine halbe Stunde ein. Um fünf Uhr startet die letzte Stunde vor Sonnenaufgang und es wird noch einmal bitterkalt. Um sechs Uhr fangen die ersten Vögel an zu zwitschern und langsam setzt die Morgendämmerung ein. Zitternd und durchnässt krabble ich unter meinem nutzlosen Tarp hervor und bringe schnell wieder das Feuer in Gang. Was für eine miserable Nacht!

Mit einigem Abstand laufe ich später hinter Tiago her und versuche ihm die Chance zu geben, in Ruhe wach zu werden und seine Gelassenheit und seinen Humor wiederzufinden. Irgendwann versuche ich es mit: »Mann, was für eine Nacht! Heute schlafen wir auf jeden Fall in unseren Hängematten und spannen unsere Tarps darüber!« Ich bekomme keine Antwort. Nach ein paar Minuten dreht er sich um und sagt in ruhigem, aber warnendem Tonfall: »Johanna, ich weiß, das hier ist deine Reise, aber ich möchte heute Nacht nicht noch mal draußen schlafen. Ich schlafe in einem Hotel.« Eigentlich hatte ich geplant, bis Vytina zu warten, um direkt vor dem Hotel »Überraschung!« zu rufen, doch da Tiago nicht zu Scherzen aufgelegt scheint, verrate ich ihm gleich alles. Ich meine, den Hauch eines Lächelns um seine Mundwinkel huschen zu sehen, doch als Antwort bekomme ich nur ein trockenes: »Gut.« Dann dreht er sich wieder um und läuft weiter.

Der Weg nach Vytina ist wunderschön und als wir am frühen Nachmittag die Pension erreichen, darf ich den sonst so beherrschten Tiago endlich einmal in einem Zustand euphorischer Ekstase erleben, so sehr freut er sich über das trockene, weiche Bett und die warme Dusche! Wir hängen unsere nassen Sachen auf dem Balkon auf, schlafen ein Stündchen und gehen am Abend in dem hübschen Ort ins Restaurant. Als wir wieder im Hotel liegen, dreht sich Tiago auf die Seite, guckt mich lange an und fragt: »Warum?« Ich weiß sofort, was er meint, doch ich hatte eigentlich gehofft, der Menalon Trail würde ihm diese Frage beantworten. Ich hatte gehofft, es würde ihm wie Schuppen von den Augen fallen: unterwegs sein, wandern, draußen schlafen …! Ja, das ist es! So ähnlich wie bei mir vor zwei Jahren auf Mallorca. Doch mit einem kleinen Stich im Herzen wird mir klar, dass ich Tiago vielleicht nie mit meinem Wanderfieber und meiner Abenteuerlust anstecken werde. Und vielleicht wird er auch nie nachvollziehen können, warum ich so gerne unterwegs bin – und auch noch in dieser Form. Trotzdem versuche ich es mit einer Erklärung: Ich erzähle von den wahnsinnigen Glücksgefühlen – fast Rauschzuständen –, die sich einstellen, wenn man nach ein paar Tagen in den unbeschreiblichen Wander-Flow gerät. Davon, sich bis zur völligen Erschöpfung zu verausgaben und zu denken, dass man keinen Schritt mehr schaffen kann, und dann über sich hinauszuwachsen! Vom Nervenkitzel in brenzligen Situationen und der unglaublichen Konzentration, zu der der Körper fähig wird. Von den neuen Seiten, die man an sich entdeckt, zum Beispiel unbändigen Hunger oder dem für mich völlig neuen Bedürfnis nach Kommunikation und Körperkontakt – dessen stechendes Drängen ich in einsamen Nächten manchmal kaum aushalten konnte. Von der Erkenntnis, dass man selbst aus unangenehmsten Erfahrungen noch was lernen kann – meist mehr als von den schönen Erlebnissen. Von der Hilfsbereitschaft und Gastfreundschaft, die mich darin bestärken, an das Gute im Menschen zu glauben. Und ich erzähle ihm von meiner wachsenden Gelassenheit und Selbstsicherheit, die sich einstellen, wenn man sich immer wieder solchen Herausforderungen stellt. Dabei ist es egal, ob man sie bravourös meistert oder scheitert. Wichtig ist nur, dass man nicht ständig versucht, allen Hindernissen aus dem Weg zu gehen – denn der bequemste und scheinbar sicherste Weg ist oft auch der langweiligste.

Er schaut mich nachdenklich an: »Dann ist das ja fast wie eine Therapie.« Ich muss lachen: »Könnte man so sagen! Wenn ich allerdings ehrlich bin, gibt es auf deine Frage noch eine viel simplere Antwort: Ich mache diese Reise, weil ich Lust dazu habe! Ich würde das hier noch einmal haargenau so machen, auch ohne therapeutische Nebeneffekte!« Tiago und ich reden an diesem Abend noch lange. Er spricht es zwar nicht aus, doch ich merke, dass es für ihn nicht so leicht ist, meine Motivation zu verstehen und zu akzeptieren. Für ihn muss es ganz schön schwer sein, schon allein wegen der Sorgen um mich. Er bekommt ja übers Telefon mit, was mir schon alles passiert ist. Wahrscheinlich würde er mir die Reise am liebsten ausreden. Oder zumindest verstehen, warum sie mir so wichtig ist. Unsere Beziehung war schon immer besonders, denn wir beide legen großen Wert auf Unabhängigkeit und Selbstständigkeit. Natürlich besprechen wir große Entscheidungen gemeinsam, aber letztendlich hat auch jeder das Recht, seine eigenen Wege zu gehen. Ich bin überzeugt, dass diese Reise unserer Beziehung auch guttut. Wir vermissen uns und erkennen, was wir aneinander haben. Ich habe in den letzten Wochen sehr oft darüber nachgedacht, was für ein toller Kerl Tiago ist und wie glücklich ich bin, ihn gefunden zu haben! Ihm das zu erzählen, kostet mich viel Überwindung, denn mit Gefühlsbekundungen tue ich mich schwer, doch ich glaube zu sehen, wie ihm zumindest ein kleiner Stein vom Herzen fällt. Ich hoffe, dass er meine Reise dadurch wieder in positiverem Licht sieht.

Am Morgen wachen wir warm und trocken auf und sind bereit für den steilen Anstieg, der uns direkt hinter Nymfasia erwartet. Gefühlt geht es den ganzen Tag nur bergauf, aber auch unsere Stimmung ist auf dem Höhepunkt. Wir laufen durch sonnendurchflutete Tannenwälder und immer wieder bieten sich spektakuläre Ausblicke auf die schneebedeckten Gipfel um uns herum. Ich springe vor Tiago auf dem Weg herum und singe laut: »I love you, Baby!« und platze vor Glück.

Wir kommen an einer Höhlenkapelle vorbei, die direkt in den Fels gehauen wurde und die wir ganz für uns allein haben. Wir begegnen kaum anderen Wanderern, doch als wir am Abend hinter Magouliana an einem Bach im Wald sitzen, entdeckt Tiago zwischen den Bäumen ein kleines Bushcraft Shelter, einen aus Ästen zusammengezimmerten Unterschlupf. Wir sind wohl doch nicht die Einzigen, die diesen wundervollen Menalon Trail laufen. Eigentlich wollten wir noch ein bisschen weitergehen, denn das Wandern macht heute viel Spaß, doch der Unterstand mit Feuerstelle direkt am Bach ist einfach zu verlockend. Außerdem steht die Sonne schon tief am Himmel und ihre goldenen Strahlen scheinen durch die hohen, nach Harz duftenden Nadelbäume. Wir spannen unsere Hängematten nicht weit vom Unterstand nebeneinander zwischen drei hohen Tannen. Als Tiago in seiner Hängematte probeliegt, ist er begeistert, wie bequem sie ist, und freut sich sogar ein bisschen auf die Nacht. Wir sammeln Holz, setzen uns ans Feuer, kochen und schauen in die Flammen – endlich bekommen wir unseren magischen Lagerfeuermoment! In der Nacht kämpft Tiago damit, dass er am Rücken schwitzt, während Gesicht und Füße zu Eisklumpen gefrieren. Ich zittere am ganzen Körper und als ich gegen Mitternacht das Wasser aus meiner Wärmflasche ein zweites Mal aufkochen will, bekomme ich die Gaskartusche nicht in Gang – ich habe vergessen, sie mit in den Schlafsack zu nehmen und wir haben anscheinend mal wieder Temperaturen um den Gefrierpunkt.

Als wir beim ersten Licht des Morgens durchgefroren aus unseren Hängematten krabbeln, schnappt sich Tiago zum Aufwärmen einen dicken Ast und stemmt ihn wie ein Besessener immer wieder in die Höhe. Ich tanze und springe währenddessen wild um ihn herum und stelle mir dabei vor, was für einen befremdlichen Eindruck unsere Aufwärmversuche auf eventuelle Waldspaziergänger machen würden. Doch da die Griechen – wie schon die Türken – nicht zu den wanderlustigsten Völkern gehören, bleiben wir zum Glück unentdeckt. Glitzernder weißer Frost liegt auf Gräsern und Büschen am Wegesrand, als wir wenig später hinaus aus dem Wald treten. Die Sonne geht gerade auf und mit ihr steigen dampfende Nebelwolken aus den funkelnden Wiesen. Der letzte Wandertag auf dem Menalon Trail liegt vor uns!

In dem hübschen Örtchen Valtesiniko werfen wir gerade unseren Müll vom Abendessen in einen Container, da kommt aus einem Laden ein junger Mann auf uns zu. Er fragt schüchtern, ob wir auf dem Menalon Trail unterwegs seien. Als wir bejahen, wirkt er fast ein bisschen aufgeregt und fragt neugierig, wie es uns gefalle. Wir erzählen, dass wir uns den Weg leichter vorgestellt haben und überrascht seien, wie bergig es in Arkadien ist. Aber auch wie unvorstellbar schön. Vor allem in die Bergdörfer haben wir uns verliebt. Er lächelt und erzählt, dass er hier in Valtesiniko geboren sei, aber nach Tripoli umziehen musste – eine vergleichsweise hässliche Stadt –, weil es hier nicht genügend Arbeit für die jungen Leute gebe. »Trotzdem komme ich so oft es geht hierher und helfe meinen Eltern im Laden, damit mein Vater nebenbei Geld als Taxifahrer verdienen kann. Ich hoffe wirklich, dass der Menalon Trail den Tourismus ein bisschen ankurbelt, denn die Landschaft ist mindestens so schön wie auf den griechischen Inseln, auf denen sich die Urlauber im Sommer fast auf die Füße treten.«

Als er wieder zurück in seinen Laden geht, fällt uns ein, dass wir für heute Nachmittag einen Transport von Lagkadia zurück nach Stemnitsa brauchen, und laufen ihm schnell hinterher. Mit der Nummer seines Vaters und ein bisschen Brot und Käse fürs Frühstück verlassen wir den Laden und Valtesiniko.

Fünfzehn Kilometer trennen uns von unserem Ziel, dem Endpunkt des Menalon Trail, doch es werden fünfzehn lange Kilometer. Erst geht es nur steil bergauf und wir spüren die Anstrengungen der letzten Tage in unseren Muskeln. Tiago wird immer stiller, und als er an einer Baumwurzel hängen bleibt und sich das Knie verdreht, redet er gar nicht mehr mit mir. Schon wieder bekomme ich ein schlechtes Gewissen, schließlich bin ich schon seit zwei Monaten unterwegs und habe es auf Zypern auch erst mal langsam angehen lassen. Tiago hingegen hat gleich die volle Dröhnung abbekommen, inklusive eiskalter Nächte und über dreitausend Höhenmeter in fünf Tagen. Vielleicht war meine Reiseplanung doch zu ambitioniert? Denn auf vielen Internetseiten wurden für den Menalon Trail sieben bis acht Tage empfohlen, nur auf sehr wenigen war von fünf Etappen die Rede. Das kühle Bier zum Abschluss unserer Wanderung auf dem Dorfplatz von Lagkadia fällt nicht ganz so euphorisch aus, wie ich es mir vorgestellt hatte. Kaum sitzen wir danach im Taxi nach Stemnitsa, fallen Tiago auch schon die Augen zu, und schuldbewusst, aber auch sehr liebevoll, schaue ich ihm beim Schlafen zu.

Als wir am Abend in unserem wunderschönen Hotel in Messene ein Picknick mit Käse, Oliven, Salami, gefüllten Weinblättern und Chips im Bett veranstalten, gibt Tiago zu, dass er noch nie ein Essen, ein Bett und eine Dusche so genossen hat wie heute – außer vielleicht vor zwei Tagen in Vytina. Vielleicht konnte ich ihn nicht von meiner Art des Reisens überzeugen, aber wer weiß, wie die Erfahrungen und Erlebnisse dieser fünf Wandertage noch in ihm nachhallen werden. Ich bin mir jedenfalls sicher, dass der Menalon Trail nicht unsere letzte Wanderung war.

> ## REISEWEISHEIT NUMMER 10:
> ### Je anstrengender die Reise,
> ### umso intensiver die Gefühle!

Wie Luxuspaläste kommen uns unser Airbnb und unsere kleinen Hotels in den nächsten Tagen vor. Es fühlt sich fast an wie in den Flitterwochen, so ausgelassen und aufgedreht ist unsere Stimmung. Beim Zähneputzen erwische ich mich dabei, wie ich zärtlich das Waschbecken streichle, und jedes Mal, wenn ich den Wasserhahn aufdrehe, freue ich mich über das sprudelnde frische Wasser!

Zwei Dinge sind meiner Meinung nach bei mehrtägigen Wanderungen bemerkenswert – vor allem, wenn man draußen übernachtet. Erstens: wie sehr man alltägliche Dinge wieder zu schätzen lernt und wie sehr sich der Blick auf die eigenen Lebensumstände verändert. Oft habe ich mich zum Beispiel sagen hören: »Was habe ich doch für ein tolles Leben!« Und zweitens: die Intensität der Gefühle! Natürlich ist manches schnell wieder vergessen, sobald man

Nordkap

1   Zypern
2   Lykischer Weg
3   Rhodos
4   Menalon Trail
5   Meteora-Klöster
6   Korfu Trail
7   Peaks of the Balkans
8   Bucht von Kotor
9   Dubrovnik
10 Plitvicer Seen
11 Alpe Adria Trail
12 Zuhause
13 Südnorwegen
14 Olavsweg
15 E1 bis zum Nordkap

Zypern

ZYPERN

Pedra tou
Romiou

Die erste Nacht
draußen

Mein Geschichtenerzähler: Antonios

Start an der Westküste

Mein
Wacholderbaum

Meine Fünf-Sterne-Höhle

Avakas-Schlucht

Fünf-Finger-Gebirge

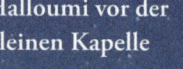

Halloumi vor der kleinen Kapelle

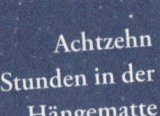

Eine kalte, gruselige Nacht

Achtzehn
Stunden in der
Hängematte

TÜRKEI

Ankunft mit
Müslüm in
Taşucu

Festmahl in Ulupinar

Weg durch den Göynük Canyon

Am Lagerfeuer zu schlafen
ist das Schönste!

Schnee in den Bergen hinter Finike

Mein »Wachhund« Kebab

Eiskalte, schlaflose Nächte

Schneebedeckter Tahtalı Dağı

Die Lagune von Ölüdeniz

GRIECHEN-LAND

Postkarten-
idylle Lindos

Tiagos erste Nacht unter freiem Himmel: »Ein bisschen miserabel.«

Kloster Prodromou

Schlafplatz in einem alten
Olivenhain

Meteora-
Klöster

Wunderschönes
Arkadien

Peter & Christine

Tanzeinlage auf dem
Korfu Trail

Ich bin die starke
»Superhummel!«

Bucht von
Liapades

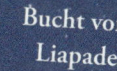

ALBANIEN, MONTENEGRO, KROATIEN

Auf der Passhöhe

Blue Eye

Waldbar-Frühstück

»Theth is paradise!«

Mein königlicher
Schlafplatz

Zickzackkurs zum
Lovcén-Nationalpark

Bucht von Kotor

Plitvicer Seen

ITALIEN, SLOWENIEN, ÖSTERREICH

Cividale del Friuli

Strada Napoleonica

Drei Tage nur
Weinberge

Mohnfelder hinter
Gradisca d'Isonzo

Magischer
Moment an
der Soča

Die Soča in all ihren Facetten

Unheimlich
stilles Bergtal

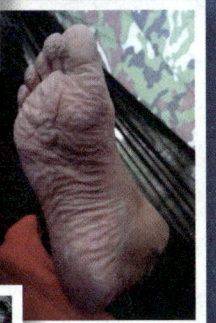

Wandern in nassen
Wanderschuhen

»Auf nach Österreich!«

NORWEGEN

Roadtrip

Lysefjord

Hardangervidda

Wieder allein
und ohne
Hängematte

Stabkirche von Ringebu

Bier mit Claudia
& Christian

Mit Pilegrimsbevis
vor dem Nidarosdom

Die Rentierzüchterhütte am
Morgen im Sonnenschein

Ausgetretene Pfade
gibt es hier kaum

Drei Tage nasse Füße

Wie im Auenland in
Der Herr der Ringe

Die Rentiere lassen mein
Herz höher schlagen

Letzte Flussüberquerung

Absolutes Nichts

19 Kilometer vorm Nordkap liegt
noch alles im Nebel

Ankunft am Nordkap

zu Hause ist. Doch nach einer besonders anstrengenden und strapaziösen Reise sind die Erinnerungen umso lebhafter und nachhaltiger. Sehr oft erwische ich mich immer noch, wie ich auf einmal übers ganze Gesicht strahlend dastehe oder wildes Herzklopfen bekomme, weil mir ein Erlebnis meiner Reise durch den Kopf geht.

Ein grünes Inselparadies

Langsam schwingt meine Hängematte von rechts nach links, hin und her … Ich schaue in die Baumkronen zweier Olivenbäume und vergnügt stelle ich fest, dass über ihnen zaghaft die ersten Sterne funkeln. Ich atme tief ein – endlich wieder draußen schlafen! Nach einem tränenreichen Abschied von Tiago hatte ich in Athen den Bus nach Kalambaka genommen, um mir die berühmten Meteora-Klöster im Landesinneren anzuschauen. Meteora bedeutet übersetzt »in der Luft schwebend« und genau das scheinen diese vierundzwanzig Klöster, die auf atemberaubenden Sandsteinfelsen thronen, zu tun. Die Gegend und die spektakulären Felsformationen erinnerten mich sehr an die Kata Tjuta und den Uluru im australischen Outback, besser bekannt als Olgas und Ayers Rock. Allerdings war es damals in Australien um einiges wärmer. Deshalb habe ich die letzten beiden Nächte in Kalambaka in einem Hostel geschlafen, und der nette Besitzer bestätigte mir, dass es Mitte April schon zwanzig Grad mehr haben sollte als die momentanen zehn Grad am Tag. Anscheinend habe ich das kälteste Frühjahr aller Zeiten für meine Reise erwischt.

Kurzerhand habe ich meine Reiseroute geändert. Ich will und kann nicht mehr frieren! Statt wie geplant weiter ins Pindos-Gebirge in den Norden Griechenlands zu fahren, um dort den Zagoria-Trek zu laufen, befinde ich mich nun in einem wunderschönen Olivenhain auf der warmen Mittelmeerinsel Korfu – und kann zum allerersten Mal meine Arme oben auf den Schlafsack legen, ohne dass sie dort sofort zu Eiszapfen gefrieren. Meine Beine liegen ausgestreckt in der Hängematte statt wie sonst in der Embryonal-stellung. Herrlich! Ich glaube, ich werde es sogar wagen und meine dicke Weste heute Nacht ausziehen. Darunter trage ich ja noch mein warmes Hemd, ein langärmliges T-Shirt und zwei Unter-hemden. Als ich die Weste gerade unter meinen Kopf als zusätz-liches Kissen stopfe, sehe ich aus dem Augenwinkel einen hellen Lichtpunkt auf einem der Wege des Olivenhains. Sofort höre ich mit dem Geraschel auf und versuche, mich keinen Millimeter mehr zu bewegen. Wer auch immer da mit der Taschenlampe unterwegs ist, ich hoffe, er entdeckt mich nicht. Doch wie könnte es anders sein, wendet sich der Lichtpunkt nach links und kommt genau in meine Richtung – so ein Mist! Mir bricht der Schweiß aus, obwohl ich mir gerade erst meine Weste ausgezogen habe. In Gedanken sehe ich schon die überraschten und entrüsteten Augen des Land-wirts vor mir und mache mich auf eine Schimpftirade gefasst, weil ich auf seinem Privatgrundstück mein Nachtlager aufgeschlagen habe. Der Landwirt scheint allerdings etwas verwirrt zu sein, denn der Lichtpunkt tanzt nun schon zum dritten Mal um denselben Olivenbaum herum. Irgendwas stimmt da nicht … Als der Licht-punkt in Schlangenlinien und wild hüpfend auf mich zukommt, bin ich sicher, sein Urheber muss betrunken sein. Doch ich höre weder Schritte noch Atemzüge, lautlos schwebt das Licht durch die Nacht. Und dann ist es auf einmal ganz nah und gleitet lautlos über meine Hängematte hinweg. Dabei kann ich endlich erkennen, dass es sich um ein gigantisch großes Glühwürmchen handelt! Er-leichtert lehne ich mich zurück. Ich schaue dem Riesenglühwürm-chen noch eine Weile zu, wie es zwischen den Olivenbäumen um-herfliegt. Schon bald werden es mehr. Noch nie zuvor habe ich so große und so helle Glühwürmchen gesehen. Vielleicht gibt es diese Art ja nur auf Korfu? Schon will ich nach dem Handy greifen, da fällt mir ein, was ich mir heute vorgenommen habe: Das Handy wird ab jetzt nur noch für Notfälle oder Kommunikationszwecke genutzt. Denn ich werde meine Zeit hier auf Korfu draußen verbringen und deshalb sparsam mit meinem Akku umgehen. Wegen der Kälte und Tiagos Besuch habe ich viel seltener im Freien übernachtet, als ich mir vorgenommen hatte. Höchste Zeit, mich wieder voll auf meinen ursprünglichen Plan zu konzentrieren: draußen sein und mich voll und ganz der Natur ausliefern.

Im Vorfeld habe ich deshalb nichts über den Korfu Trail recherchiert und werde mich einfach überraschen lassen, wohin mich die Wegmarkierungen führen werden. Ich weiß nur, dass der Korfu Trail auf knapp zweihundert Kilometern einmal der Länge nach von Süd nach Nord über die Insel führt. Wie lang die Tagesetappen sind, an welchen Orten ich vorbeikomme, wie viele Höhenmeter ich bewältigen muss, weiß ich nicht, und ich werde es auch nicht nachlesen. Was auch passiert, ich bleibe draußen! Ich werde der Versuchung von bequemen Betten, heißen Duschen oder einem Dach über dem Kopf widerstehen!

Bis zu den Knien im nassen Sand, stehe ich am nächsten Tag auf einem schmalen Sandstreifen zwischen Klippen und Meer und frage mich, ob es wirklich eine so gute Idee war, den gelben Wegmarkierungen blindlings zu folgen. Höchstwahrscheinlich hätte mich der Wanderführer darauf hingewiesen, bei hohem Wellengang nicht den Weg über den Strand zu nehmen, sondern oben über die Klippen zu laufen. Nur wenige Meter rechts von mir ragen diese über zehn Meter in die Höhe. Mühsam versuche ich ein Bein aus dem nassen Sand zuziehen. Im gleichen Moment rollt die nächste Welle an und lässt mein verbliebenes Bein noch tiefer sinken. »Sich einfach treiben und vom Weg überraschen lassen. Ganz tolle Idee, Johanna! Der einzige Ort, an den ich gleich treiben werde, ist das offene Meer!« Mit einem Ruck ziehe ich das andere Bein nach oben, während das vorherige wieder bis auf Kniehöhe sinkt. So kämpfe ich mich Schritt für Schritt über den langen schmalen Strand vorwärts. Die Wellen werden immer höher und der Abstand zu den Klippen immer schmaler. Ich kremple meine Hosenbeine so hoch wie möglich, doch bei jedem Schritt sinke ich tiefer und bald reichen mir die Wellen bis zu den Oberschenkeln. »Und, hast du Spaß?«, höre ich Tiagos Stimme in meinem Kopf. »Jaaaa!«, brülle ich wütend zurück, »vielleicht nicht jede Sekunde an jedem Tag, aber ja verdammt! Ich liebe diesen Scheiß! Und sollte ich hier gleich draufgehen, dann bin ich wenigstens bei etwas gestorben, was mir Freude bereitet!« Trotzig stapfe ich weiter, und als meine Oberschenkelmuskeln langsam krampfen, tut sich hinter einer Felsnase endlich eine große Bucht auf. Statt fünf ist der Strand plötzlich fast hundert Meter breit. In der Bucht entdecke ich sogar einen kleinen Imbiss mit Sitzbänken. Eine befestigte Straße führt daran vorbei ins Inselinnere. In Rekordtempo überquere ich den breiten Strand und lasse mich erschöpft auf eine Sitzbank fallen. »Ha, siehst du! Ist doch wieder mal alles gut gegangen!«, triumphiere ich innerlich.

Wieder allein unterwegs zu sein, fällt mir gar nicht so leicht, denn obwohl Tiagos Abreise nun schon fünf Tage her ist, kann ich nicht aufhören, Gespräche mit ihm zu führen. Vielleicht sollte ich meine Kamera wieder öfter herausholen und mit ihr sprechen. Gedankenversunken sitze ich über eine Stunde auf der Bank und blicke aufs Meer und die hohen Wellen. Dann hole ich mein GPS-Gerät heraus und schaue nach, wie ich den Weg am Strand umgehen kann. Ich finde einen Weg landeinwärts, der parallel zur Küste bleibt, und versuche mein Glück. Zweimal muss ich über Zäune klettern und mehrmals löst sich der Weg vor meiner Nase in Luft auf, doch am Abend sitze ich wieder neben einer Wegmarkierung am Strand von Agios Georgios. Gierig schlinge ich mein Essen hinunter, so hungrig bin ich nach den Aufregungen des Tages.

Hinter dem kleinen Ort tut sich eine große Dünenlandschaft vor mir auf, durch die Urlauber spazieren und sich den Sonnenuntergang anschauen. Ich laufe weiter und die Menschen werden immer weniger. Als ich wieder allein bin, schaue ich mir die vielen Wacholderbüsche genauer an, die hier überall verstreut in den Dünen wachsen. Einer formt mit seinen Ästen einen geschützten, kleinen Unterschlupf – fast wie meine Wachholderhöhle auf Zypern.

Als ich im Schlafsack liege und durch die Zweige den Himmel betrachte, denke ich daran, wie ich meine kleine Höhle damals gar nicht mehr verlassen wollte. Ich wollte mir all die Mühe und Anstrengung sparen und mir nicht jeden Abend aufs Neue einen Schlafplatz suchen müssen. Niemals hätte ich geahnt, wie mühsam meine Reise in Wahrheit werden würde. Doch was bin ich froh, diese Mühe und Anstrengung auf mich genommen zu haben. Die strapaziösesten Reisen sind eben doch die besten!

Beim Frühstück am Strand summe ich Edward Griegs Morgenstimmung vor mich hin. Den ganzen Vormittag kann ich nicht aufhören, doch so fange ich wenigstens nicht wieder Selbstgespräche mit Tiago an. Nach dem langen, wunderschönen Strandabschnitt folge ich den gelben Markierungen hinein in einen dichten Rhododendronwald. Als sich dieser bald lichtet, stehe ich plötzlich am Rand eines hinreißend schönen Sees. Verwundert, weil ich gerade noch direkt am Meer war, schaue ich mich um und entdecke ein kleines Schild. Es klärt mich auf, dass ich hier an der Korisson-Lagune stehe – eines der größten Feuchtgebiete der Insel und nur durch einen schmalen Sandstreifen vom offenen Meer getrennt. Flamingos, Pelikane und Kormorane soll es hier geben und Archäologen haben sogar mal den Kieferknochen einen Hippos gefunden. Ein Stück weiter am Ufer entlang komme ich an einen kleinen Fluss – die einzige Verbindung der Lagune zum Meer. Ich schieße ein paar Fotos und bemerke nicht die zwei Wanderer, die hinter mir auftauchen. Als ich sie entdecke, begrüßen wir uns herzlich, denn wir sind uns gestern schon einmal begegnet – vor meinem Gewaltmarsch am Strand entlang. Nun stellen wir uns vor und ich erfahre, dass die beiden Peter und Christine heißen und aus der Nähe von Chemnitz kommen. Sie waren gestern so schlau und haben sich einen Weg über die Klippen gesucht. Wir verstehen uns auf Anhieb und während wir weiterlaufen, hören wir gar nicht auf zu reden. Die beiden erzählen von ihren zwei Kindern und acht Enkelkindern und dass sie gerade dabei sind, in Rente zu gehen. Über dreißig Jahre hatten sie ein eigenes Architekturbüro. Das Wandern ist eine ihrer großen Leidenschaften. Am häufigsten sind sie in Osteuropa und Griechenland unterwegs.

Christine stellt sich als wandelndes Lexikon über den Korfu Trail heraus und begeistert hänge ich an ihren Lippen – das zählt schließlich nicht als Verstoß gegen mein Handyverbot. Sie erzählt, dass im Moment das orthodoxe Osterfest in Griechenland gefeiert wird und dass der morgige Ostersonntag auf Korfu ein besonderer Feiertag ist. In Korfu-Stadt hatte ich bei meiner Ankunft überall verzierte rote Krüge in den Geschäften und an den Marktständen gesehen. Diese sogenannten Botides gibt es hier anscheinend nur zur Osterzeit. Der Brauch ist, sie mit Wasser gefüllt am Ostersonntag in hohem Bogen aus dem Fenster zu werfen. Das soll neben einem lauten Knall auch ordentlich Glück bringen. Die Straßen von Korfu-Stadt werden morgen also voller Scherben und Menschenmassen sein, überall wird gefeiert, und am Abend gibt es ein großes Feuerwerk. Wir hören erst wieder auf zu reden, als wir den Abzweig zu Peters und Christines Unterkunft erreichen. Überrascht stelle ich fest, dass wir über drei Stunden gemeinsam gewandert sind. Zum Abschied tauschen wir Nummern aus, denn die beiden sind überzeugt, dass ich schneller als sie unterwegs sein werde und wir uns deshalb vielleicht nicht mehr wiedersehen.

Ich laufe noch ein paar Stunden weiter und verbringe die Nacht ein weiteres Mal in einem Olivenhain. Dieser liegt heute sogar oben an einem Hang direkt über dem Meer. Mein Abendprogramm ist wieder einmal ein toller Sonnenuntergang.

Glockengeläut und Mönchsgesang begleiten mich am nächsten Morgen bei meinem Abstieg in ein wunderschönes Dorf im Inselinneren. Rote Scherben kann ich zwar nur wenige entdecken, doch am Ostersonntag scheint hier jede Familie ein Lamm geschlachtet zu haben. Hinter jeder Kurve erwartet mich der Anblick von blutigem Fleisch am Spieß und von überallher schallt es »Kaló Páscha« – was wohl »Frohe Ostern« auf Griechisch heißt. Es wird ein heißer Tag und als ich gegen Mittag durch ein Dorf laufe, sind die aufgespießten Lämmer nicht mehr rot, sondern drehen sich goldbraun und knusprig über den Grillfeuern. Mir läuft das Wasser im Mund zusammen und jedem, der mir begegnet, schmettere ich ein extra lautes »Kaló Páscha!« entgegen. Leider lädt mich niemand zu seinem Osterfest oder auf einen Bissen von diesem duftenden Lammfleisch ein.

Im dritten Ort halte ich es vor Hunger und Durst kaum noch aus, doch auch hier haben am Ostersonntag alle Geschäfte und Restaurants geschlossen. Am Ortsausgang komme ich zum Glück an einem Friedhof vorbei und kann wenigstens meine Wasserflaschen auffüllen. Verzweifelt schaue ich auch noch einmal in meinem Proviantbeutel, doch darin befinden sich nur noch ein kleiner Rest Haferflocken und eine Dose Thunfisch – immerhin. Wenn im nächsten Ort wieder nichts geöffnet hat, gibt es für mich als Feiertagsessen exquisites Tuna-Porridge mit Friedhofswasser. Die Sonne knallt weiter unerbittlich vom Himmel, doch ich werde den Teufel tun und mich über die viel zu warmen Temperaturen beschweren. »Ich liebe diese Hitze!«, rede ich mir immer wieder ein, »ich wollte diese Hitze! Diese Hitze ist einfach super!« Ich brauche nicht einmal mehr meine Wasserflasche herauszuholen, ich muss einfach nur meine Zunge rausstrecken und den Schweiß ablecken, der mir seit heute Morgen übers Gesicht läuft. Einfach herrlich diese Hitze! Einfach herrlich!

Kurz vor dem Verhungern komme ich zum Glück durch ein viertes Dorf und dort erlebe ich ein kleines Osterwunder: Eine hübsche

Taverne hat geöffnet! »Es gibt heute leider nur Getränke«, erklärt mir Kostas, der Besitzer. Als er mir eine kalte Cola an den Tisch bringt und ich ihn noch einmal frage, ob er nicht doch eine winzige Kleinigkeit zu essen für mich habe – und sei es nur eine Banane oder ein Apfel –, kommt er mit einer großen Schüssel griechischem Joghurt mit süßem Honig und Walnüssen darauf zurück. Und damit nicht genug! Als ich mich nach einer langen Pause bei Kostas wieder auf den Weg mache, drückt mir am Ortsausgang eine alte griechische Omi mit zahnlosem Lächeln noch ein kleines Stück goldbraun gegrilltes und herrlich duftendes Lammfleisch in die Hand. »Kaló Páscha!«, erwidere ich dankbar und mir kommen fast die Tränen.

Am Abend bin ich nicht groß überrascht, als ich wieder einen Olivenhain finde – dieses Mal mit fantastischem Blick auf Korfu-Stadt und somit auf das spektakuläre Feuerwerk. Bis spät in die Nacht hinein lausche ich dem fröhlichen Gelächter und der lauten Musik, die bis hinauf zu meinem Olivenhain schallt, und schlafe glücklich ein.

Im Vergleich zu den anderen Wanderwegen entpuppt sich der Korfu Trail in den nächsten Tagen als wundervoller Spaziergang, es gibt kaum Steigungen und der Weg ist durchgehend gut markiert. Die Insel ist traumhaft schön und zählt als grünste der über dreitausend griechischen Inseln. Was wahrscheinlich auch an den Olivenbäumen liegt, die mehr als die Hälfte der Insel bedecken. Abseits der Olivenhaine blüht es überall auf Korfu. Neben Füchsen und Steinmardern begegne ich mehrmals kleinen Schlangen, und eines Morgens finde ich sogar einen kleinen Skorpion unter meinem Schlafsack. So komme ich mir bald wild und verwegen vor, als würde ich mich durch einen exotischen Dschungel kämpfen, statt über eine der beliebtesten Urlaubsinseln Europas. Seit über einer Woche habe ich nicht mehr geduscht, dafür bade ich jeden Tag im Meer und dank des Salzwassers in meinen Haaren und auf meiner Haut sehe ich auch von außen ziemlich wild aus.

Am sechsten Tag erreiche ich Liapades. Der kleine Ort hat einen Dorfplatz mit einer großen Platane in der Mitte und urigen Tavernen drum herum. Ich beschließe, am Abend noch einmal wiederzukommen, um in einer der Tavernen zu essen. Vorher suche ich mir schon einmal einen Schlafplatz. Ich laufe in Richtung Küste und als ich durch ein Gebüsch am Wegesrand krieche, stehe ich auf einmal am Rand einer Bucht. Ich reiße die Augen auf, so unglaublich schön ist dieser Anblick! Smaragdgrün leuchtet mir das Wasser entgegen, nur unterbrochen von den dunkelblauen Schatten der Korallenriffe, die sich unter der spiegelglatten Meeresoberfläche verbergen. Eingerahmt wird die Bucht von grünen Hügeln und schroffen weißen Sandsteinklippen. Am gegenüberliegenden Ufer ragen die Spitzen einiger Säulenzypressen zwischen den hellen Felsen hervor. Ich verstecke meinen Rucksack schnell in einem der Büsche und verbringe den Rest des Nachmittags schwimmend und in der Sonne badend an diesem wundervollen Ort.

Bester Laune setze ich mich am Abend unter die große Platane an einen der kleinen Tische mit rot-weiß kariertem Tischtuch. Keine fünf Minuten später betreten Peter und Christine mit Rucksäcken und Wanderstöcken den Dorfplatz. Sofort springe ich auf und winke ihnen aufgeregt zu. Als sie mich entdecken, kommen sie grinsend zu mir an den Tisch und wir nehmen uns in die Arme. Sie nehmen an meinem Tisch Platz und wir bestellen uns Moussaka, einen griechischen Kartoffelauflauf und Pastitsada, das Nationalgericht Korfus, und drei große Bier. Und dann reden wir wieder stundenlang. Wir tauschen viele lustige Wanderanekdoten aus und sie erzählen über Rumänien, Bulgarien und andere osteuropäische Länder, in denen sie schon unterwegs waren. Als ich frage, was sie an Osteuropa so reize, erklären sie, dass sie zu DDR-Zeiten ja nur im sozialistischen Ausland Urlaub machen durften. Nach der Wende waren sie dann neugierig auf andere Länder, doch wegen der Schönheit und Wildheit der Natur und der tollen Wandermöglichkeiten zieht es sie immer wieder zurück Richtung Osten. In den letzten Jahren waren sie aber viel in Griechenland unterwegs und auch in diesem Jahr haben sie noch viel vor. Sie wollen im Anschluss an den Korfu Trail ins Piemont, um dort mit einer Gruppe Freiwilliger Wanderwege zu pflegen. Danach sind sie mit dem Verein Hoffnungsfunken unterwegs und begleiten einen Hilfstransport nach Moldawien. Außerdem wollen sie, wie ich, unbedingt noch die Balkanregion näher erkunden. Ich bin beeindruckt, wie sie es schaffen, ihre Reisen mit einem wertvollen Nutzen für andere zu verbinden, und nehme mir vor, das in Zukunft öfter zu versuchen. Morgen wollen die beiden einen Ruhetag einlegen, deshalb werden wir uns wahrscheinlich nicht mehr über den Weg laufen. Sehr herzlich, aber auch ein bisschen traurig verabschieden wir uns. Zwischen uns hat es einfach gepasst und ich hatte die beiden schnell ins Herz geschlossen.

Da wir uns nicht voneinander trennen wollten, ist es mittlerweile ganz schön dunkel geworden und ich habe Schwierigkeiten, den Weg zurück und das Gebüsch mit meinem Rucksack zu finden. Als ich schon befürchte, mich in dieser Nacht komplett schutzlos der Natur ausliefern zu müssen, leuchtet mir endlich der orange Stoff meiner Weste im Schein der Stirnlampe entgegen. Überglücklich, doch mit vielen Kratzern an Armen und Beinen zerre ich meinen Rucksack aus den Büschen. In Windeseile breite ich Isomatte und Schlafsack auf dem unebenen Boden aus und beobachte dann noch lange ein paar Riesenglühwürmchen, die lautlos über mir ihre Kreise ziehen.

Am Morgen wartet hinter der Bucht eine kleine Kletterpartie auf mich. Ich muss über einen lang gezogenen Felsen balancieren und am Ende eine senkrechte Leiter hinaufsteigen. Anscheinend hat der Korfu Trail doch noch ein paar Überraschungen auf Lager und ist auf der zweiten Hälfte kein so lockerer Sparziergang mehr. Christine hat mir schon verraten, dass die vorletzte Etappe mich über den höchsten, aber auch einzig nennenswerten Berg Korfus führen wird: den gut neunhundert Meter hohen Pantokrator.

Heute komme ich erst mal am angeblich schönsten Ort der Insel vorbei, dem Dorf Paleokastritsa. Eine Burg, ein Kloster und sechs Buchten sollen mich dort erwarten – auch das hat mir Christine erzählt. Um dorthin zu gelangen, müsste ich heute kurz vom Weg abweichen und einen kleinen Umweg von zwei Kilometern in Kauf nehmen. Als ich wenig später die Abzweigung erreiche, laufe ich, ohne groß darüber nachzudenken, daran vorbei. Ich bin verblüfft, wie leicht mir diese Entscheidung fällt! Ich, die sonst immer um alle blöden Ecken gucken muss und die noch Wochen später bereut hat, nicht die Route über den Tahtalı-Sattel genommen zu haben, laufe jetzt einfach so an diesem Ort vorbei, von dem es heißt, dass er der schönste der ganzen Insel ist – ohne mit der Wimper zu zucken. Stattdessen zucke ich mit den Schultern und sage mir: »Was soll's? Liapades war so unglaublich schön, das reicht mir für diesen Moment.« Und tatsächlich wird meine Genügsamkeit belohnt, denn der restliche Weg ist der absolute Hammer! Ich komme durch Krini und kann mich gar nicht entscheiden, in welcher der vielen charmanten Tavernen ich mir ein Mittagessen gönnen soll. Später biege ich um eine Kurve und sehe plötzlich weit unter mir, in seiner strahlenden blauen Pracht, das Ionische Meer. In engen Serpentinen führt der Weg mich hinunter, immer mit Blick auf die große Bucht von Agios Georgios und die vier kleinen Inseln, die vor der Nordwestküste Korfus liegen. Am Meer finde ich tatsächlich einen einsamen Strand und springe nackig ins Wasser, das golden in der Abendsonne leuchtet. Danach kuschle ich mich in den Schlafsack und warte gespannt auf die Sterne. Fast bekomme ich ein schlechtes Gewissen, denn so viel Glück kann ein Mensch allein doch gar nicht verdient haben! Am liebsten würde ich den Moment in meinen Rucksack stecken und mitnehmen – um ihn später zu teilen. Dafür würde ich sogar ein paar extra Kilos in Kauf nehmen.

Als ich mich am nächsten Tag stöhnend die Berge hochschleppe und mein Rucksack sich anfühlt, als würde ein Babyelefant darin stecken, bin ich ganz froh, nicht noch Glücksmomente obendrauf gepackt zu haben. Fast jeder, dem ich bisher begegnet bin, hat irgendeinen Kommentar über meinen Rucksack abgegeben und viele wollten ihn unbedingt hochheben, um zu sehen, wie schwer er ist. Auch heute kann es sich der Besitzer eines Cafés nicht verkneifen, demonstrativ seinen Bizeps anzuspannen und mich mit den Worten »Frauenpower, das mag ich!« zu begrüßen. Als ich ihm auf seine Frage hin erzähle, dass mein Rucksack so um die fünfzehn – nach dem Großeinkauf gerade vielleicht auch achtzehn – Kilo wiegen würde, will er mir das nicht glauben.

Im nächsten Ort komme ich an einer Apotheke vorbei und frage spontan, ob sie eine Waage hätten, auf der ich meinen Rucksack wiegen dürfte. Die junge Frau fängt schallend an zu lachen und entgegnet: »Den brauchst du gar nicht zu wiegen, ich kann dir auch so sagen, dass der viel zu schwer für dich ist!« Dann deutet sie, immer noch grinsend, in eine Ecke, in der eine große graue Waage steht. »Fünfundzwanzig Kilo mindestens!«, fügt sie hinzu. »Auf jeden Fall unter zwanzig!«, entgegne ich. Ich nehme den Rucksack ab und stelle mich erst mal allein auf die Waage: 61,5 kg. Ich bin enttäuscht, denn das bedeutet, dass ich in den letzten zwei Monaten nicht ein Kilo abgenommen habe. Bestimmt haben sich die kleinen Fettpölsterchen nur in Muskelmasse verwandelt – das kann doch sonst nicht angehen! Dann hieve ich meinen Babyelefanten auf den Rücken und stelle mich gespannt noch einmal auf die Waage: 83,9 kg. Oha! Das sind ja tatsächlich über zwanzig Kilo! Das Kichern der Apothekerin folgt mir noch bis auf die Straße, doch ich kann nicht so recht mitlachen. Ich habe den Rucksack vor der Reise doch mehrmals gewogen und Essen und Trinken mit einkalkuliert Wie kann der denn auf einmal über fünf Kilo schwerer geworden sein?! Das Rucksackgewicht sollte nicht mehr als fünfundzwanzig Prozent, also ein Viertel, des Körpergewichts betragen, erinnere ich mich, irgendwo gelesen zu haben. Ich schleppe mehr als ein Drittel meines Körpergewichts durch die Gegend! Keine Wunder, dass meine Knie und Knöchel sich regelmäßig beschweren! Hoffentlich mache ich mir mit dieser Reise nicht meine Gelenke kaputt!

Während ich weiterlaufe, versuchen Zweifel und Sorgen sich listig zurück in meinen Kopf zu schleichen, doch ich bin mittlerweile gewappnet. Ich bin schließlich seit fast zehn Wochen unterwegs und am Ende des Korfu Trails müsste ich um die tausend Kilometer zu Fuß zurückgelegt haben. Wenn ich dieses dicke Ding also schon fast tausend Kilometer geschleppt habe, machen tausend weitere Kilometer auch keinen großen Unterschied mehr. Mir kommt ein Sprichwort über Hummeln in den Sinn: Laut den Gesetzen der Physik ist die Hummel viel zu schwer zum Fliegen. Doch die Hummel weiß das nicht und fliegt trotzdem. Sofort sehe ich mich selbst als kleine Hummel, die einen viel zu schweren Rucksack über die Wanderwege Europas schleppt, doch da sie das nicht weiß, läuft sie trotzdem weiter. Die Vorstellung von mir als laut brummender Hummel gefällt mir gut. Nachdem der erste Schock überwunden ist, bin ich auch beeindruckt von mir und meinem Körper. Mit einer Körpergröße von 1,62 Metern und mit über 22 Kilo auf dem Rücken bergauf und bergab durch Flüsse und Täler, durch Schluchten und Schneefelder hinweg, das ist doch was! Hummeln und Bewunderung steigen mir ein wenig zu Kopf, denn bald laufe ich mit knallroter Birne in Rekordtempo die Tagesetappe und kriege mich gar nicht wieder ein. Immer wieder lache ich und rufe: »Ich bin die kleine Superhummel!« Dann schießt mir plötzlich eine Idee durch den Kopf: Warum schreibe ich nicht ein Buch über meine Reise?! Aus dem Film wird wahrscheinlich sowieso nichts, denn in spannenden Extremsituationen bin ich viel zu konzentriert, um zu filmen. Auch die Begegnungen mit anderen habe ich bisher nie festgehalten, denn einerseits traue ich mich nicht zu fragen, andererseits möchte ich die schönen Gespräche nicht kaputtmachen. Aber in einem Buch könnte ich all das wunderbar beschreiben und erzählen – und könnte so meine Erlebnisse und Glücksmomente mit anderen teilen!

Am nächsten Tag stehe ich schon um zwölf Uhr mittags auf dem Gipfel des Pantokrator. Meine Buch-Idee und die Vorstellung von der Superhummel haben mich beflügelt. Ich setze mich auf eine Holzbank und genieße die fantastische Aussicht auf die albanische Küste direkt vor meiner Nase. Nur fünfunddreißig Kilometer trennen Korfu von Albanien und kurz hole ich mein Handy hervor und buche mir ein Ticket für eine Fähre nach Saranda. Schon in drei Tagen werde ich auf der anderen Seite stehen und vielleicht wehmütig zum Gipfel des Pantokrator zurückblicken. Denn genauso wie hier auf Korfu hatte ich mir meine Reise immer vorgestellt. Einfach draufloswandern und abends zufrieden draußen in der Natur schlafen. Dank dieser paradiesischen Insel bin ich endlich so richtig in meinem neuen Wanderleben angekommen.

Am Abend komme ich durch das märchenhafte Paleo Perithia. Einst einer der wohlhabendsten und schönsten Orte der Insel, haben die Menschen Perithia vor langer Zeit verlassen. Nun holt sich die Natur Stück für Stück die alten venezianischen Bauernhäuser zurück. Grüne Ranken und hohe Gräser scheinen die stark verfallenen Häuser langsam zu verschlingen. Nur im Dorfkern hat man angefangen, die Gebäude liebevoll zu restaurieren. Dank der wunderschönen Tavernen, urigen Läden und reizenden Unterkünfte ist Paleo Perithia heute wieder eines der beliebtesten Besucherziele auf der Insel. Ein bisschen ähnele ich wohl gerade diesem Ort, überlege ich, während ich auf der Terrasse einer Taverne sitze und die Aussicht auf den Pantokrator genieße. Mein Äußeres holt sich die Natur auch gerade zurück, schon seit zehn Tagen habe ich nicht mehr geduscht. Doch während Haut und Haare langsam verwahrlosen, schenke ich meinem Inneren, meinem Kern, umso mehr Aufmerksamkeit und er gedeiht ganz prächtig. Schon lange hatte ich nicht mehr so viele tolle Gedanken und Ideen. Und schon lange habe ich mich nicht mehr so fit und wohl gefühlt wie jetzt!

Die Nacht verbringe ich zur Abwechslung mal unter einer großen Eiche über einem Meer aus gelben Blümchen und hochgewachsenem rosa Affodill.

Als ich am Morgen aufwache, kann ich kaum fassen, wie laut es um mich herum summt und brummt und wie viele Vögel in den Bäumen über mir zwitschern. Ich stimme in das bezaubernde Konzert mit ein und trällere wieder einmal Griegs Morgenstimmung in den rosa Morgenhimmel! Ich kann mich kaum überwinden, aus meiner Hängematte zu kriechen, denn heute ist tatsächlich schon mein letzter Wandertag auf dem Korfu Trail. Auf den letzten Kilometern will der Weg anscheinend noch einmal angeben: Den ganzen Vormittag über wandere ich vorbei an bunt blühenden und duftenden Blumen. Viel zu schnell erreiche ich das Meer. Der letzte Abschnitt führt mich an der zerklüfteten Küste entlang. Ich überquere eine Holzbrücke über eine Lagune und dann geht es ganz schnell: Vor mir liegen der schöne Strand und die kleine Kapelle von Agios Spiridonas, ich bin am Endpunkt des Korfu Trails. Eintausend Kilometer bin ich nun schon gewandert, schießt es mir durch den Kopf. Und das mit über zwanzig Kilo auf dem Rücken – Wahnsinn!

REISEWEISHEIT NUMMER 11:
Es reist sich besser mit leichtem Gepäck!

Bis heute weiß ich nicht genau, wie ich es von meinem anfänglichen Basisgewicht (ohne Essen und Trinken) von ungefähr dreizehn Kilo auf die späteren zweiundzwanzig geschafft habe. Neu hinzugekommen sind eigentlich nur die Gaskartusche und die Strickjacke plus Hemd in der Türkei. Meine einzige Erklärung ist, dass ich das Gewicht des Proviants völlig unterschätzt und teilweise acht bis neun Kilo an Essen und Trinken mit mir herumgeschleppt habe.

Im Nachhinein würde ich deshalb immer noch behaupten, nichts Unnötiges in meinem Rucksack gehabt zu haben, nur ein paar Klamotten, meine Sonnenbrille und ein paar Ersatz-Akkus würde ich das nächste Mal wohl zu Hause lassen. Drei Dinge gibt es allerdings, die ich im Vorfeld nicht mitnehmen wollte, die sich aber im Nachhinein als absolut unverzichtbar erwiesen haben: meine Hängematte, mein Wasserfilter und das GPS-Gerät! Wenn ich das nächste Mal noch ein bisschen mehr Geld für einen wärmeren Schlafsack ausgebe, könnte ich eigentlich nur mit diesen vier Dingen losziehen. Na gut, Handy und Solarpowerbank würde ich vielleicht noch mitnehmen. Und Tarp und Gaskocher. Und auf meinen E-Book-Reader würde ich auch nur ungern verzichten und, und, und!

Es ist wirklich nicht leicht, das Rucksackgewicht auf ein Minimum zu reduzieren, und ich bin wahrscheinlich nicht die geeignetste Person für Ratschläge. Doch eines habe ich auf meiner Reise gelernt: Zu viel Gewicht kann eine Reise schnell zum Scheitern bringen! Ich habe mich teilweise dumm und dämlich geschleppt. Das nächste Mal werde ich auf jeden Fall weniger einpacken, das habe ich meinen Knien und Knöcheln hoch und heilig versprochen.

KAPITEL 4:
ALBANIEN, MONTENEGRO, KROATIEN

Die Prophezeiungen eines Taxifahrers

Völlig verkatert taumle ich zwei Tage später von der kleinen Fähre in Albanien. Ab jetzt herrscht striktes Alkoholverbot, nehme ich mir fest vor, denn mir steigt immer noch die Schamesröte ins Gesicht, wenn ich an die gestrige Nacht zurückdenke. Fast wünsche ich mir, ich hätte einen Filmriss und könnte mich an nichts mehr erinnern, doch leider erinnere ich mich an alles.

Frisch geduscht kam ich gestern Abend zurück in den Zwölfer-Schlafsaal des Hostels in Korfu-Stadt und stellte fest, dass ich diesen nicht mehr für mich allein hatte. Auf dem Bett neben meinem lag eine bildschöne junge Frau mit langen rötlichen Haaren und stellte sich als Mia aus Manchester vor – zweiundzwanzig Jahre alt und gerade mit dem ersten Semester ihres Studiums fertig. Zwei Wochen hatte sie allein auf Korfu Urlaub gemacht und fand es herrlich. Auch für sie war es der letzte Abend auf der Insel und wir beschlossen, unsere letzten Stunden auf dieser wundervollen Insel zu zelebrieren.

Wir fanden ein nettes Fischrestaurant etwas außerhalb des Zentrums und während wir eine große Meeresfrüchteplatte vertilgten, füllte sich neben dem Restaurant eine kleine Cocktailbar. Wir mussten beide am nächsten Morgen früh raus, denn Mias Flug ging zurück nach Manchester und meine Fähre nach Albanien – doch ein kleiner Cocktail als Dessert konnte nicht schaden. Wir ergatterten den letzten freien Stehtisch direkt am Eingang und bestellten uns beide einen Zombie mit jeder Menge Rum. Schon bald wippten wir vergnügt zur Musik und aus dem einen Cocktail wurden schnell zwei. Weil wir gar nicht aufhören konnten, uns anzugrinsen, und nicht wollten, dass der Abend zu Ende ging, auch bald drei. Ziemlich schnell waren wir ziemlich betrunken und fingen äußerst übermütig an, über das Bezahlsystem der völlig überfüllten Bar zu fachsimpeln. Bisher hatten wir nämlich noch keinen Cent für unsere sechs Zombies bezahlt. Es lagen zwei Bons auf unserem Tisch – allerdings waren auf denen nur vier Cocktails vermerkt. Unter Aufwand höchster Mathematik kamen wir zu dem Ergebnis, dass zwei unserer Cocktails durchgerutscht sein mussten. »Bei so viel Nachlässigkeit«, verkündete ich lallend, doch mit erhobenem Zeigefinger, »würde es dem Personal bestimmt gar nicht auffallen, wenn wir die Bar jetzt verlassen würden!« »Die haben hier echt überhaupt keinen Überblick!«, stimmte Mia mir zu. »Aber einfach so die Zeche prellen? Ganz schön krass, oder?!«, ruderte ich zurück. »Obwohl dieses Bezahlsystem ja geradezu danach schreit, einfach abzuhauen«, gab Mia nun auch mit erhobenem Zeigefinger zu bedenken. Mit verschwörerischem Blick schauten wir uns tief in die Augen. Dann wanderte unser Blick zu den drei Stufen, die unseren Tisch von der dunklen Straße trennten. Dicht steckten wir die Köpfe zusammen, schauten uns noch einmal in die Augen und fast im selben Moment starteten wir beide leise einen Countdown: »Drei … zwei … eins … los!« Wie von der Tarantel gestochen rannten wir los, sprangen die Stufen hinab, bogen links auf die dunkle Hauptstraße ab und liefen, als wäre der Teufel hinter uns her! Laut lachend feuerten wir uns mit kreischenden »Schneller! Schneller!«-Rufen an. Ich rannte wirklich, als ginge es um mein Leben, da schrie Mia plötzlich hinter mir: »Stopp! Pass auf!« Doch es war zu spät! Ein stechender

Schmerz schoss durch meine Oberschenkel und ich wurde brutal zurückgerissen. »Aaaah …!«, ertönte mein erstickter Schmerzensschrei, als ich rücklings auf dem harten Asphalt landete. Völlig verwirrt riss ich die Augen auf und brauchte einen Moment, bis ich begriff, dass ich mit voller Wucht in eine Metallkette gerannt war, die als Absperrung an einer Tankstelle hing. Mia holte mich keuchend ein und fragte besorgt: »Ist alles in Ordnung?!« Mit Tränen in den Augen, aber hysterisch kichernd erwiderte ich: »Das tut bestimmt erst morgen weh!« Erleichtert atmete Mia auf und fing auch wieder an zu lachen. Behutsam legte sie ihren Arm um meine Schulter und half mir hoch. Humpelnd, aber in Hochstimmung liefen wir weiter und fragten uns immer wieder fassungslos, ob wir das gerade wirklich getan hatten. An der nächsten Kreuzung leuchteten auf einmal helle Scheinwerfer hinter uns auf, und ein roter Nissan Micra raste im Affenzahn an uns vorbei, bog scharf links ab und kam mit quietschenden Reifen direkt vor uns zum Stehen. Mit offenem Mund starrten wir das Auto an. Ich erwartete fast meine Oma Emma hinter dem Steuer, denn die fuhr exakt das gleiche Auto. Da wurde auch schon die Autotür aufgerissen und ein kleiner Grieche stand vor uns und sagte streng: »Steigt ein, ich hab euch gesehen! Steigt sofort ein!« Wie angewurzelt standen Mia und ich da. Wie auf Autopilot gehorchten wir seinem Befehl und stiegen ein.

Während der kurzen Fahrt war es mucksmäuschenstill im Auto und mit finsterem Blick starrte unser Fahrer stur geradeaus und würdigte uns keines Blickes. Ich saß auf dem Beifahrersitz und versuchte verzweifelt, bloß nicht wieder laut loszulachen. Die Situation, in die wir uns gebracht hatten, war so abgrundtief peinlich und absurd, dass ich nicht anders konnte, als das Ganze unglaublich witzig zu finden. Direkt vor den Stufen, die wir gerade noch in großen Sätzen heruntergesprungen waren, hielt unser Fahrer an und scheuchte uns aus dem Auto. Es folgte ein »Walk of shame« zur Theke – bei dem selbst mir das Lachen verging. Alle Augen waren auf uns gerichtet und es fehlte nur noch, dass die Musik verstummte und wir mit faulen Eiern beworfen wurden! Neben der Kasse wartete ungeduldig unsere Kellnerin. Mit schmalen Lippen drückte sie mir drei Bons in die Hand. Ich verkniff mir die Frage, wo auf einmal der dritte herkäme, gab stattdessen ein großzügiges Trinkgeld, um zu zeigen, dass doch ein bisschen Anstand in uns steckte. Schnell sahen wir zu, dass wir Land gewannen. Zurück auf der Straße, bemerkte Mia trocken: »Na gut, jetzt wissen wir also, wie das Bezahlsystem in dieser Bar funktioniert!« Und sofort brachen wir wieder in schallendes Gelächter aus.

Nach den Erlebnissen der letzten Nacht brauche ich erst mal ein Schläfchen in einem Hostel, bis ich mich am späten Nachmittag fit genug für einen Stadtbummel durch Saranda fühle. Mir gefällt die gesellige und entspannte Atmosphäre an der palmengesäumten Strandpromenade. Kurz überlege ich, ob ich einfach ein paar Tage länger in Saranda bleiben soll. Doch mein eigentliches Ziel in Albanien sind die Berge. Ich möchte den fast zweihundert Kilometer langen Peaks of the Balkans laufen, einen Rundwanderweg, der im Dreiländereck Albanien, Montenegro und Kosovo verläuft. Die Deutsche Gesellschaft für Internationale Zusammenarbeit hat den Weg gemeinsam mit den Einheimischen konzipiert und 2011 eröffnet. Wie der Menalon Trail soll der Peaks of the Balkans den Tourismus in den teilweise schwer zugänglichen Bergdörfern ankurbeln und den Menschen vor Ort eine kleine Einkommensquelle bieten.

Schon um halb acht am nächsten Morgen checke ich deshalb aus dem Hostel aus, denn in den Bergen soll sich in den nächsten Tagen ein Schönwetter-Fenster auftun. Also nichts wie los!

In Saranda gießt es an diesem Morgen allerdings in Strömen und schon an der Bushaltestelle bin ich komplett durchnässt. Der nächste Bus nach Tirana ist auch schon voll. Triefend nass setze ich mich in den kleinen Fahrkartenraum und werde neugierig von drei älteren Herren beäugt, die hier anscheinend ihre Tage damit verbringen, auf den notdürftig an der Wand befestigten alten Fernseher zu starren. Heute liefere ich mit meinem Striptease aus den nassen Klamotten wohl das bessere Unterhaltungsprogramm. Eine Stunde später sitze ich endlich im Bus, der sich ziemlich schnell in eine Dampfsauna verwandelt. Damit wir nicht anfangen zu frieren, hat der Busfahrer die Heizung voll aufgedreht. Bald sind alle Scheiben beschlagen und mir läuft der Schweiß von der Stirn. Genervt lehne ich den Kopf an das kühle Fenster und versuche mir die Sicht freizuwischen. Draußen schlängelt sich die Straße durch hohe, dunkelgrüne Hügel, aus deren Wäldern dichte Nebelschwaden emporsteigen und dem Ganzen fast etwas Tropisches verleihen. Vielleicht liegt es nur an den schwülen Temperaturen im Bus, doch ich fühle mich unwillkürlich an die Nebelwälder von Costa Rica erinnert und kann gar nicht glauben, dass das dort draußen wirklich Albanien sein soll. Die gesamte Strecke von Saranda über Gjirokastra bis Tepelena starre ich staunend aus dem Fenster und mein einziger Gedanke ist: »Ist das toll hier!« Erst als wir uns Tirana, der Hauptstadt Albaniens, nähern, wird es weniger spannend und die Häuser fangen an, wie hässliche Legobausteine aus der Erde zu sprießen. Der Umstieg am Bahnhof in Tirana ist einfacher als erwartet, und nur wenige Minuten später sitze ich im Bus nach Shkodra. Dort werde ich die Nacht verbringen, bevor es morgen früh mit einem weiteren Bus ins Bergdorf Theth geht.

Nach acht Stunden Fahrt erreiche ich das schöne, fast flippige Shkodra im Nordwesten Albaniens und bin schon wieder begeistert von der entspannten und geselligen Atmosphäre auf den Straßen. Ich entdecke sogar eine kleine Bühne mitten in der Fußgängerzone und ein großes Plakat kündet das Eröffnungskonzert eines mehrtägigen Musikfestivals für heute Abend an – was für ein Glück! Schnell hole ich mir noch etwas zu essen, dann schallt schon die raue Stimme eines albanischen Singer-Songwriters namens Orges Toce durch die Fußgängerzone. Seine kernige Gitarrenmusik reißt mich und die anderen Zuschauer sofort mit und schon wieder kann ich nur denken: »Ist das toll hier!«

Am Morgen halte ich an der Hauptstraße müde Ausschau nach meinem Taxifahrer, der mir gestern bei meiner Ankunft versichert hatte, er sei der Einzige, der den Weg nach Theth auf sich nehmen würde – und das nur einmal am Tag in aller Herrgottsfrühe. Ich entdecke ihn rauchend neben einem knallorangen Minibus. Als ich mein Ticket bezahle, gewährt er mir den Frühaufsteher-Rabatt – was auch immer das sein soll – und erzählt mir, dass er sogar in Theth geboren wurde. Das überrascht mich, denn mit seiner schwarzen Lederjacke, den glänzenden nach hinten gegelten Haaren und seiner Zigarette im Mundwinkel entspricht er so gar nicht meinem Klischee eines albanischen Bergbauern. Doch seine Familie sei in der Landwirtschaft tätig, erzählt er weiter, und wie fast alle Bewohner von Theth haben sie ein zweites Haus hier in Shkodra, in dem er die meiste Zeit des Jahres wohne. »Im Winter ist die Straße, die wir gleich entlangfahren, oft unpassierbar und dann sind Theth und viele andere Dörfer komplett von der Außenwelt abgeschnitten.« Deshalb verbringen die meisten den Winter lieber hier in der Stadt und kehren erst im Frühjahr in ihre Häuser in den Bergen zurück. »Theth is Paradise!«, schwärmt er mir vor und fragt mit Blick auf meinen Rucksack, ob ich dort oben wandern wolle. Ich erzähle, dass ich vorhabe, den Peaks of the Balkans zu laufen, und frage ihn nach den Schneeverhältnissen. Sofort fängt er an zu lachen und ruft nur: »Schnee?! Dort oben ist überall Schnee! So viel Schnee wie in diesem Jahr hatten wir lange nicht mehr!« Meine Gesichtszüge entgleisen. Trotzdem frage ich: »Und wie sieht es mit den Temperaturen aus? Kann man nachts draußen schlafen?« Da lacht er noch lauter und schüttelt amüsiert den Kopf: »Schnee, Schnee, Schnee … das ist ein echtes Problem dieses Jahr!« Dann scheucht er mich – immer noch lachend und kopfschüttelnd – in seinen Bus, denn um Punkt sieben Uhr ist Abfahrt.

Ich bin der einzige Fahrgast, doch schon bald verstehe ich, was
er mit dem Frühaufsteher-Rabatt gemeint hat. Auf dem Weg stoppen wir an vielen Hotels und Hostels und die zusteigenden Fahrgäste zahlen für den Abholservice ordentlich drauf. Irgendwann halten wir vor meinem Hostel und ich entdecke drei Franzosen aus
meinem Schlafsaal. Überrascht begrüßen sie mich und ärgern sich,
dass sie fast doppelt so viel wie ich gezahlt haben. Doch der Ärger
ist schnell verflogen, denn die Fahrt über den Gebirgspass ist der
Wahnsinn! Erst sieht man die Berge nur von Weitem, doch bald
sind wir mittendrin und schlängeln uns langsam hinauf. Das Panorama hinter den Busfenstern wird immer spektakulärer: schneeweiße Gipfel, so weit das Auge reicht! Die Fahrt wird allerdings auch
immer holpriger und irgendwann türmen sich die Schneemassen
nicht nur auf den Berggipfeln, sondern auch neben der Fahrbahn.
Ein bisschen hatte ich gehofft, es würde so laufen wie in der Türkei. Dort hatten mich ja auch alle vor den Schneemassen gewarnt
und am Ende stieß ich nur auf eine knöchelhohe Eisschicht. Doch
der Taxifahrer hatte recht, hier ist tatsächlich alles voller Schnee,
Schnee, Schnee.

Als wir den höchsten Punkt des Passes hinter uns haben und es
in engen Serpentinen bergab geht, stelle ich erleichtert fest, dass
auch die Schneemassen weniger werden. Schließlich verschwinden
sie ganz und werden abgelöst von einem hellgrünen, frisch sprie-
ßenden Buchenwald, der sich über das ganze Tal erstreckt. Die
Häuser von Theth liegen malerisch in diesem leuchtend grünen
Tal, eingerahmt von schneebedeckten Gipfeln. Mitten durch das
Dorf rauscht ein blau leuchtender Bergfluss und auch damit hatte
der Taxifahrer recht: Theth is Paradise!

Ein wenig eingeschüchtert vom vielen Schnee auf dem Pass,
verbringe ich die erste Nacht lieber in einem Gästehaus, um zu tes-
ten, wie tief die Temperaturen in der Nacht fallen. Nachdem ich
ein günstiges Gästehaus gefunden habe, mache ich erst mal eine

Tageswanderung zum sogenannten Blue Eye, einem natürlich entstandenen Pool, der von oben betrachtet aussieht wie ein türkisblaues Auge. Es ist eine der beliebtesten Wanderungen rund um Theth und ich habe im Internet gelesen, dass man nicht genau weiß, wie tief dieses Blue Eye tatsächlich ist. Angeblich seien Taucher einmal über sechzig Meter hinabgetaucht und haben keinen Grund gesehen. Es wäre bestimmt cool, eine kleine Runde in diesem unendlich tiefen Auge zu schwimmen! Der märchenhafte See, den ich nach knapp vier Stunden Fußmarsch erreiche, liegt zwischen Steilwänden. Von einer Seite rauscht ein Wasserfall die Steilwand hinunter und bringt Nachschub an frischem, eiskaltem Quellwasser. Verschwitzt streife ich mir meinen Bikini über und gleite langsam in das kühle, tiefblaue Wasser. Ich schließe die Augen, halte die Luft an und lasse mich unter die dunkle Wasseroberfläche sinken. Meine Kopfhaut zieht sich schmerzhaft zusammen, wie tausend kleine Nadelstiche dringt die Kälte in jede Pore meines Körpers. Schwerelos lasse ich mich im Wasser treiben. Ich öffne die Augen und stelle mir vor, wie es unter mir viele Hundert Meter in die Tiefe geht. Dann tauche ich langsam auf und klettere zurück auf die Felsen. Meine Haut brennt und ist gerötet von der Kälte, doch ich fühle mich wie neugeboren!

Nach diesem wunderbaren Wandertag und einem geselligen Abend im Gästehaus bin ich am Morgen hoch motiviert für den Peaks of the Balkans. Die Temperaturen waren in der Nacht ganz angenehm, doch weil ich Anfang Mai ganz schön früh dran bin und in diesem Jahr viel mehr Schnee als sonst gefallen ist, stelle ich mich darauf ein, wahrscheinlich nicht alle Etappen laufen zu können. Trotzdem möchte ich es versuchen und bin ziemlich aufgeregt, denn der Weg führt mich gleich heute über den 1850 Meter hohen Valbonapass. Im strahlenden Sonnenschein folge ich dem Weg am Fluss entlang. Die Luft ist glasklar, die Bergspitzen ragen gestochen scharf in den knallblauen Himmel. Kein Hauch von Dunst oder

Nebel in der Luft. Vielleicht ist dies der landschaftliche Höhepunkt meiner Reise, viel schöner kann es nicht mehr werden! Schon bald lasse ich die Steinhäuser von Theth hinter mir und freue mich wie ein kleines Kind, als ich die erste grün-weiße Wegmarkierung mit der Aufschrift »Peaks of the Balkans« an einem Baum entdecke. Zweimal überquere ich über wild zusammengezimmerte Holzbrücken den Fluss. Dann wird der Weg immer steiler und führt mich durch den saftig hellgrünen Buchenwald, der das gesamte Tal wie ein riesiger leuchtender Gürtel umschließt. Hungrig zupfe ich mir immer wieder junge Buchenblätter von den Bäumen und genieße ihren leicht säuerlichen Geschmack. Nach einer Weile trete ich aus dem Wald und stehe auf einer Wiese mit fantastischem Rundblick. Ich hole meine Kamera heraus, drehe mich wild im Kreis und kann gar nicht glauben, wie schön es ist!

Ich bemerke den anderen Wanderer erst, als er direkt vor mir steht und mich belustigt beobachtet. Verlegen packe ich meine Kamera weg und wünsche ihm einen guten Morgen. Luuk aus Polen will heute auch über den Pass ins nächste Tal. Ich mustere seinen schmalen, drahtigen Körper und seinen kleinen Rucksack und stelle fest, dass ich bestimmt doppelt so schwer bin wie er. Luuk scheint wohl dasselbe zu denken, denn skeptisch bleibt sein Blick an meinem Rucksack hängen. Doch er wünscht mir nur viel Glück. Mit zackigen Schritten hat er die Wiese auch schon überquert und ist auf der gegenüberliegenden Seite im Wald verschwunden. Verdutzt blicke ich ihm nach und sehe zu, dass auch ich weiterkomme.

Im Buchenwald verschwindet mit jedem Schritt ein bisschen mehr von dem saftigen Grün, langsam komme ich in höhere Gefilde. Hier herrschen deutlich frischere Temperaturen und die Bäume schimmern nun silbrig grau. Bald stoße ich auf das erste Schneefeld. Anders als in der Türkei ist der Schnee nicht vereist, sondern angetaut. Bei jedem Schritt sinke ich knöcheltief ein. Das Schneefeld ist keine zehn Meter breit und schnell überquert, trotzdem schnappe ich mir einen langen Stock, den ich später als Geh-hilfe benutzen kann – die Schneemassen werden bestimmt noch kommen. Als Nächstes komme ich aber an einer kleinen Waldbar vorbei. Holzhaus und Terrasse sehen vom langen Winter ziemlich mitgenommen aus, doch es stehen schon Bänke und kleine Tische bereit. Ein junger Mann in Latzhose ist damit beschäftigt, den Zaun aus überkreuzten Ästen rund um das kleine Grundstück wieder in-stand zu setzen. Kaum komme ich näher, schallt es aus der Hütte: »Coffee or tea?«, und eine ältere Frau tritt aus der Tür. Sie sieht wild und ungepflegt aus, die schwarzen Haare stehen nach allen Seiten ab und sie trägt eine ausgebeulte Jogginghose und ein verblichenes graues Shirt. Sie lächelt mich freundlich an und macht eine ein-ladende Geste in Richtung Terrasse. Erschöpft lasse ich mich auf eine der Bänke plumpsen und frage, ob es auch etwas zu essen gibt. Sie hebt den Zeigefinger, winkt ihren Sohn heran und verschwindet wieder in dem Holzhäuschen. »Was darf es denn für dich sein?«, fragt er mich in erstaunlich gutem Englisch. Ich wiederhole meine Bitte und schon ist auch er in dem Häuschen verschwunden. Wäh-rend ich auf mein Frühstück warte, kommen zwei weitere Wander-paare vorbei, alle mit deutlich weniger Gewicht auf dem Rücken als ich. »Coffee or tea?«, ruft es jedes Mal laut aus dem Haus, doch alle lehnen dankend ab und stapfen im flotten Tempo weiter. Vielleicht sollte auch ich zusehen, dass ich weiterkomme. Doch bevor ich es mir anders überlegen kann, kommt mein Frühstück. Vier dicke Scheiben Schafskäse, ein kleiner Korb mit Brot und eine große Schüssel Salzkartoffeln werden vor mir auf den Tisch gestellt. Dann hebt die Wirtin den Zeigefinger, verschwindet im Haus und kommt mit einer Gurke und einem Messer in der Hand zurück. Grinsend schneidet sie mir noch ein paar dicke Gurkenscheiben auf den Tel-ler. Ich bedanke mich und grinse zurück. Bei solchen Portionen sollte ja sogar ich satt werden. Das Essen schmeckt gleich noch mal so gut, weil man merkt, wie sehr sich die beiden über meine Einkehr freuen. Bestimmt ist der Weg noch nicht lange frei, was bedeutet, dass die Wanderer in dieser Saison noch später eintreffen als sonst – und das nach zwei Coronajahren! Am Ende muss ich zwei Scheiben Brot im Korb zurücklassen, ich will nicht denselben Fehler wie in Ulupinar machen.

Als ich bezahle, frage ich den Sohn nach den Schneeverhältnissen. Er verzieht das Gesicht: »Bis hoch zum Pass ist es wohl ganz gut machbar, doch der Abstieg ins Valbonatal … dort soll noch richtig viel Schnee liegen!« Wieder rutscht mir das Herz in die Hose. Ich hatte gedacht, wenn ich es erst mal hoch zum Pass schaffe, habe ich das Schlimmste hinter mir. Doch als norddeutsches Flachlandgewächs habe ich die Bedingungen in den Bergen wohl falsch eingeschätzt. Verärgert über meine schlechte Planung, schnappe ich mir trotzdem den Wanderstock. Nur wenige Hundert Meter oberhalb der Waldbar ist tatsächlich alles mit Schnee bedeckt. Zuerst freue ich mich noch, dass der Schnee schön wässrig ist und ich nicht ausrutschen kann, doch mit der Zeit werden die Schneemassen höher und ich versinke immer tiefer. Außerdem hat das Schmelzwasser unterhalb der Schneedecke tiefe Löcher und lange Gräben gefressen, und ich muss höllisch aufpassen, mir nicht beim Herabrauschen durch die instabile Schneedecke die Knie zu verdrehen oder umzuknicken.

Stundenlang kämpfe ich mich aufwärts. Von Stunde zu Stunde wird es anstrengender, aber dafür auch die Ausblicke immer spektakulärer. Unzählige schroffe Felsspitzen bilden faszinierende wilde Gesteinsformationen. Während hier oben alles in Weiß und Grau gehüllt ist, erstreckt sich weit unter mir das hellgrüne Tal von Theth.

Ich bin gerade dabei, mich wieder an einem Felsen hochzuziehen, weil meine Beine hüfthoch im Schnee stecken, da taucht der flotte Luuk wieder vor mir auf. Als er mich sieht, fängt er an zu grinsen und begrüßt mich mit den Worten: »Du hast es bald geschafft, der Pass ist nicht mehr weit!« Er hat sich entschlossen, wieder umzukehren, denn hinter dem Pass könne man keine Fußspuren mehr im Schnee entdecken und deshalb sei es trotz GPS schwierig, auf dem Weg zu bleiben. Er rät mir eindringlich, nicht weiter als bis zur Passhöhe zu laufen. Schnell klettert er daraufhin an mir vorbei und verschwindet hinter einer großen Felsnase. Während ich mich vorankämpfe, kommen mir auch die anderen Wanderpaare entgegen. Auch sie können sich ein amüsiertes Grinsen über meine Schwerfälligkeit nicht verkneifen.

Irgendwann ist es endlich so weit! Die Fußspuren vor mir steuern auf die Mitte zweier Felsspitzen zu und genau an der Stelle scheint ein Wegweiser oder ein Kreuz zu stehen. Das muss die Passhöhe sein! Ich werde ganz aufgeregt, denn ich liebe diese Momente, wenn man die letzten Meter vor Augen hat und die Spannung kaum noch auszuhalten ist. Und dann kommt dieser winzige Augenblick, in dem sich alles entscheidet: Hat sich der Weg gelohnt? Wird man von der Aussicht fast überwältigt? Oder stöhnt man nur vor Enttäuschung laut auf, weil sich hinter der Kuppe nur ein weiterer anstrengender Aufstieg verbirgt? Automatisch startet in solchen Momenten ein kleiner Countdown in meinem Kopf: Drei … zwei … eins … und?!

WOW! Ich weiß gar nicht, wo ich zuerst hinschauen soll, denn unzählige weiße und graue Felsspitzen ragen vor mir in den Himmel – schneebedeckte Gipfel, so weit das Auge reicht! Andächtig wandert mein Blick hin und her und als ich ihn senke, entdecke ich tief unter mir, hinter einer riesigen Felswand, das lang gezogene Valbonatal. Ich kann sogar die kleinen Häuser und einen Fluss erkennen. Ich stehe direkt auf der Passhöhe. Vor und hinter mir erstrecken sich die beiden Täler, um sie herum ragen unzählige Berg- und Felsspitzen in den Himmel. Langsam drehe ich mich im Kreis, atme tief durch und kann kaum glauben, wo ich hier gerade stehe. Ich lasse mich auf einem Felsen nieder und schaue noch einmal hinunter ins Valbonatal. Wie gerne würde ich heute Abend dort unten stehen! Doch die gesamte Bergflanke ist auf dieser Seite tatsächlich mit hohem Schnee bedeckt. Es ist allerdings erst kurz nach Mittag, vielleicht bleibt mir doch genügend Zeit für einen vorsichtigen Abstieg? Ich hole Wanderführer und GPS-Gerät heraus und versuche, den Wegverlauf zu erkennen. Ohne Fußspuren ist das ganz schön schwierig. Als ich die Wegbeschreibung lese, macht mir besonders der Abschnitt an einer steilen Felswand Sorgen. Auf dem schmalen Stück sollte man sich möglichst beeilen, da die Gefahr besteht, dass Gesteinsbrocken von der Felswand abbrechen. Wenn auf diesem schmalen Stück auch noch Schnee liegt, könnte das gefährlich werden. Eine Weile überlege ich hin und her. Ich würde es so gerne versuchen, es so gerne schaffen! Doch ich muss mir auch eingestehen, dass es nur um das »Geschafft-haben-Gefühl« geht. Denn dass ich hinter Valbona weitere Etappen des Peaks of the Balkans laufen könnte, ist ausgeschlossen – das wird selbst mir bei diesem Anblick klar.

Ach, schade! Aber es ist wahrscheinlich wirklich viel zu gefährlich und noch dazu wüsste ich nicht, wie ich aus Valbona wieder wegkomme. »Man muss wissen, wann Schluss ist, und auch ein bisschen Demut vor den gewaltigen Bergen und der atemberaubenden Natur haben!«, versuche ich mich zu trösten. »Und jetzt freu dich gefälligst und genieße, dass du an diesem wundervollen Ort sein darfst!«, schicke ich streng hinterher. Als der Himmel immer weiter zuzieht, reiße ich mich von dem wundervollen Ausblick los und breche auf.

Ich bin fix und fertig, als endlich wieder die Waldbar in Sicht kommt. Erschöpft schleppe ich mich weiter über das Schneefeld und durch den Buchenwald. Am frühen Abend erreiche ich die schöne Bergwiese und dort hole ich meine Isomatte heraus und setze mich ins weiche Gras, denn meine Knie brauchen nach diesem Abstieg eine Verschnaufpause. Einen halben Liter Wasser und drei Schokoriegel später beschließe ich, die Nacht einfach hier zu verbringen, denn meine Beine schmerzen und sind mittlerweile stocksteif. Ich will mich gerade aufraffen, um mein Nachtlager herzurichten, da sehe ich auf der anderen Seite der Wiese plötzlich eine Bewegung. Zwischen den Bäumen taucht auf einmal der wilde Haarschopf der Wirtin aus der Waldbar auf. Sie überquert die Wiese und als sie mich entdeckt, kommt sie langsam auf mich zugehumpelt. Lächelnd bleibt sie neben mir stehen. Wir versuchen es mit einem Gespräch, doch ihre Englischkenntnisse sind leider sehr dürftig und das einzige Wort, das ich auf Albanisch kenne, ist »Po«, das bedeutet »Ja«. Doch mit Händen und Füßen schaffen wir es trotzdem, uns irgendwie zu verstehen. Ihr Name ist Mira und nach einer Weile setzt sie sich sogar zu mir ins Gras und fängt an, ihre geschwollenen Füße zu massieren. Mein Blick fällt auf ihre harten lila Plastik-Pantoffeln und ich kann mir kaum vorstellen, wie weh es tun muss, in diesen Latschen mehrere Kilometer bergauf und vor allem wieder steil bergab zu laufen. Doch Mira erzählt mir stolz, dass sie damit während der Wandersaison fast jeden Tag zu ihrer Waldbar hinauf und abends wieder hinunter zu ihrem Häuschen läuft. Neugierig mustert sie mich und fragt, ob ich hier auf der Wiese schlafen wolle. Ich nicke und klopfe auf meinen Rucksack, um zu zeigen: Hier ist alles drin, was ich brauche. »Very good, very good«, ist ihre Antwort. Dann deutet sie auf mein Tagebuch, das aufgeschlagen auf meinen Beinen liegt und sagt noch einmal: »Very good, very good.« Trotz ihres wilden Erscheinungsbilds hat Mira eine angenehme und ruhige Ausstrahlung, und wir sitzen noch eine ganze Weile still beieinander, während die Abendsonne die Berggipfel um uns herum noch einmal zum Leuchten bringt. Als es anfängt zu dämmern, richtet sich Mira unter lautem Stöhnen wieder auf und schenkt mir zum Abschied einen Gute-Nacht-Gruß in Form einer Kusshand. Dann humpelt sie über die schummrige Wiese und verschwindet im Wald.

Ich habe mal irgendwo gelesen, dass nur ungefähr sieben Prozent der zwischenmenschlichen Kommunikation über die Sprache stattfinden, alles andere laufe über Gestik, Mimik und vieles sogar über Pheromone. Zwischen Mira und mir hat jedenfalls die Chemie gestimmt, und als ich später eingekuschelt in meiner Hängematte liege, bin ich immer noch erstaunt darüber, wie viel wir uns sagen konnten – fast ohne Worte.

Lange liege ich noch wach und versuche mir ihr Leben hier oben in den Bergen vorzustellen. Schon der Besitzer des Gästehauses, in dem ich gestern geschlafen habe, hatte mir erzählt, dass er zwar schon viele Jahre im Ausland verbracht, es ihn aber letztendlich immer wieder hierher zurück nach Theth gezogen habe. Und so frage ich mich, ob wohl auch Mira und ihr Sohn sich ganz bewusst für dieses einfache und anstrengende Leben entschieden haben oder ob es für sie vielleicht gar keine großen Alternativen gab. Vielleicht hält sie auch die Aussicht darauf, dass in den nächsten Jahren mehr Touristen in diesem wunderschönen Tal erwartet werden: Die holprige Schotterpiste soll bald asphaltiert und vergrößert werden, das hatte mir mein Taxifahrer erzählt. Vermutlich werden bald auch große Reisebusse die Möglichkeit haben, hierherzugelangen. Man kann nur hoffen, dass keine hässlichen Hotelklötze in dieses kleine Paradies gebaut werden. Andererseits erleichtert die Straße den Einheimischen das Leben vielleicht ein wenig und bringt ein bisschen mehr Wohlstand durch mehr Touristen.

Meine Gedanken werden von einem frischen Wind unterbrochen, der die wärmende Wolkendecke davonpustet. Da es eine stockfinstere, mondlose Nacht ist, kann ich es nicht lassen, aus meiner Hängematte zu klettern, auf die dunkle Wiese hinauszutreten und den Sternenhimmel zu bewundern. Noch nie habe ich so viele Sterne auf einmal gesehen! Andächtig blicke ich zum Himmel und bin unendlich dankbar, genau jetzt, genau hier an diesem wundervollen Ort sein zu dürfen.

> **REISEWEISHEIT NUMMER 12:**
> Den Weg misst man besser
> in Erlebnissen als in Kilometern!

Am Anfang meiner Reise hätte es mich wahrscheinlich völlig aus der Bahn geworfen, den Peaks of the Balkans abzubrechen. Ich hätte mich tagelang geärgert und mich noch Wochen später gefragt, ob es wirklich die richtige Entscheidung war. Doch meine Reise hat mich wohl in der Tat gelassener und genügsamer werden lassen, und dank des spektakulären Ausblicks auf der Passhöhe und meiner Begegnung mit Mira habe ich dem Peaks of the Balkans nicht mehr lange hinterhergetrauert.

Ich werde nie erfahren, was passiert wäre, wenn ich mich dort oben am Pass anders entschieden hätte. Und all die tollen Ausblicke, die Erlebnisse und schönen Begegnungen, die ich vielleicht auf dem Abstieg gehabt hätte, hatte ich in gewisser Weise trotzdem – nur in anderer Form, mit anderen Menschen und an anderen Orten. Und das ist es doch letztendlich, was auf einer Reise wirklich zählt: nicht wie viel höher, wie viel schneller oder wie viel weiter man gelaufen ist, sondern wie viele schöne Momente, wie viele tolle Begegnungen man hatte und vor allem wie viel man über sich, über andere und über die Welt dazugelernt hat.

Hart im Training

Am nächsten Morgen hängt eine graue Wolkendecke über dem Tal und ich steige um elf Uhr wieder in den quietschorangen Bus, um zurück nach Shkodra zu fahren. Bei strahlendem Sonnenschein wäre ich vielleicht noch einen Tag geblieben. Doch das triste Wetter hilft nicht gerade dabei, meine Stimmung zu verbessern, denn heute bin ich doch ein bisschen enttäuscht, nicht einmal eine Etappe des Peaks of the Balkans vollendet zu haben. Mein Taxifahrer ist allerdings hocherfreut, mich wiederzusehen. Er hatte sich wegen meiner Erkundigungen über Schneeverhältnisse und Temperatur Sorgen gemacht. Er fragt mich, wohin meine Reise denn nun gehen soll, und ich erzähle, dass ich von Shkodra aus den Bus nach Montenegro nehme.

Einige Kilometer vor Shkodra stoppt er plötzlich an einem Kreisverkehr und ruft mich zu sich nach vorne: »Um 15 Uhr kommt hier jeden Tag ein Bus nach Podgorica, in die Hauptstadt Montenegros, vorbei«, eröffnet er mir mit breitem Grinsen. Ich brauche einen kurzen Moment, bis ich verstehe, dass ich hier aussteigen soll. Hinter uns fangen schon die ersten Autos an zu hupen, also schnappe ich mir schnell meinen Rucksack und schaue nur wenige Sekunden später dabei zu, wie der Minibus eine Runde im Kreisverkehr dreht und ohne mich in Richtung Shkodra davonsaust.

Etwas perplex stehe ich nun mitten im Nirgendwo, am Rand einer stark befahrenen Straße und fühle mich ein bisschen wie ein ausgesetztes Hündchen. Gegenüber steht ein hässliches graues Industriegebäude und auf meiner Seite sind große Brachflächen, auf denen traurig ein paar halb fertige Rohbauten ihre verrosteten Metallstreben in den Himmel recken. Ich schaue auf die Uhr und stelle verdrossen fest, dass es noch zwei Stunden dauert, bis der Bus nach Podgorica hier angeblich vorbeikommt. Unentschlossen laufe ich an der Straße hin und her, vielleicht gibt es ja irgendwo einen Supermarkt oder ein kleines Café? Doch ein Blick auf Google Maps lässt meine Hoffnung schwinden. Der nächste Ort ist einige Kilometer entfernt und wer weiß, wann genau der Bus hier wirklich vorbeikommt – denn nach einer offiziellen Bushaltestelle sieht es hier nicht aus. Da ich nichts Besseres zu tun weiß, setze ich mich auf die Mauer des Rohbaus und beobachte die Autos und Lkws, wie sie sich langsam durch den Kreisverkehr schlängeln und dann auf einer der vier Straßen davonsausen. Eigentlich könnte ich ja auch per Anhalter nach Montenegro fahren. Doch es ist jedes Mal eine Überwindung, den Daumen rauszustrecken, freundlich zu grinsen und dann noch höflich Konversation zu betreiben – danach ist mir heute nicht zumute.

Als ich fast drei Stunden später immer noch auf dieser Mauer hocke, ist von meiner Hoffnung, dass hier heute noch irgendein Bus vorbeikommen wird, kaum noch etwas übrig. Eine weitere Stunde später ist es mit meiner Geduld und Gelassenheit vorbei, und ich stelle mir lebhaft vor, wie ich dem Taxifahrer – sollte der mir irgendwann noch einmal über den Weg laufen – mit voller Wucht in den Bauch boxe! Als wäre meine Situation nicht schon schlimm genug, taucht auf der anderen Seite des Kreisverkehrs auch noch ein ziemlich heruntergekommener Kerl mit Kippe im Mundwinkel auf. Etwas torkelnd schaut er immer wieder auf sein Handy und ich bete im Stillen, dass er bitte, bitte nicht hochschauen soll und mich bitte, bitte nicht hier sitzen sieht. »Geh einfach weiter«, flüstere ich im Stillen, »geh einfach an mir vorbei!« Doch natürlich entdeckt er mich sofort und steuert auch geradewegs auf mich zu. »Montenegro, hm?!«, nuschelt er grinsend, als er vor mir zum Stehen kommt. »Ja, Podgorica«, antworte ich betont gleichgültig und schaue ihn dabei nicht an. Als er noch einen Schritt auf mich zu macht, lasse ich mich lässig von der Mauer rutschen und schlendere ganz langsam auf die Straße zu. »Hau bitte einfach ab und lass mich in Ruhe«, denke ich dabei. Er torkelt mir jedoch eilig hinterher und stellt sich dann viel zu dicht neben mich. Blöde grinsend schaut er mich von oben bis unten an, dann streckt er seinen Daumen in Richtung Straße und nickt mir aufmunternd zu. »Natürlich«, denke ich, »ich Schusselchen habe doch glatt vergessen, meinen Daumen rauszuhalten! Zum Glück ist nun mein Retter in der Not aufgetaucht, um mir zu zeigen, wie man es richtig macht!« Finster schaue ich ihn an und entgegne trocken: »Ich warte auf den Bus.«

Lachend schüttelt er den Kopf: »Hier kommt kein Bus!« Ja, danke! Das habe ich auch schon kapiert. Er deutet mit dem Finger auf sich, dann auf mich und fängt dann an, wild in Richtung Straße zu winken und den vorbeifahrenden Autos etwas auf Albanisch zuzuschreien. Das darf doch wohl nicht wahr sein! Statt anzuhalten, antworten die Autos natürlich mit lautem Gehupe. Daraufhin schreit der Kerl aber nur noch lauter und fängt noch wilder an zu winken. In mir breitet sich tiefe Verzweiflung aus, und ich weiß nicht, ob ich lachen oder weinen soll. Seit vier Stunden stehe ich nun an dieser Straße – höchste Zeit, etwas zu unternehmen! »Hey!«, schreie ich den Typen an und versuche ihm dann vergeblich zu verklickern, dass sein wildes Gefuchtel und Geschreie mir nicht helfen! Da er nicht zu verstehen scheint, mache ich mit einer Hand scheuchende Bewegungen in seine Richtung und mit der anderen recke ich nun doch meinen Daumen in Richtung Straße. Grinsend zeigt er mit beiden Daumen in die Höhe, wendet sich aber auch wieder fuchtelnd und schreiend der Straße zu. Frustriert schüttele ich den Kopf und sehe mich schon die Nacht in einem dieser Rohbauten verbringen – da hält ein großer roter Lastwagen an.

Erst kann ich es nicht glauben, doch dann bin ich es, die grinsend beide Daumen in die Höhe reckt. Schnell laufe ich hinüber zur Beifahrertür. Gar nicht so leicht, mit meinem Rucksack ins Fahrerhaus zu klettern, doch als ich es endlich geschafft habe, begrüßt mich dort ein strahlender Boban – alias Bobo – aus Montenegro. Bobo ist seit über zwanzig Jahren Lastwagenfahrer und sein heutiges Ziel ist tatsächlich Podgorica.

Es dauert nur eine halbe Stunde, da erreichen wir die albanisch/montenegrinische Grenze. Bobo reiht sich in die lange Schlange der Lkws ein und stoppt dann den Motor. Entschuldigend hebt er die Hände und erklärt, dass es nun bestimmt zwei oder drei Stunden dauern werde. Er schlägt mir vor, die Grenze zu Fuß zu überqueren und mir auf der anderen Seite eine neue Mitfahrgelegenheit zu suchen. Frustriert klettere ich aus dem Fahrerhaus, bedanke mich aber trotzdem. Freundlich winkt er mir aus seinem Fenster hinterher, während ich versuche, einen Weg durch all die großen Trucks zu finden, ohne überfahren zu werden. Ein Grenzbeamter entdeckt mich schließlich und winkt mich aufgeregt zu sich. Er zeigt mir, zu welchem Schalter der Grenzkontrolle ich gehen soll, und sagt eindringlich: »Be careful!« Zweimal muss ich meinen Pass vorzeigen, werde noch ein weiteres Mal mit »Be careful!« gewarnt und stehe schließlich um Punkt 18 Uhr auf montenegrinischem Boden. Immerhin das habe ich geschafft! Jetzt muss ich nur noch nach Podgorica kommen. Ich strecke ein weiteres Mal meinen Daumen in die Höhe, knipse mein freundlichstes Lächeln an und siehe da, gleich das zweite Auto hält an. Drinnen sitzt ein blonder, sportlicher Kerl, der auch noch richtig gutes Englisch spricht und sich als Dimitri aus Russland vorstellt. Er ist gerne bereit, mich bis Podgorica mitzunehmen, und ich lasse mich erleichtert auf den Beifahrersitz sinken.

Dimitri erzählt, dass er schon seit ein paar Monaten in Montenegro lebe, im Haus eines Freundes in den montenegrinischen Bergen. Er habe Russland verlassen, als sich abzeichnete, dass Putin bald in die Ukraine einmarschieren würde, damit wollte er nichts zu tun haben. Dass er Russland aber nur aus noblen politischen Gründen verlassen hat, kann er nicht für sich beanspruchen, denn den Plan, nach Montenegro zu gehen, hat er schon vorher gehabt. Nun hat er sein Vorhaben eben ein paar Monate vorgezogen. Um sein Visum für Montenegro zu erneuern, musste er gestern für einen Tag das Land verlassen, deshalb war er in Albanien. Wir unterhalten uns über die russische Politik und auch die montenegrinische Geschichte und Dima scheint ein richtig schlauer Kerl zu sein. Leider unterbricht uns die Dame von Google Maps und teilt uns mit, dass es vor Podgorica einen Unfall gab und wir nun mit mindestens einer Stunde Verzögerung rechnen müssten. Das wäre ja auch zu schön gewesen, wenn heute mal etwas geklappt hätte! Als Dima versucht, eine Alternativ-Route zu finden, erwähnt er, dass er eigentlich gar nicht direkt nach Podgorica muss, sondern in die Bucht von Kotor. Aufgeregt horche ich auf und frage zur Sicherheit noch einmal nach. Doch ich habe richtig verstanden, das Haus, in dem Dima wohnt, liegt tatsächlich ganz in der Nähe von Kotor! Als ich freudestrahlend berichte, dass ich nur nach Podgorica wollte, um dort einen Bus nach Kotor zu nehmen, fangen wir beide an zu lachen und Dima fragt mich aufgeregt, ob ich dann nicht Lust auf ein kleines Abenteuer hätte? Er kenne eine wunderschöne Route, die zwar etwas holprig sei, aber dafür direkt durch die Berge führe. Da Montenegro übersetzt »schwarze Berge« bedeutet, bin ich sofort dabei. Wie könnte ich später guten Gewissens behaupten, in Montenegro gewesen zu sein, wenn ich nicht durch die Berge gefahren wäre! Allerdings hatte ich nicht bedacht, dass ich mit einem Russen im Auto sitze, und was er als »wunderschön« und »etwas holprig« beschreibt, stellt sich wenig später als schmale kurvige Offroad-Piste direkt am Abgrund heraus. Der Weg ist so mit Schlaglöchern übersät, dass unsere Köpfe immer wieder gegen das Autodach krachen. Als es irgendwann auch noch wie aus Eimern zu schütten beginnt, wünsche ich mich fast wieder zurück an meinen albanischen Kreisverkehr. Ich bitte Dima mehrmals, langsamer zu fahren, aber der versichert mir nur mit schelmischem Grinsen im Gesicht, dass er schon wisse, was er tue. Also höre ich auf, meine Fingernägel ängstlich in die Polster des Sitzes zu krallen, und versuche, die Landschaft und die spektakulären Ausblicke zu genießen und Dimas Geschichten über sein Leben in den Bergen zu lauschen: Das Haus seines Bekannten liege ganz schön abgeschieden und es habe eine ganze Weile gedauert, bis er sich an die Einsamkeit und die harte Arbeit gewöhnt habe. Jeden Tag muss er Holz hacken, denn das Haus hat keine Heizung und wurde wohl auch schon länger nicht mehr bewohnt. In der ersten Nacht hatte er sogar Besuch von einer Eule. Die hatte sich in sein Badezimmer verirrt und lachend zeigt er mir auf seinem Handy ein Video, das ihn auf vermeintlicher Einbrecherjagd zeigt, doch am Ende findet er die riesige Eule, gefangen in seiner Kloschüssel.

Die zweistündige Fahrt vergeht wie im Flug, und ich bin überrascht, als Dima auf einmal das Auto stoppt und mir klar wird, dass wir direkt vor den Toren der Altstadt von Kotor stehen. Ich muss nur noch über die kleine Brücke gehen, dann steht mir eine große Auswahl an Hostels und Hotels zur Verfügung. Ich bedanke mich überschwänglich für die wilde, aber unterhaltsame Fahrt und ich kann es nicht lassen, Dima zum Abschied noch einmal fest in die Arme zu schließen. Auch er sagt, dass es ihm viel Spaß gemacht habe, und gibt zu, dass er ganz schön aufgeregt gewesen sei, weil er noch nie einen Anhalter mitgenommen habe! Hupend fährt Dima davon. Ich schaue ihm hinterher und ärgere mich ein bisschen, weil ich mich nicht getraut habe, ihn zu fragen, ob ich ihm ein paar Tage Gesellschaft in seinem Häuschen leisten darf. Und ich ärgere mich noch mehr darüber, dass zwischen Männern und Frauen immer alles so kompliziert sein muss! Bestimmt hätte mich Dima gern in sein Haus eingeladen, hat sich aber nicht getraut, um nicht zu aufdringlich zu wirken. Zu spät, er ist weg.

Da es schon dunkel wird, marschiere ich schnell in die Altstadt. Erschöpft atme ich durch und merke, wie die Anspannung dieses verrückten Tages von mir abfällt. Den Anblick, der sich mir nun bietet, kann mein armes Gehirn deshalb gar nicht mehr richtig verarbeiten. Ich stehe auf einem hellen mittelalterlichen Steinboden und in den engen, kleinen Gassen, die nach allen Seiten hin abzweigen, leuchten kunstvoll geschmiedete Straßenlaternen und tauchen die wunderschönen Steingebäude mit grünen Fensterläden in warmes Licht. »Du siehst aus, als wärst du auf der Suche nach einem schönen Hotel!«, quatscht mich ein großer Mann mit dickem Bauch an. Ich stammle noch etwas von »günstigem Hostel«

und »kleinem Reisebudget«, doch meine Füße haben bereits das Kommando übernommen, und keine zehn Minuten später sinke ich auf ein großes, frisch duftendes, weiches Doppelbett und kann kaum fassen, dass ich wenige Stunden zuvor völlig verzweifelt an einem trostlosen Kreisverkehr in Albanien stand.

Pünktlich zum Sonnenaufgang schlage ich die Augen auf, denn mein Schlafrhythmus hat sich mittlerweile an die Natur angepasst. Frisch geduscht checke ich aus dem Hotel aus und schlendere durch die Altstadt – um einiges aufnahmefähiger als gestern. Irgendwann lande ich in einer Straße vor einer Schranke mit Kassenhäuschen. Ein Schild weist mich darauf hin, dass der Eintritt zur Festung acht Euro kostet. Dima hatte mir den Besuch empfohlen, und da ich gestern sowieso schon zwanzig Euro für das Hotel ausgegeben habe, müssen acht Euro für Kultur heute drin sein. Dafür gibt es später nur Haferflocken zum Frühstück.

Hinter der Schranke wird die Straße zu einer Treppe mit hohen Steinstufen, die mich im Zickzackkurs immer höher führen. Je höher ich steige, umso schöner werden die Ausblicke auf die terrakottafarbenen Dächer der Altstadt und auf die unglaubliche Bucht von Kotor. Ich habe gestern gar nicht mitbekommen, an was für einem märchenhaften Ort ich gelandet bin! In zahlreichen Kurven und Windungen hat sich die Adria hier ihren Weg ins Landesinnere gebahnt, und die hohen Bergflanken umrahmen wunderschön das dunkelblaue Wasser. Genauso habe ich mir immer die Fjorde in Norwegen vorgestellt! Wahnsinn!

Stufe für Stufe geht es hinauf, und trotz der frühen Morgenstunden sind schon einige Menschen unterwegs. Immer öfter bekomme ich grinsende, aber auch bewundernde Blicke zugeworfen, denn natürlich ist mal wieder niemand so blöd, einen so schweren Rucksack mitzuschleppen. Doch auch niemand läuft die Stufen so schnell hinauf wie ich! Ich staune selbst darüber, wie fit ich mittlerweile bin. Als ich nach über tausend Stufen endlich am Fuße der berühmten Festung San Giovanni angelangt bin, suche ich mir ein schattiges Plätzchen, um mich auszuruhen. Dabei bekomme ich mit, wie eine Gruppe durchtrainierter Männer schnaufend an mir vorbeiläuft und einer mit Blick auf meinen Rucksack und bayerischem Dialekt bemerkt: »Oida! Die muss ja echt hart im Training sein!«

Nach dieser Bemerkung kann ich minutenlang nicht aufhören zu grinsen. In Hochstimmung schaue ich mir danach die alten Befestigungsanlagen an. Neben der Festung hat man einen fantastischen Blick auf die über vier Kilometer lange eindrucksvolle Stadtmauer von Kotor. Dank der strategisch günstigen Lage und der Verbindung zum Mittelmeer war das einstige Catarro immer hart umkämpft und wurde viele Male überfallen, geplündert und teilweise auch zerstört.

Während ich auf einem Fenstersims sitze und mir vorstelle, welche Schlachten schon in dieser Bucht geschlagen worden sind, entdecke ich hinter dem Fenster auf einmal eine kleine Holzleiter, die nach unten zu einem Trampelpfad führt. Sofort ist meine Abenteuerlust geweckt und ich zwänge mich und meinen Rucksack durch das kleine Loch in der Wand. Vorsichtig krabbele ich die wackelige Leiter hinunter. Am Ende des schmalen Pfads erwartet mich eine wunderschöne Kapelle. Sie ist schon ein bisschen zerfallen, das Dach mit Gras und Efeu überwuchert und hinter ihr ragt eine hohe Felswand empor – was für ein magischer Ort! Ich setze mich unter eine große Linde und blicke hoch zur majestätischen Festung, die nun über mir im strahlenden Sonnenschein thront.

Ich mag es, wenn ich vorher nichts über die Orte weiß, die ich besuche. Schon auf Korfu war jeder Tag eine Überraschung, und auch über die Bucht von Kotor wusste ich bis vor ein paar Tagen so gut wie nichts und bin nun völlig begeistert. Zufällig hatte ich die drei Franzosen in meinem Hostel in Shkodra über diesen Ort reden gehört und spontan beschlossen, hier einen Stopp einzulegen.

Hätte ich schon im Vorfeld alles recherchiert und gewusst, was es in der Altstadt zu entdecken gibt, wäre ich längst auf dem Rückweg hinunter in die Stadt. Stattdessen sitze ich entspannt unter meinem Lindenbaum und genieße den Moment. Mehrere Stunden bleibe ich ganz still an den dicken Stamm gelehnt und stelle erfreut fest, dass sich nicht nur Ausdauer und Fitness verbessert haben. Auch im Nichtstun bin ich mittlerweile Profi. Völlig ohne Beschäftigung stundenlang dazusitzen – ohne zu lesen, zu essen oder zwischendurch aufs Handy zu schauen –, dazu wäre ich zu Beginn meiner Reise kaum in der Lage gewesen.

Gegen Abend folge ich dem kleinen Pfad weiter im Zickzackkurs den steilen Hang hinauf. Ich habe zwar kaum Proviant dabei, aber die Aussicht auf die Bucht ist von hier oben so fantastisch, dass ich beschließe, meine Hängematte direkt zwischen zwei Serpentinen an einem Felsbrocken und einem kleinen Baum festzumachen. Wer so hart im Training ist wie ich, muss auch mal aufs Abendessen verzichten können! Der Boden am Hang ist aber so abschüssig, dass ich kaum stehen kann und fast eine Stunde brauche, bis meine Hängematte mehr schlecht als recht unter einem kleinen Felsvorsprung hängt. Als ich vorsichtig hineinklettere, fühle ich mich aber direkt wie die Königin von Kotor, denn ich überblicke tatsächlich die gesamte Bucht. Im dunkelblauen Wasser spiegeln sich tanzend die warmen Lichter der Altstadt, und in Gedanken trage ich mich ein weiteres Mal ins Guinnessbuch der Rekorde ein – denn von den vielen Touristen, die jedes Jahr in die Bucht von Kotor kommen, hatte bestimmt noch niemand einen so spektakulären Schlafplatz wie ich! Als ich dann neben den Haferflocken noch eine vergessene Tafel Schokolade in meinem Proviantbeutel finde, ist mein Glück perfekt.

In der Nacht werde ich zwar von einem Gewitter überrascht, doch trotzdem beschließe ich am Morgen, eine weitere Nacht an diesem königlichen Schlafplatz zu verbringen. So kann ich meinen Rucksack unter dem Felsvorsprung verstecken und den ganzen Tag mit leichten Schritten durch die Wälder und Berge des angrenzenden Lovcén-Nationalparks spazieren.

REISEWEISHEIT NUMMER 13:
Schmeiß alle Pläne über Bord und lass die Neugier ans Steuer!

Ich kann jedem empfehlen, von Anfang an einen Freiraum für spontane Änderungen der Reise einzuplanen. Denn eine komplett durchgeplante Reise macht erstens nicht viel Spaß, weil man ständig unter Druck steht, den Zeitplan einzuhalten. Und zweitens bleibt dadurch wenig Raum für das Unerwartete – und das macht doch schließlich die Reise aus!

Lieber Bären als Menschen

Im Bikini und in ein dünnes Tuch gewickelt, sitze ich einen Tag später in einem Waschsalon in Dubrovnik. Fast drei Monate bin ich nun unterwegs und habe meine Sachen nur einmal richtig in einer alten Waschmaschine in der Türkei gewaschen – höchste Zeit also für einen Vollwaschgang! Zwei Nächte habe ich mich hier in einem Hostel einquartiert. Da ich heute den ganzen Nachmittag mit Waschen, Geldwechseln und Einkaufen beschäftigt war, habe ich noch nicht viel von Dubrovnik – der Perle der Adria – gesehen. Um das nachzuholen, klettere ich am nächsten Morgen auf den Mont Srd, den Hausberg Dubrovniks. Wie über Kotor thront auch hier eine Festung, die allerdings erst zu Beginn des 19. Jahrhunderts und nicht von den Römern, sondern von den Franzosen erbaut wurde. Man kann sogar mit einer Seilbahn hochfahren. Auf dem Gipfel begrüßen mich zahlreiche Verkaufsstände, auf der Aussichtsterrasse und im Restaurant tummeln sich die Menschen. Das Museum im Inneren der Festung ist dafür fast leer. Schnell wird mir der Gipfeltrubel zu viel und ich laufe wieder ein kleines Stück bergab. Zwischen zwei Kiefern suche ich mir einen Platz zum Frühstücken und erwische mich dabei, wie ich böse Blicke zur Aussichtsterrasse werfe. Bestimmt sind das dort oben alles blöde Kreuzfahrttouristen, die mit der Seilbahn heraufgefahren sind – direkt vom Liegestuhl auf dem Sonnendeck hinauf zur Aussichtsplattform. Diese faulen Hunde haben diese Aussicht gar nicht verdient! Bevor ich anfange, auch noch »Haut ab!« zu rufen, atme ich ein paar Mal tief durch. Was ist denn los?! Wo ist denn meine Gelassenheit?

Doch Städte und Menschenmassen waren noch nie mein Ding, da hilft es wenig, dass unter mir die vielleicht schönste Stadt Europas liegt. Dubrovnik ist nämlich wirklich eine leuchtende Perle an der Adriaküste. Die wunderschöne Altstadt aus dem Mittelalter ist umgeben von einer breiten Stadtmauer, auf der man sogar einmal um die Stadt herumlaufen kann. Daneben thront auf einer Klippe eine weitere Festung. Kein Wunder also, dass die Macher von *Game of Thrones* Dubrovnik als Königsmund – die Hauptstadt der Sieben Königslande – für ihre Serie gewählt haben. Der Hype um *Game of Thrones* hat jedoch dazu geführt, dass Dubrovnik nun jedes Jahr von noch mehr Touristen besucht wird. Deshalb schäme ich mich fast ein bisschen, als ich mir wenig später mühsam meinen Weg durch die viel zu volle Altstadt bahne, denn damit bin ich schließlich auch eine von diesen viel zu vielen Touristen.

Lange halte ich es nicht in der atemberaubenden Altstadt aus. Für den nächsten Tag buche ich einen Platz in einem Bus zu den Plitvicer Seen. Zwölf Stunden wird die Fahrt dauern und eigentlich hatte ich vor, mehr Zwischenstopps an der kroatischen Küste einzulegen. Doch ich merke, dass diese Zwischenstopps meiner Laune nicht guttun. Ich will lieber einen langen Wanderweg vor mir haben, jeden Tag von morgens bis abends marschieren und die Nächte draußen verbringen – weit weg von den Menschen.

Deshalb will ich so schnell wie möglich auf den Alpe Adria Trail, einen über siebenhundert Kilometer langen Wanderweg von Italien über Slowenien bis nach Österreich. Und da die Plitvicer Seen auf dem Weg liegen, werde ich diesen einen Zwischenstopp noch einlegen. Auch weil die Seen mitten im Nirgendwo zu liegen scheinen und es dorthin bestimmt nicht viele Touristen verschlägt.

»Die Plitvicer Seen sind der älteste und größte Nationalpark Kroatiens und wohl die bekannteste Sehenswürdigkeit des Landes. Jährlich zieht es etwa eine Million Besucher in die Seenlandschaft. Das entspricht im Schnitt 2500 Besuchern pro Tag.« Meine Augen werden groß und ich komme mir ziemlich dumm vor, als ich auf der Busfahrt am nächsten Tag doch ein bisschen recherchiere, wo ich heute Abend landen werde. Meine Mutter hatte während meiner Planungen einmal erwähnt: »Wenn du in Kroatien bist, musst du unbedingt zu den Plitvicer Seen fahren!« Worauf ich gegoogelt, ein Foto gesehen und sofort entschieden habe: »Da muss ich hin!« »Es wird empfohlen, sich ein Onlineticket zu kaufen, um Wartezeiten zu vermeiden«, lese ich weiter auf der Homepage des Nationalparks. »Pro Stunde wird eine bestimmte Anzahl an Tickets vergeben, um die Besucherströme besser lenken zu können.« Na toll, gerade auf so eine Massenveranstaltung habe ich keine Lust mehr. Ich buche mir deshalb gleich für morgen früh um sieben ein Ticket und hoffe, den Massen dadurch zu entgehen. »Der Nationalpark ist ein Gebiet von besonderer Bio- und Geodiversität. Darum bitten wir Sie, keine Spuren zu hinterlassen und die markierten Pfade nicht zu verlassen. Das Zelten ist im Nationalpark strengstens verboten!« Ich schlucke. Genau genommen ist das Herumhängen in einer Hängematte ja kein Zelten. Doch würde es ziemlichen Ärger geben, sollte ich erwischt werden, das ist mir klar. Verunsichert, wo und wie ich die Nacht verbringen soll, frage ich mich, warum ich dumme

Nuss mir überhaupt etwas über diesen Ort durchlese, schließlich wollte ich mich doch überraschen lassen. Also lege ich das Handy weg, schaue aus dem Fenster und versuche, mir nicht zu viele Sorgen wegen der Nacht zu machen.

Hinter Split verlassen wir die Küstenstraße und biegen ins Landesinnere ein. Als wir wenig später durch den Krka-Nationalpark fahren, bin ich drauf und dran, den Fahrer zu bitten, mich einfach hier rauszulassen, denn die Gegend ist unglaublich schön. Doch ich bleibe sitzen und verspreche mir, irgendwann zurückzukommen, und lache dann über mich selbst. Im Laufe der Reise wollte ich schon an so viele Orte zurückkommen, dass ich die Route eigentlich noch einmal gehen müsste. Auf Zypern habe ich mir versprochen, mir noch einmal die Scheunendachkirchen und die kaledonischen Wasserfälle anzuschauen, in der Türkei muss ich unbedingt noch einmal über den Tahtalı-Sattel und in Griechenland den Zagoria-Trek im Pindos-Gebirge laufen. Nach Albanien muss ich wegen des Peaks of the Balkans und nach Kroatien nun also wegen des Krka-Nationalparks.

Am späten Nachmittag tauchen hinter den Wäldern hohe Berge auf, und ein Straßenschild weist darauf hin, dass man in dieser Gegend Wölfen, Luchsen und sogar Bären begegnen könne. Die Chancen, eines dieser Tiere wirklich zu Gesicht zu bekommen, stehen wohl eher bei null. Doch allein die Vorstellung, dass hier irgendwo – vielleicht nur wenige Kilometer entfernt – ein Bär oder ein Wolf durch den Wald streift, löst ein aufgeregtes Kribbeln in meinem Bauch aus. Dieses Kribbeln wird umso stärker, je länger wir durch die Wälder fahren und je tiefer die Sonne sinkt. Es ist fast dunkel, als der Bus endlich seinen letzten Halt erreicht und am Straßenrand hält. Links und rechts stehen hohe Laubbäume, doch weiter vorne entdecke ich einen großen Schotterplatz und ein paar rustikale Holzhütten: »Plitvicka Jezera Entrance One«, steht auf einem großen Schild. Perfekt, denke ich, genau dort muss ich morgen früh hin. Die zwei anderen Fahrgäste steigen in ein wartendes Taxi. Als Bus und Taxi abfahren, stehe ich allein im Dämmerlicht an der Straße. Schnell schlage ich mich nur wenige Meter entfernt von den Holzhütten in die Büsche. Ich kämpfe mich durch eng stehende Buchenbäumchen, bis ich den Rand einer Schlucht erreiche. In einiger Entfernung höre ich ein gewaltiges Rauschen und frage mich, ob das schon die unzähligen Wasserfälle der Plitvicer Seen sind. Es wird immer dunkler, und im Eiltempo spanne ich meine Hängematte direkt am Schluchtrand zwischen zwei Ebereschen auf. Dann stelle ich mir den Wecker sicherheitshalber auf sechs Uhr und hoffe, dass hier nachts nicht irgendwelche Parkranger patrouillieren.

Die Straße ist nicht weit weg, und hin und wieder schrecke ich vom Geräusch oder Scheinwerferlicht eines Autos auf. Doch je später es wird, umso seltener fährt eins vorbei, und völlig erschöpft von der langen Busfahrt träume ich bald von wilden Bären und bösen Parkrangern.

Mitten in der Nacht werde ich von lautem Brummen und Rascheln geweckt. Ich reiße die Augen auf und mein Herz pocht wie wild. War das Brummen gerade echt oder habe ich das nur geträumt?! Nein, es war echt, kurz darauf brummt und raschelt es wieder. Nun sind auch schwere Schritte zu hören! Das gibt es doch nicht, kommt hier jetzt etwa echt ein Bär vorbei?! Es muss auf jeden Fall ein großes Tier sein, die Schritte und das Rascheln sind laut und sie kommen immer näher! Vorsichtig und völlig lautlos recke ich meinen Hals über den Hängemattenrand, doch ich kann nichts erkennen. Zwischen den Bäumen herrscht schwarze Dunkelheit. Doch das Rascheln wird mit jeder Sekunde lauter und der Urheber kann nur noch wenige Meter entfernt sein! Angestrengt kneife ich die Augen zusammen, um irgendetwas zu erkennen. Mein Herz schlägt immer noch wie wild in meiner Brust und ein ganz leises Stimmchen in mir flüstert: »Bitte, lass es einen Bären sein und bitte, lass mich ihn sehen!« Doch eine andere, immer lauter werdende Stimme ruft: »Scheiße, scheiße, egal was du auch bist, hau ab und lass mich in Ruhe!« Dann höre ich auf einmal das Geräusch eines Autos und das Rascheln verstummt. Kurz darauf leuchten ein paar helle Scheinwerfer durch die Bäume, und neben mir wird laut gestampft. Im Licht der Scheinwerfer sehe ich undeutliche Schatten durch den Wald davonhuschen. So schnell das Auto vorbeirauscht, verschwinden auch die Schatten, und plötzlich ist alles ruhig. Mit angehaltenem Atem schaue ich in die nun wieder tiefschwarze Nacht, lasse meinen Kopf geräuschlos nach hinten sinken und liege noch einige Minuten mucksmäuschenstill da. Doch es ist nichts mehr zu hören. Was immer es war, das Auto hat es vertrieben. Aber ein Bär war es wohl nicht, überlege ich, denn die sind meist allein unterwegs und ich habe mindestens fünf Schatten gezählt. Wirkliche Umrisse konnte ich durch die Bäume leider nicht erkennen. Vielleicht war es auch ein Rudel Wölfe, überlege ich aufgeregt, doch am wahrscheinlichsten waren es ein paar Rehe oder eine Rotte Wildschweine. Vielleicht entdecke ich morgen früh Spuren auf dem Waldboden.

Noch bevor der Wecker klingelt, bin ich am Morgen auf Spurensuche. Doch leider ist der Waldboden mit Laub bedeckt und relativ hart. So finde ich außer dem älteren Abdruck einer Hundepfote nicht einen Hinweis darauf, wer meine nächtlichen Besucher gewesen sein könnten. Schade, doch ohne Gegenbeweise kann ich genauso gut für mich beschließen, dass es ein Bär war, der gestern Nacht um meine Hängematte herumgeschlichen ist. Das wäre definitiv am coolsten!

Um Punkt sieben Uhr stehe ich am Parkeingang und bin tatsächlich der erste Gast. Freundlich werde ich begrüßt. Nach ein paar Schritten stehe ich auf einer großen Aussichtsplattform, und vor mir rauscht der höchste Wasserfall Kroatiens in die Tiefe. Ein kleiner Regenbogen schimmert im Licht der Morgensonne zu Füßen des fast hundert Meter hohen Wasserfalls. Weiter unten entdecke ich mindestens zwanzig weitere Wasserfälle. Mein Blick wandert nach links, zu einem hellgrün leuchtenden See, von dessen Ufer das Wasser kaskadenartig in einen kleineren See darunter fließt. Wow! Ich kann es kaum erwarten, hinunter zum Seeufer zu laufen und diese märchenhafte Gegend genauer zu erkunden.

Die sechzehn Plitvicer Seen werden aufgrund verschiedener Bodenbeschaffenheit in zwölf obere und vier untere Seen aufgeteilt. Der riesige Sastavci-Wasserfall, vor dem ich stehe, bildet das untere Ende der Seenlandschaft. Sein Wasser fließt hinunter in das Flussbett der Korana, die weiter durch die enge Schlucht fließt, an deren Kante ich heute Nacht geschlafen habe.

Stundenlang laufe ich fasziniert über die schmalen Holzstege und auf den bewaldeten Uferwegen entlang. Zweimal bringt mich sogar ein Boot über die magischen grün, blau oder glitzernd weiß leuchtenden Seen. Überall grünt und blüht und plätschert es. Alle paar Minuten muss ich anhalten, weil ich schon wieder sprachlos vor einem Wasserfall stehe.

Hier muss man selbst gewesen sein, es ist unmöglich, diesen Ort mit Worten zu beschreiben. Fast vier Stunden laufe ich durch den Park, bis ich den letzten der oberen Seen erreicht habe. Nach einer ausgedehnten Essenspause nehme ich einen der kleinen Busse zurück zur Mitte des Parks, um mir noch einmal einige der schönsten Wasserfälle anzuschauen. Doch dort angekommen, trifft mich fast der Schlag. Wo ich vor zwei Stunden noch fast allein und in Stille über die Holzstege gelaufen bin, drängen sich nun Menschen dicht aneinander. Genervte Schulklassen schreien sich an, dass man doch endlich weitergehen solle. Sofort steige ich wieder in den Bus und fahre bis zum Eingang. Auch hier ist mittlerweile alles voller Menschen, deshalb beende ich mit einem letzten Blick auf den Sastavci-Wasserfall meinen Besuch dieses magischen Ortes.

REISEWEISHEIT NUMMER 14:
Man muss zur richtigen Zeit am richtigen Ort sein!

Ich kann mich noch so oft als Reisende bezeichnen oder ärgerlich über die Menschenmassen in Dubrovnik oder an den Plitvicer Seen schimpfen, letzten Endes gehöre ich selbst dazu. Ich bin eben auch nur eine dieser nervigen Touristen.

In seiner Gebrauchsanweisung fürs Reisen erwähnt der Schriftsteller Ilja Trojanow ein Werbeplakat, dass er einmal am Flughafen von Dhaka gesehen hat: »Besuchen Sie Bangladesch, bevor die Touristen es entdecken!« Doch trotz Massentourismus und obwohl heutzutage jeder Winkel der Erde tausendfach im Internet abgebildet ist, glaubt der Autor auch im 21. Jahrhundert noch an den Zauber des Reisens. Denn einen Ort selbst zu sehen, zu riechen, zu fühlen, zu schmecken – diese Neugier ist und bleibt eine der größten Sehnsüchte der Menschen. Für Ilja Trojanow ist das Reisen eine Kunst, die man durch seine Gebrauchsanweisung wieder neu entdecken und vielleicht auch ganz neu erlernen kann.

Um die negativen Folgen des Massentourismus so gering wie möglich zu halten, sollte sein Buch in Zukunft vielleicht zur Pflichtlektüre jedes Touristen und Reisenden werden. Man sollte sich im Vorfeld gründlich Gedanken darüber machen: Wo reise ich das nächste Mal hin? Zu welcher Jahreszeit? Wie komme ich dorthin und wie bin ich dort unterwegs?

Und in manchen Fällen macht am Ende sogar die Uhrzeit am Ausflugsziel den entscheidenden Unterschied – so wie bei mir an den Plitvicer Seen.

KAPITEL 5:
ITALIEN, SLOWENIEN, ÖSTERREICH

Pizza, Piercings und Prosecco

»Volare oh, oh! Cantare oh, oh, oh, oh!«, singe ich laut vor mich hin, während ich durch das Val Rosandra laufe. Ich habe gute Laune, denn ich habe einen wunderschönen Tag in Triest hinter mir und vor mir liegen drei Wochen genussvolles Wandern auf dem Alpe Adria Trail. Eigentlich ist der Weg über siebenhundert Kilometer lang und führt vom Großglockner in Österreich bis an die Adria nach Muggia – vom Gletscher bis ans Meer. Ich bin aber wieder mal in entgegengesetzter Richtung unterwegs und möchte auch nur etwa die Hälfte des Weges laufen – schließlich muss ich irgendwann wieder zurück nach Hause.

Die Beschreibung des Alpe Adria Trails als »Genusswanderweg mit zahlreichen kulinarischen Höhepunkten« habe ich mir gestern schon zu Herzen genommen: auf einer Schlemmertour durch Triest. Es gab eine Pizza Capricciosa, ein riesiges Gelato und eigentlich wollte ich noch in eines der berühmten Kaffeehäuser, doch auf dem Weg dorthin lief ich an einem Piercing-Studio vorbei und statt des Kaffees gab es spontan ein Nasenpiercing. Jahrelang hatte ich schon mit dem Gedanken gespielt, mich aber nie getraut. Gestern kam es mir dann: Es kann doch nicht sein, dass ich meine Nächte allein in dunklen Wäldern mit wilden Tieren verbringe, aber Angst davor habe, mir ein kleines Loch durch die Nase stechen zu lassen. Somit habe ich nun ein Souvenir dieser Reise an meinem Nasenflügel hängen.

Den Besuch eines traditionellen Kaffeehauses habe ich heute Morgen nachgeholt, bevor ich meine Wanderung in dem entzückenden Ort Bagnoli della Rosandra begonnen habe. Vielleicht ist auch das Koffein aus den drei »Caffè Nero« verantwortlich für meine gute Laune und Energie. Ich freue mich wahnsinnig, wieder einen langen Wanderweg vor mir zu haben, denn von Stadt zu Stadt und von Hostel zu Hostel zu reisen wie die meisten Backpacker, ist einfach nicht mein Ding, das habe ich in den letzten Tagen gemerkt. Ich möchte meine Nächte unter freiem Himmel verbringen, mit Glühwürmchen und Sternen über mir.

In der heutigen Nacht sind es aber wahrscheinlich eher dunkle Wolken und Blitz und Donner, denn am späten Nachmittag türmen sich riesige Gewitterwolken auf.

In einem großen Waldgebiet komme ich an einem verlassenen Hof vorbei und spähe neugierig durch die staubigen Fensterscheiben. Die Räume sind verfallen und durch große Löcher in den Wänden kann man die morschen Balken des Hauses erkennen. Das perfekte Szenario für einen Horrorfilm, doch im Notfall ein Regenschutz für die Nacht. Fürs Erste spanne ich aber Hängematte und Tarp im Wald – sollte das Gewitter zu stürmisch werden, kann ich mich immer noch auf den gruseligen Hof flüchten. Als ich wenig später zufrieden unter meiner Tarpkonstruktion baumele, scheinen schon wieder die ersten Sonnenstrahlen durch die Blätter und ein Donnergrollen ist auch nicht mehr zu hören. Da hätte ich ja locker noch zwei, drei Stunden wandern können! Doch es ist einfach zu schön hier, um sich zu ärgern. Die Vögel zwitschern, die Bienen summen und die Abendsonne taucht den Wald in goldenes Licht. Stundenlang hänge ich da, beobachte die Bäume und denke an nichts, ein fast meditativer Zustand. Nichts tun, nichts denken – eigentlich das Einfachste der Welt. Könnte man meinen, doch wie ich in den letzten Monaten gelernt habe, ist genau das Gegenteil der Fall.

Am nächsten Morgen bin ich früh auf den Beinen und schon um acht Uhr durchgeschwitzt. Es wird ein heißer Tag, deshalb lege ich mittags eine lange Pause ein – es ist einfach zu warm, um weiterzuwandern. Ich lege mich in den Schatten einer großen Eiche und als ich auf meinem GPS-Gerät nachsehe, wie viele Kilometer ich heute schon geschafft habe, stelle ich fest, dass ich unabsichtlich eine Abkürzung genommen habe. Einerseits freue ich mich, denn bei dieser Hitze ist jeder Kilometer eine Qual, doch leider habe ich so den Ort Lipica verpasst. Dort wollte ich mir eigentlich das Gestüt anschauen, aus dem die berühmten weißen Lipizzaner stammen. Doch umdrehen werde ich bei dieser Hitze auch nicht.

Als ich weiterlaufe, frage ich sicherheitshalber eine entgegenkommende Wanderin, ob ich wirklich auf dem Alpe Adria Trail unterwegs bin, denn den nächsten Ort namens Prosecco möchte ich auf keinen Fall verpassen. Die Wanderin entpuppt sich als Deutsche und versichert mir, dass ich richtig bin. Iris kommt aus Köln und erzählt, dass sie sich nach achtzehn Jahren im Job gerade eine dreimonatige Auszeit gönnt. Sie war die letzten Wochen in Südfrankreich unterwegs. Dort hat sie erst auf einer Oliven-, dann auf einer Weinplantage geholfen und weiß jetzt, dass man Muskelkater in den Händen bekommen kann. Ihr tue diese Auszeit unglaublich gut, erzählt sie weiter, und sie sei froh, dass sie sich nicht nur ein paar Wochen, sondern gleich drei Monate freigenommen habe.

»Dadurch hat man von Anfang eine andere Einstellung und denkt nicht nach wenigen Tagen schon wieder über das Ende nach«, erzählt sie. Sie ist von Beruf Verlegerin eines großen deutschen Buchverlags. Ich werde ganz aufgeregt und erzähle ihr schüchtern von meiner Buchidee. In ihrem Verlag haben sie zwar keine Reiseliteratur im Programm, doch sie gibt mir ihre Nummer und ich dürfe mich gerne bei ihr melden, wenn ich Tipps brauche – zum Beispiel wie man am besten Verlage oder Agenturen anschreibt. Ich nehme es als gutes Omen, dass ich ausgerechnet einer Verlegerin über den Weg laufe. Zum Abschied gibt sie mir den Tipp, hinter Prosecco ein, zwei Etappen des Alpe Adria Trails zu überspringen, denn der Weg führe viel an Asphaltstraßen entlang und man verpasse nicht wirklich etwas. Doch vor Prosecco laufe ich am Nachmittag erst mal die hinreißend schöne Strada Napoleonica entlang, eine vier Kilometer lange Höhenpromenade mit fantastischem Blick auf Triest, den alten Hafen und das Meer. Ich denke über das Gespräch mit Iris nach und freue mich, dass auch ich mir so viel Zeit für diese Reise genommen habe. Schließlich hatte ich mich im Vorfeld gefragt, ob es nicht auch drei Wochen Wanderurlaub getan hätten. Doch die bemerkenswerten Veränderungen in mir haben erst viel später eingesetzt. Auch jetzt habe ich wieder das Gefühl, dass sich mein Körper verändert. So ganz kann ich es noch nicht benennen, doch ich nehme mir vor, es in den nächsten Wochen genau zu beobachten. Da ich wegen der Hitze herumgetrödelt habe, schaffe ich es nicht mehr bis nach Prosecco und schlage kurz vor dem Ort mein Lager auf – direkt neben der Strada Napoleonica. Als gerade kein Jogger oder Spaziergänger zu sehen ist, krabble ich den steilen Hang hinauf, schlage mich durchs hohe Gras und finde etwa hundert Meter oberhalb der Höhenpromenade ein paar geeignete Büsche und Bäume, zwischen denen ich meine Hängematte spannen kann. Ich baumle gemütlich vor mich hin, genieße die Aussicht und bin begeistert, wie schnell und gelassen ich mittlerweile auch in belebten Gegenden schöne Schlafplätze finde.

Auf einmal höre ich angestrengtes Schnaufen und Rascheln. Als ich mich umschaue, entdecke ich eine große schwarze Gestalt, die den Hang der Strada Napoleonica heraufkrabbelt. Dieser Weg ist vier Kilometer lang, warum muss ausgerechnet hier noch jemand auf die Idee kommen, den zugewachsenen Hang hinaufzuklettern?! Die Gestalt stellt sich als korpulenter Mann heraus, der für diese Temperaturen viel zu warm angezogen ist und die Kapuze seiner schwarzen ausgewaschenen Strickjacke eng um seinen Kopf gezogen hat. Über seine schwarze ausgebeulte Jeans wölbt sich ein dicker Bauch und trotz hochrotem, schweißüberströmtem Gesicht summt er leise ein italienisches Lied vor sich hin. Ich lasse mich tiefer in die Hängematte sinken, doch als das Lied verstummt, weiß ich, dass ich entdeckt worden bin.

Lächelnd recke ich meinen Kopf in die Höhe und nicke dem Mann zu. Mit skeptischem Blick wischt er sich den Schweiß von der Stirn und grüßt höflich zurück. Ich starre währenddessen auf meine Beine und tue so, als würde dort ein spannendes Buch liegen. Doch es dauert nicht lang, da plappert er in schnellen italienischen Sätzen auf mich ein. Da ich ein bisschen Spanisch und Französisch spreche, kann ich Teile davon ganz gut verstehen und erfahre, dass er hier im hohen Gras auf der Suche nach wildem Spargel für sein Restaurant ist. Neugierig fragt er mich, ob ich vorhätte, heute hier zu schlafen. Ausweichend erzähle ich auf Englisch, dass ich auf dem Alpe Adria Trail unterwegs sei und hier eine Pause einlegen würde. »Gleich da hinten ist ein Campingplatz, da sprechen sie Englisch und es gibt etwas zu essen und eine Dusche!«, erwidert er aufgeregt auf Italienisch. »Ich möchte lieber hierbleiben«, erkläre ich ruhig und füge hinzu, dass ich hier doch keinen störe und auch keinen Müll hinterlassen werde. »Aber eine Bella Donna wie du kann doch hier nicht allein und ohne Essen und Dusche schlafen! Was, wenn in der Nacht ein großes Tier vorbeikommt?!«, fragt er besorgt.

Wieder erkläre ich, dass ich seit Monaten allein unterwegs sei und oft draußen geschlafen habe. Er schüttelt nur verständnislos den Kopf, deutet wieder in Richtung des Campingplatzes und sagt noch einmal: »Essen! Trinken! Dusche!« Dabei führt er seine Hand zum Mund und tut so, als würde er essen und trinken, dann führt er seine Hand weiter nach unten und ich hoffe, dass er mit seiner obszönen Geste nur die Dusche meint. Etwas irritiert versichere ich, dass ich trotzdem lieber hierbleibe. Wieder schüttelt er ärgerlich den Kopf über so viel Unverständnis und holt genervt sein

Handy aus der Tasche. Ich erwarte schon die monotone Stimme von Google Translate, stattdessen hält er mir das Handy vor die Nase und zeigt mir erst ein Bild von einer Zecke, dann eines von einem Wildschwein: »Grande Animale!«, fügt er erklärend hinzu. Ich nicke und wiederhole langsam und deutlich: »Ich verstehe, aber ich bleibe hier!« Verzweifelt schlägt er die Hände über dem Kopf zusammen und ruft: »Bella Donna! Essen! Trinken! Dusche!« und macht am Ende wieder seine obszöne Handbewegung. Auch ich möchte am liebsten die Hände über dem Kopf zusammenschlagen. Was glaubt dieser Kerl eigentlich, wer er ist? Mir sagen zu wollen, was ich zu tun oder zu lassen habe?! Wenn der mich noch einmal Bella Donna nennt, kriegt er was zu hören! Ich bezeichne ihn ja auch nicht als Wildschwein, obwohl er wirklich große Ähnlichkeit mit dem Handybild hatte. Das Paradoxe ist, dass wahrscheinlich viele Leute eher ihm zustimmen würden. Dass von uns beiden definitiv ich die Verrückte bin, die leichtsinnig lebensgefährliche Wildschweinattacken und Zeckenbisse riskiert. Dabei würde ich meinen zeckenfreien Arsch darauf verwetten, dass ihn wegen seiner dicken Klamotten, seines Übergewichts und seines vermutlich viel zu hohen Blutdrucks wahrscheinlich eher der Hitzeschlag trifft. Doch auch das sage ich ihm nicht, denn er hat selbstverständlich das Recht, sein Leben so zu führen, wie er das für richtig hält. Statt endlich zu verschwinden, scheint der Kerl seine Taktik zu ändern und versucht mich in sein Restaurant zu locken. Zwei Kilo Fisch habe er da und er würde mir ein leckeres Abendessen kochen – ich müsste nur mitkommen! Ungläubig schüttle ich den Kopf und muss mich noch eine geschlagene halbe Stunde mit ihm herumärgern, bis er endlich schimpfend und fluchend von dannen zieht.

Unten auf dem Weg höre ich noch, wie er zwei Spaziergängern erzählt, dass dort oben in den Büschen eine Bella Donna läge, die ganz allein hier draußen die Nacht verbringen wolle. Warum stellt er nicht gleich ein Schild mit einem Pfeil zu mir herauf auf, damit wirklich jeder, der hier vorbeikommt, weiß, dass ich hier heute Nacht mutterseelenallein herumhänge.

Doch trotz seiner bösen Prophezeiungen verbringe ich eine erholsame Nacht und stehe um kurz nach neun am Morgen in Prosecco. Da es schon jetzt wieder ganz schön warm ist, beschließe ich, Iris' Rat zu folgen und die nächsten Etappen mit dem Bus zu fahren. Vorher hole ich mir aber noch meinen Prosecco. In jedem Café scheint es die köstliche Blubberbrause zu geben und mit einem Pappbecher in der einen Hand und einem großen Tomate-Mozzarella-Baguette in der anderen laufe ich zur Bushaltestelle. Keine Sekunde später kommt der Bus und ich trinke eilig aus – schließlich will ich doch später sagen, einen Prosecco in Prosecco getrunken zu haben. Kühl und köstlich kribbelt es auf meiner Zunge, und gut gelaunt und erfrischt strahle ich den Busfahrer an. Der deutet nur mürrisch auf ein Schild, dass im Bus Maskenpflicht herrsche, also packe ich das Baguette weg und setze den Mundschutz auf. Die Fahrt dauert länger als gedacht, denn fast alle zwei Minuten halten wir an und es steigen viele Leute ein und aus. Mit jeder Minute werde ich wackliger auf den Beinen und beim nächsten Stopp stürze ich schnell auf einen frei werdenden Platz, da ich sonst drohe umzukippen. Eigentlich hatte ich mir nach der Nacht auf Korfu striktes Alkoholverbot verordnet und wahrscheinlich war es wirklich eine blöde Idee, sich auf nüchternen Magen und nach zwei Stunden Fußmarsch in der prallen Sonne einen Becher Prosecco hinter die Binde zu kippen. Doch ein paar Minuten später ist mir das egal, denn nun ist der Prosecco in meinem Blut angekommen. Auf einmal finde ich es unglaublich witzig, frühmorgens beschwipst in einem Bus durch Italien zu fahren.

Als wir die Endhaltestelle erreichen und der Busfahrer mich auffordert, den Bus zu verlassen, torkle ich kichernd und etwas umständlich hinaus und lasse mich auf die nächstbeste Bank plumpsen. Sofort verschlinge ich mein Tomate-Mozzarella-Baguette, doch es kommt leider zu spät. Der Schaden ist angerichtet – ich bin betrunken.

Ich schaue auf meinem Handy nach, wo ich überhaupt gelandet bin: San Giovanni al Timalvo. »Hm, eigentlich wollte ich doch viel weiter fahren«, wundere ich mich, doch egal: Der Alpe Adria Trail geht direkt hier an der Straße weiter und mit Prosecco im Blut schafft man doch mindestens zwei Etappen!« Dieser Gedanke ist ziemlich fatal – denn ohne Wasser und Proviant in der Mittagshitze loszulaufen, kann böse enden. Das tut es auch, denn der Alpe Adria Trail führt bald weg von der Straße, hinein in die menschenleere Pampa. Und wer denkt schon an Wasser oder Essen, wenn er Prosecco als Düsenantrieb hat? Hoch motiviert und mit Vollgas geht es also mitten ins Nirgendwo und ich bin völlig begeistert, wie schnell ich auf dem holprigen Trampelpfad vorankomme – obwohl ich in schönen Schlangenlinien den Hügel hinauftrabe.

»Prosecco im Blut, das tut gut!«, trällere ich mindestens eine Stunde lang laut vor mich hin. Jedoch werde ich mit jedem Schweißtropfen, den ich ausschwitze, wieder klarer im Kopf.

Ziemlich sauer auf mich selbst, stehe ich mit hängender Zunge am Wegesrand und versuche verzweifelt, den letzten Tropfen Wasser aus meiner Flasche zu lecken. Vor meinen Augen flimmert es bereits, denn wie eine Irre bin ich mehrere Kilometer bergauf dem von der Straße wegführenden Pfad gefolgt und habe keine Ahnung, wo ich bin und wie ich an Wasser gelangen könnte.

Ich beschließe, dem Pfad weiter zu folgen, schließlich bin ich auf einem »Genusswanderweg« und früher oder später wird schon eine Einkehrmöglichkeit kommen. Die Sonne brennt erbarmungslos vom Himmel, und als nach ein paar Stunden endlich ein paar Häuser in Sicht kommen, muss ich mich erst noch mal am Wegesrand niederlassen, denn immer wieder wird mir schwarz vor Augen.

Laut Google Maps gibt es weder Supermarkt noch Restaurant oder sonst irgendwas in diesem Ort. Völlig verzweifelt laufe ich durch die verlassenen Straßen und hoffe, wenigstens eine Kirche oder einen Friedhof zu finden – irgendetwas mit einem Wasserhahn. Am Ortsausgang bin ich immer noch nicht fündig geworden, und da ich kurz vorm Kollaps stehe, trete ich einfach durch die nächstbeste Gartenpforte und rufe laut: »Hellooo?!« Nach dreimaligem Rufen guckt endlich eine junge Frau aus dem Fenster und völlig erschöpft frage ich, wo ich hier ein bisschen Wasser herbekommen könnte. »Agua?«, fragt sie noch einmal und deutet auf einen Wasserhahn an ihrer Hauswand. Dankbar lächele ich sie an, stürze mich darauf und lasse über einen Liter in mich hineinlaufen, bevor ich meine Wasserflaschen auffülle.

Etwas zu essen finde ich an diesem Tag leider nicht mehr. Als ich am Abend in einem Waldstück in meiner Hängematte liege, knurrt mein Magen laut. Doch richtig ärgern kann ich mich nicht, dafür war der Weg heute viel zu schön. Und ich bin viel zu erleichtert, dem Tod durch Prosecco noch einmal von der Schippe gesprungen zu sein.

REISEWEISHEIT NUMMER 15:
»Freiheit bedeutet Verantwortung.«
(George Bernard Shaw)

Jeder hat das Recht, hirnrissige Entscheidungen zu treffen – aber dafür muss er dann auch die volle Verantwortung übernehmen. Wenn ich mich entschließe, in einem Zecken- und Wildschweingebiet mein Nachtlager aufzuschlagen oder schon am frühen Morgen einen Becher Prosecco hinunterzukippen, ist das mein gutes Recht. Doch mir muss auch klar sein, dass ich die Konsequenzen ganz allein trage. So toll und beglückend meine Freiheit hier draußen auch ist und so sehr ich die Einsamkeit als treuen Begleiter liebe, so bin ich doch die Einzige, die hier draußen auf mich aufpasst. Und schlimmstenfalls – das habe ich ja das ein oder andere Mal lernen müssen – kann mich schon ein kleiner Fehler oder eine Unachtsamkeit in ziemliche Schwierigkeiten bringen. Wandern mit Prosecco im Blut würde ich aus heutiger Sicht daher niemandem empfehlen!

Magische Momente im Sočatal

Schlapp wache ich am Morgen auf. Als ich mich endlich überwinden kann, aus der Hängematte zu klettern, wird mir schwindelig. Ich habe so großen Hunger, dass sich mein Magen wie ein riesengroßes Loch in meinem Bauch anfühlt. Um überhaupt einen Fuß vor den anderen setzen zu können, trinke ich zum Frühstück fast einen Liter Wasser.

Fünf Kilometer sind es bis zum nächsten Ort und fasziniert beobachte ich meinen Körper dabei, wie er wieder einmal weit über sich hinauswächst. Schon in der Türkei war mir aufgefallen, dass ich im Zustand völliger Erschöpfung Kopf und Körper als zwei Einheiten betrachte. Ich war dann nur noch in meinem Kopf, und mein erschöpfter Körper gehörte nicht mehr zu mir dazu. Das hat den Vorteil, dass nicht mehr ich Schritt für Schritt weiterlaufen muss, sondern dass ich nur noch neben der Zielgeraden stehe und meinen Körper anfeuere, nicht aufzugeben.

An diesem Morgen bin ich aber anscheinend so erschöpft, dass ich selbst zum Anfeuern keine Kraft mehr habe, und beobachte, wie sich infolgedessen eine dritte Einheit von mir abspaltet – und diese Einheit lehnt sich entspannt zurück und schaut belustigt zu, wie mein Kopf meinen Körper weiter vorantreibt. Vielleicht sollte ich mir Sorgen um meine geistige Gesundheit machen, doch tatsächlich klappt es so ganz gut und trotz vieler Pausen erreiche ich irgendwann das wundervolle Städtchen Gradisca d'Isonzo. Volle vierundzwanzig Stunden und fast dreißig Kilometer hat mein Körper somit nur mit der Energie eines Tomate-Mozzarella-Baguettes und eines Bechers Prosecco durchgehalten. Und ich durfte noch mal ein ganz neues

Level physischer Erschöpfung erleben und Zeuge werden, welche spannenden Durchhaltemechanismen in mir schlummern.

In Gradisca d'Isonzo ist Markttag und da ich solch einen Bärenhunger habe, eskaliert mein Einkauf und ich gebe fast dreißig Euro für Oliven, Käse, Baguette, Bananen, Äpfel, frittierte Calamari und Frico con Speck aus, eine Spezialität der friaulischen Küche. Nach diesem Frühstück fühle ich mich wie neugeboren und bin bereit für die vielen Kilometer, die noch vor mir liegen. Gradisca d'Isonzo hat seinen Namen von dem Fluss, der durch das hübsche Städtchen fließt. Als ich mir auf meinem GPS-Gerät noch mal den Weg des Alpe Adria Trails anschaue, begreife ich, dass der Isonzo hier und die Soča in Slowenien ein und derselbe Fluss sind. Das Wasser, das hier türkisblau vor mir rauscht, ist also schon durch das Sočatal in Slowenien geflossen. Und auf dieses Tal freue ich mich seit Beginn meiner Reise.

Die nächsten drei Tage laufe ich fast ausschließlich durch leuchtend grüne Weinberge und bin der betrunkenen Johanna fast ein bisschen dankbar, denn ohne sie hätte ich diese Etappe vielleicht einfach übersprungen. Immer wieder erhasche ich am Horizont Ausblicke auf die Julischen Alpen. Der Alpe Adria Trail springt wild zwischen Italien und Slowenien hin und her und am Abend weiß ich manchmal gar nicht mehr, in welchem Land ich mich befinde. Die Region ist wunderschön: Auf fast jedem der grünen Hügel thront ein entzückender Ort. Da die Gegend aber so dicht besiedelt und landwirtschaftlich geprägt ist, fällt es mir schwer, geeignete Schlafplätze zu finden. Hinter dem bezaubernden slowenischen Örtchen Šmartno will es mir einmal so gar nicht gelingen und verzweifelt kämpfe ich mich im Dämmerlicht durch einen mit Brennnesseln und Brombeeren zugewachsenen Graben am Rande eines winzigen Waldstücks.

Als ich am darauffolgenden Tag im warmen Licht der Morgensonne durch die fast magisch leuchtenden Weinberge laufe, stelle ich fest, dass ich nun genau drei Monate unterwegs bin. Ich erinnere mich daran, wie sich nach gut drei Wochen Reisezeit mein Stoffwechsel plötzlich umgestellt hatte – inklusive Hunger und Ausbleiben meiner Menstruation. Jetzt kann ich zwei neue Veränderungen an mir beobachten – auch wenn sie diesmal nicht ganz so plötzlich eingetreten sind: zum einen meine bemerkenswert gute Laune. Denn im normalen Leben heule ich mindestens einmal die Woche, oft ohne bestimmten Grund, sondern nur, weil ich müde bin oder mir gerade danach ist. Deshalb hatte ich eigentlich erwartet, viel öfter weinend in meiner Hängematte zu hängen. Doch nichts da! Ich bin immer gut drauf und selbst nervige Wildschweinmänner oder der nahe Hungertod können mir die Laune nicht verderben. Vielleicht hängt das auch mit dem Ausbleiben meiner Periode zusammen, doch viel wahrscheinlicher ist wohl, dass die ständige Bewegung an der frischen Luft ein absoluter Stimmungsaufheller ist. Zum Zweiten habe ich mittlerweile ein unerschütterliches Selbstvertrauen. Wenn man so viele Nächte unter freiem Himmel verbringt, ganz allein und ohne Reisepartner, sich also schutzlos immer wieder der Welt ausliefert, erwartet einen am Schluss die großartige Gewissheit, dass man alles schaffen kann. Denn selbst wenn im Leben mal alles schiefgehen sollte, ich kein Dach mehr über dem Kopf habe und ganz allein dastehe, wüsste ich, dass ich zurechtkommen würde. Und mit dieser wunderbaren Sicherheit im Hinterkopf kann man viel gelassener und heiterer durchs Leben gehen – und natürlich auch auf den Wanderwegen Europas.

In Cividale del Friuli fülle ich am siebten Tag auf dem Alpe Adria Trail noch einmal meine Vorräte auf, denn hinter dem kleinen Ort, den man über die malerische Ponte del Diavolo verlässt, hat das entspannte Flanieren durch die Weinberge ein Ende – nun warten tatsächlich die Alpen auf mich. Stöhnend, schwitzend und fluchend über meinen Großeinkauf schleppe ich mich den ersten steilen Hügel hinauf. Mit genussvollem Wandern hat dies nun nichts mehr zu tun. Wenigstens brauche ich mich am Abend nicht mehr durch undurchdringliches Dickicht zu kämpfen, um in kleinen dunklen Waldstücken zu schlafen, sondern spanne meine Hängematte am Rand einer wunderschönen Bergwiese, über die in der Dämmerung sogar noch ein großer Fuchs spaziert, der mich gar nicht zu bemerken scheint.

Bei meinem Frühstück an einem wunderschönen Aussichtspunkt treffe ich endlich auf einen echten AAT-Thruhiker: Sascha aus Österreich ist tatsächlich am Großglockner gestartet und läuft mit seiner Hündin Sina die kompletten siebenhundert Kilometer bis ans Meer. Er hat sogar vor, sich das Logo des Alpe Adria Trails auf den Fuß tätowieren zu lassen. Fast zwei Stunden frühstücken wir gemeinsam und ich esse fast meine gesamten Vorräte auf. Sascha und ich sind komplett auf einer Wellenlänge und ich muss mir manchmal das Lachen verkneifen, wenn er haargenau das erzählt, was ich sonst anderen immer so vorschwatze. Er ist gelernter Tischler und Bootsbauer und möchte, genau wie ich, nach seiner Wanderung selbstständig bleiben und am liebsten auf dem Land in einem Tiny House oder einem Tipi leben – also in einem Zuhause, das den Platz wechseln kann.

Sogar als wir auf das Rucksackgewicht zu sprechen kommen und ich beschämt von meinen zweiundzwanzig Kilo Gepäck berichte, zuckt er nur mit den Schultern und sagt: »Och, das geht doch! Man will ja auf seiner Reise auch nicht auf alles verzichten!« Er schleppe dreißig Kilo mit sich herum. Neben einer großen Portion Hundefutter hat er zum Beispiel auch einen kleinen Kaffeekocher dabei, weil ihm sein Morgenkaffee so wichtig ist.

Als wir uns verabschieden, warnt Sascha mich noch vor, dass es heute ordentlich auf und ab gehen wird, woraufhin ich ihm von den Weinbergen vorschwärme, die in den nächsten Tagen auf ihn warten.

Als ich am Abend fix und fertig Ausschau nach einem Schlafplatz halten will, hat der Weg noch eine Überraschung für mich
parat. Es geht noch ein weiteres Mal hoch hinaus, auf den über tausend Meter hohen Monte Poclabuz. Und obwohl dieser letzte Aufstieg der schweißtreibendste des Tages ist, habe ich oben alle Strapazen schnell wieder vergessen, denn der Ausblick ist fantastisch! Die
Gipfel der Julischen Alpen scheinen nun fast zum Greifen nah, und
genau hier oben bin ich nun endgültig in Slowenien angekommen.

Die Nacht verbringe ich an einem zugewucherten, fast senk-
rechten Berghang. Ich bete, dass die Befestigungsseile meiner Hängematte halten, da ich andernfalls einen ganz schönen Abflug machen
würde. Aber alles geht gut, nur das Zusammenpacken am Morgen
wird noch einmal zur Herausforderung, denn ständig rutsche ich
weg und kullere fast den Hang hinunter.

Als ich wenig später die Stadt Tolmin hinter mir lasse und der
Weg mich über Wiesen und zwischen hohen Bergflanken hindurch-
führt, werde ich ganz aufgeregt – in der Ferne ist nämlich schon
leises Wasserrauschen zu hören und mit jedem Schritt komme ich
ihm näher.

Bei meiner Recherche über Slowenien war ich ganz aus dem
Häuschen, als ich zum ersten Mal Bilder vom Sočatal und dem Triglav-Nationalpark gesehen habe. Ich wollte erst gar nicht glauben,
dass es solch märchenhafte Orte tatsächlich in Europa gibt. Von
Beginn an war ich deshalb gespannt auf diese Gegend, hatte aber
gleichzeitig große Zweifel, ob ich es überhaupt bis dorthin schaffen würde. »Und nun bin ich tatsächlich hier!«, flüstere ich leise,
als ich endlich am Ufer der smaragdgrün und türkisblau schim-
mernden Soča stehe. Eine Weile schaue ich wie gebannt auf das
vorbeirauschende Wasser und kann nicht fassen, dass ich gerade
wirklich hier stehe. Erschöpft und überwältigt von den vielen Gefühlen, setze ich mich auf einen kleinen Felsen und dann laufen
mir hemmungslos die Tränen übers Gesicht. Mir wird auf einmal

bewusst, wie weit ich schon gelaufen bin. Mich durchströmt die tiefe Gewissheit, dass ich genau jetzt an diesen Ort kommen musste. Und falls ich auf dieser Reise nach irgendetwas gesucht habe, habe ich es hier gefunden. »Ich bin angekommen«, flüstere ich leise. Woher die Gewissheit und das Gefühl plötzlich kommen, verstehe ich selbst nicht, deshalb versuche ich tief in mich hineinzuhorchen, doch statt einer Erklärung finde ich nur eine tiefe, große Dankbarkeit. Und auch ein Gefühl von purem Glück, das gerade unaufhaltsam durch jede Zelle meines Körpers zu strömen scheint. Lange sitze ich so da und obwohl ich diesen plötzlichen Gefühlsausbruch nicht verstehe, versuche ich ihn einfach zuzulassen und diesen besonderen Moment zu genießen.

REISEWEISHEIT NUMMER 16:
**»Nicht die Zahl der Atemzüge zählt,
sondern die Momente, die uns den Atem rauben.«**
(nach Maya Angelou)

Um auf so einer langen Reise nicht vor Erschöpfung die Flinte ins Korn zu werfen, hat es mir sehr geholfen, viele kleine Zwischenziele zu haben. Ich weiß nicht, ob ich so lange durchgehalten hätte, wäre meine Reise ein einziger langer Trail gewesen – wie es sie zum Beispiel in Nordamerika gibt.

Einen neuen Wanderweg zu beginnen und jedes Mal in einem neuen Land und einer neuen Landschaft unterwegs zu sein, war für mich genau das Richtige. So hatte ich nicht das Gefühl, vor dem Mount Everest zu stehen, sondern vor vielen, mal kleinen, mal größeren Bergen und durfte viele Male dieses unbeschreibliche Gipfelglück genießen.

Jedes Mal habe ich mich wieder wahnsinnig auf den neuen Wanderweg gefreut und es als Geschenk empfunden, dass Europa auf einem vergleichsweise kleinen Raum eine so große Vielfalt an Sprachen, Kulturen, Kulinarik und Natur zu bieten hat.

Schmerzhafte Entscheidungen

Noch am selben Abend erreiche ich den spektakulären Triglav-Nationalpark und bin nun wirklich mittendrin in den wunderschönen Julischen Alpen. Ich fühle mich wie im Märchenland und es würde mich nicht wundern, wenn über diese dunkelgrüne, mit Felsbrocken und Büschen übersäte Bergwiese, über die ich gerade spaziere, gleich Schneewittchen und die sieben Zwerge laufen. Vor mir türmen sich die majestätischen Gipfel einer langen, schroffen Bergkette, und für kurze Zeit vergesse ich sogar meine Erschöpfung und drehe mich wild im Kreis. Dann fällt mir ein, dass ich mir besser einen unauffälligen Schlafplatz für die Nacht suchen sollte, denn hier im Nationalpark möchte ich lieber nicht von anderen Wanderern oder sogar Parkrangern beim Draußenschlafen erwischt werden.

In einem dichten Buchenwald werde ich fündig: Direkt unterhalb des Weges, an einem kleinen Hang, stehen ein paar dicke Buchen so eng beieinander, dass meine Hängematte vom Wanderweg aus hoffentlich nicht zu sehen sein wird. Vorsichtig laufe ich durch das raschelnde Laub den Hang hinab und richte so schnell und leise wie möglich mein Nachtlager her. Erschöpft, aber wieder überglücklich liege ich in der Hängematte und schaue zu, wie die Abendsonne ihre Strahlen durch das Blätterdach schickt.

Mitten in der Nacht werde ich allerdings unsanft geweckt. Doch nicht von einem wütenden Parkranger, sondern vom ohrenbetäubenden Grollen eines Gewitters. Ein heller Blitz zerreißt die Dunkelheit und dann prasseln auch schon dicke Regentropfen auf mich nieder. Ich verfluche mich selbst dafür, mein Tarp ganz unten in den Rucksack gepackt zu haben, weil ich nicht daran gedacht habe, wie schnell es in den Bergen zu Wetterumschwüngen kommen kann. Um nicht aus der Hängematte krabbeln zu müssen, strecke ich meinen Arm aus und angele mit den Fingerspitzen nach meinem Rucksack. An das Tarp komme ich leider nicht heran, dazu müsste ich mein gesamtes Hab und Gut auf dem nassen Waldboden verteilen. Doch zumindest kriege ich die Regenhülle zu fassen und kann wenigstens meinen Rucksack wasserdicht verpacken. Zu faul und müde, um noch weitere Regenschutzmaßnahmen zu treffen, ziehe ich mir meinen angeblich wasserfesten Bivy Bag bis über den Kopf, bete, dass er dieses eine Mal dicht hält, und rede mir dann stundenlang ein, dass der Regen bestimmt gleich aufhört. Unterkühlt und nass liege ich im Morgengrauen in meiner Hängematte und lausche verzweifelt auf ein entferntes Kirchturmläuten, dass mir verrät, dass der Sonnenaufgang wieder eine Viertelstunde näher gerückt ist. Oh Mann, irgendwie hatte ich gehofft, solche Nächte endgültig hinter mir gelassen zu haben.

Als es langsam heller wird, beginnt mein hungriger Magen noch vor den Vögeln mit einem Konzert. Und erst Minuten später – als meine Hängematte plötzlich von der Seite einen leichten Stups bekommt – begreife ich, dass es nicht mein Magen ist, der hier knurrt. Erschrocken reiße ich mir den Bivy Bag vom Kopf, während neben mir wieder ein lautes Grunzen ertönt. Eine Schrecksekunde verstreicht, dann erkenne ich die schwarze Gestalt direkt vor meiner Nase! Ich habe gar keine Zeit für irgendeine Reaktion, denn das Wildschein, das sich gerade neugierig an meinem Rucksack zu schaffen macht, scheint von mir genauso erschrocken zu sein und rast wie vom Blitz getroffen davon.

Als ich wenig später in aller Herrgottsfrühe über die nebeligen Pfade des Nationalparks spaziere, die an diesem Morgen mit Feuersalamandern übersät sind, kann ich über diese aufregende Nacht nur noch lachen. »Jetzt hat mich der Fluch des Wildschein-Mannes aus Prosecco doch noch eingeholt!«, kichere ich vor mich hin, während ich über eine spektakuläre Hängebrücke direkt über die berauschend schöne und wilde Soča laufe.

Leider klart es den ganzen Tag nicht auf und ich habe keine Gelegenheit, Hängematte und Schlafsack zu trocknen. »Sollte ich es heute bis nach Bovec schaffen«, verspreche ich mir deshalb selbst, »werde ich mir ein Hostel gönnen!« Schließlich ist es schon wieder zehn Tage her, seit ich in Triest eine Dusche und ein Bett hatte. Bis nach Bovec sind es allerdings noch über fünfundzwanzig Kilometer, doch als am Nachmittag stetiger Nieselregen einsetzt, schalte ich meinen Turbogang ein, denn auf zwei Regennächte hintereinander habe ich wirklich keine Lust. Als Bovec nur noch drei Kilometer entfernt ist, muss ich aber eine Pause einlegen, denn meine Füße und Beine wollen heute nicht so wie ich und seit Stunden habe ich unangenehme Schmerzen. Auch mein Kopf dröhnt leicht. Vielleicht bin ich so harte schlaflose Nächte einfach nicht mehr gewohnt, denn seit Korfu schlafe ich tatsächlich fast wie ein Baby.

Um halb sechs, also genau zwölf Stunden und achtundzwanzig Kilometer nachdem ich am Morgen aus meiner nassen Hängematte gekrochen bin, checke ich in eines der vielen Backpacker-Hostels in Bovec ein. Drei Stunden später kuschle ich mich frisch geduscht, satt und zufrieden in ein warmes Bett. Bevor ich eingeschlafen bin, zerreißt schon wieder lauter Donner die Stille und dicke Regentropfen trommeln laut gegen die Fenster. Glücklich darüber, jetzt nicht draußen herumzuhängen, schließe ich die Augen. Als ich sie am Morgen öffne, sind die Schmerzen in den Beinen und das Dröhnen im Kopf zum Glück verschwunden.

Von der Etappe, die an diesem Tag vor mir liegt, werde ich später noch oft sagen, dass es wahrscheinlich die schönste meiner gesamten Reise gewesen ist. Fast den ganzen Tag laufe ich am Ufer der Soča entlang und lerne sie so in all ihren Facetten und Formen kennen.

Ich laufe über moosbewachsene Felsen und durch dunkelgrüne Tannenwälder, dann wieder durch sonnige Täler mit spektakulären Bergen – die schöne Soča immer an meiner Seite. Mal glitzert sie in Hellblau, dann leuchtet sie tief smaragdgrün. Mal fließt sie breit, fast deltaartig dahin, dann wieder rauscht sie laut und rasant durch einen schmalen Canyon. Den gesamten Tag über gibt es keine nennenswerten Steigungen zu überwinden und deshalb laufe ich zum ersten Mal eine Etappe nur in Sandalen, da meine Wanderschuhe von gestern noch ganz nass sind. Erst am Abend geht es noch einmal bergauf – hoch zum wunderschönen Triglav-Aussichtspunkt.

Mit seinen 2864 Metern ist der Triglav der höchste Berg der Julischen Alpen und Sloweniens, doch seine drei Köpfe – Triglav bedeutet übersetzt Dreikopf – versteckt er an diesem Abend in einer Nebelwolke. Nichtsdestotrotz bietet er einen spektakulären Anblick, deshalb spanne ich meine Hängematte nicht weit vom Aussichtspunkt entfernt zwischen hohen Tannen und moosbewachsenen Felsen. Es dauert fast eine Stunde, bis ich mit der Aufhängung meines Tarps zufrieden bin, denn natürlich möchte ich heute Nacht trocken schlafen, aber auch die Aussicht auf die hohen Gipfel um mich herum genießen.

In der Nacht werde ich zuerst vom Blitz geweckt, dann kommt der Donner – und was für einer! Kurz habe ich Angst, die Bergspitzen über mir würden explodieren und riesige Gesteinsbrocken die Hänge herunterrollen. Die Blitze färben den Nachthimmel in ein abstruses Lila, und fasziniert starre ich aus meiner Hängematte und warte auf den nächsten Blitz. Fehlt eigentlich nur noch ein Becher Popcorn und eine Cola, überlege ich, denn es kommt mir fast so vor, als würde ich im Kinosaal sitzen und mir einen spannenden Thriller anschauen.

Im Morgengrauen leuchten die Bergspitzen rotgold, doch als ich meine feuchten Sachen zusammengepackt habe, sind sie wieder in dichte Nebelwolken gehüllt. Eine anstrengende Etappe wartet heute auf mich. Ich muss erst über den Gipfel des 1688 hohen

Vršič, dann an der Felsformation der heidnischen Jungfrau, Ajdovska deklica, vorbei. Der Legende nach wurde das Mädchen hier in den Bergen zu Stein verwandelt und ihr Gesicht – das man mit ein bisschen Fantasie in einer der Felswände erkennen kann – beschützt seitdem die Wanderer und weist verloren gegangenen Seelen den Weg. Über tausend Höhenmeter muss ich danach wieder hinuntersteigen und sofort kehrt der Schmerz in meinen Beinen und Füßen zurück. Als ich mich während eines starken Regenschauers unter einer Holzhütte unterstelle, fängt mein rechtes Schienbein sogar ein wenig an zu pochen, und als ich es vorsichtig betaste, stelle ich fest, dass die Vorderseite warm und ein bisschen geschwollen ist. Ich versuche, mir keine Sorgen zu machen, und beschließe, so bald wie möglich nach einem Schlafplatz Ausschau zu halten.

Vorher komme ich an einer großen Wiese vorbei, die von den Gipfeln der Berge umstellt zu sein scheint. Ein einsames Holzhaus steht, umgeben von grünem Gras und gelben Blumen, in der Mitte und ich traue mich fast nicht, dieses wunderschöne Tal zu betreten. Als ich schließlich doch ein paar bedächtige Schritte mache, ist es fast, als würde ich durch eine unsichtbare Wand gehen. Das Zwitschern der Vögel ist auf einmal verschwunden und auch das Rauschen des Baches verstummt. Kein Windhauch ist mehr zu spüren. Langsam schreite ich den schmalen Weg entlang, der mich mitten durch dieses friedliche, doch zugleich sonderbare Tal führt. Als ich fast den Waldrand auf der anderen Seite erreicht habe, läuft es mir plötzlich kalt den Rücken herunter. Unvermittelt bekomme ich eine Gänsehaut und mein Herz pocht wild. Trotz stechender Schmerzen im Bein renne ich die letzten Meter in den schützenden Wald hinein. »Was war das denn?!«, wundere ich mich, als sich mein Herzschlag beruhigt, und dann sehe ich zu, dieses unheimliche Tal weit hinter mir zu lassen und einen Schlafplatz für die Nacht zu finden. Am Flussufer zwischen ein paar Bäumen spanne ich kurz darauf meine Hängematte und hoffe, dass das Rauschen des Wassers mich beruhigt – doch im Schlafsack habe ich immer noch Gänsehaut. Um mich abzulenken, fange ich an, meine Füße zu massieren, doch durch die nassen Wanderschuhe ist die Haut so aufgeweicht, dass jede Berührung wehtut und ich Angst habe, dass sich die Haut ablöst. Auch mein Schienbein macht mir große Sorgen, denn als ich meine Füße in der Hängematte ausstrecken will, schießt mir wieder ein Schmerz durch das Bein und ich kann meinen rechten Fuß kaum auf und ab bewegen. Als kurz darauf auch noch Regentropfen aufs Tarp niederprasseln, ist meine Laune auf dem Tiefpunkt. Ich kann nicht verhindern, dass mir dicke Tränen über die Wangen kullern.

Nur eine Woche ist es her, dass ich so gut gelaunt durch die sonnigen Weinberge gelaufen bin und festgestellt habe, wie selten ich auf dieser Reise geweint habe. »So schnell können sich die Dinge ändern«, seufze ich leise, während ich mein Schienbein abtaste und betrübt in den strömenden Regen schaue.

Humpelnd erreiche ich am nächsten Morgen Kranjska Gora, das ein bekannter Ski- und Wintersportort zu sein scheint. Ich bin allerdings nur auf der Suche nach einem Supermarkt und einer Apotheke, denn laut Internet-Recherche leide ich höchstwahrscheinlich an den sogenannten Shin Splints – oder auch Schienbeinkantensyndrom. Eine sehr schmerzhafte Reizung oder Entzündung der Knochenhaut und eines der häufigsten Überlastungssyndrome bei Läufern oder Weitwanderern. Oft bahnt sich so eine Entzündung monatelang an. Mein abrupter Wechsel von Wanderschuhen zu Sandalen vor einigen Tagen war wohl der endgültige Auslöser – da meine Füße einen Tag lang plötzlich völlig anderen Belastungen ausgesetzt waren.

Ziemlich ernüchtert habe ich außerdem gelesen, dass gegen so eine Entzündung nur Kühlen und das sofortige Beenden der Belastung helfe, am besten gleich für mehrere Wochen oder sogar Monate, da die Entzündung auch chronisch werden könne. Ich versuche, nicht darüber nachzudenken, was das für meine Reise bedeuten könnte, und hole mir erst mal eine große Packung Ibuprofen aus der Apotheke. Natürlich hatte ich gestern auch nachgeschaut, was mich eine mehrtägige Wanderpause in Kranjska Gora kosten würde, doch da es ein beliebter und exklusiver Ferienort zu sein scheint, muss man mindestens mit fünfzig Euro pro Nacht rechnen. Und mehrere Tage hier in der Hängematte rumzuhängen, kommt auch nicht infrage, dafür ist es zu nass und zu kalt.

Statt einen dringend benötigten Ruhetag einzulegen, werfe ich mir zum Frühstück drei Ibuprofen ein und mache mich auf den Weg nach Österreich.

Schlappe 1126 Höhenmeter muss man von Kranjska Gora aus zur Bergkette der Karawanken überwinden, bevor man oben die slowenisch-österreichische Grenze überquert und auf der anderen Seite 1252 Höhenmeter hinabläuft. Eine der anspruchsvollsten Etappen des gesamten Alpe Adria Trails, doch was bleibt mir anderes übrig?!

»Bis nach Österreich laufen!«, hatte ich mir vor knapp zwei Wochen zu Beginn des Alpe Adria Trails vorgenommen. In Österreich angekommen, wollte ich schauen, wie viele Etappen ich schaffe, bevor ich mich in einen Zug nach Dresden setzen wollte, um in Deutschland den Malerweg im Elbsandsteingebirge zu laufen. »Bis nach Österreich!«, zische ich durch zusammengepresste Zähne wie ein Mantra vor mich hin und tatsächlich lassen die Schmerzen nach einiger Zeit ein wenig nach. Ich darf nur keine langen Pausen einlegen, denn nach einem Stopp ist der Schmerz kaum auszuhalten. »Genieße den Schmerz, atme in den Schmerz!«, wiederhole ich die Worte meiner ehemaligen Ballettlehrerin Frau Nowak. Zum Glück treffe ich auf drei Wanderer aus München, mit denen ich mich so angeregt unterhalte, dass sie mich in ihrem flotten Wandertempo fast den Berg hinauftragen. Irgendwann kann ich aber nicht mehr Schritt halten, und obwohl sie mir anbieten, langsamer zu laufen, lasse ich sie nach einem kurzen Abschiedsgruß an mir vorüberziehen und zische weiter mein Mantra vor mich hin.

Die letzten Kilometer bis zum Bergkamm werden hammerhart, und als es zum Schluss gefühlt fast senkrecht bergauf geht, spiele ich ernsthaft mit dem Gedanken, einfach für immer hier oben zu bleiben. Doch hinter einer Kuppe hat das ewige Bergauf plötzlich ein Ende. In schwachen Nebel gehüllt, liegt vor mir endlich ein leicht bergab führender Bergkamm, die natürliche Grenze zwischen Slowenien und Österreich! Kurz wird mir vor Glück schwindelig. Begeistert stelle ich fest, dass ich jetzt so weit gelaufen bin, dass die Leute wieder Deutsch sprechen. Von Kalimèra über Merhaba, Mirëdita, Dobar dan und Buongiorno bin ich nun tatsächlich bei Servus angelangt – und vielleicht höre ich bald wieder mein heiß geliebtes Moin.

Doch die Euphorie währt nicht lang. Als ich den ersten feierlichen Schritt bergab machen will, schießt mir ein Schmerz durchs Bein, als hätte mir jemand ein glühendes Messer ins Schienbein gerammt. »Ach du Scheiße!«, denke ich nur und versuche vorsichtig noch einen Schritt. Doch der Schmerz ist so groß, dass mir die Tränen in die Augen schießen und noch einmal denke ich: »Ach du Scheiße! Wie soll ich denn hier bloß runterkommen?!«

Doch es nützt nichts und so werfe ich verzweifelt drei weitere Schmerztabletten ein und humpele langsam und unter Tränen den Bergkamm hinab. »Scheiße, Scheiße, Scheiße!«, stöhne ich, doch nach einer Weile fangen die Schmerztabletten endlich an zu wirken – trotzdem werden die tausend Höhenmeter bergab zehnmal so schlimm wie die bergauf und mit jedem Schritt wird mir klarer, dass ich so nicht weitermachen kann.

Als es anfängt zu dämmern, sehe ich unten zwar schon den Faaker See, mein eigentliches Ziel für heute, doch in meinem Schneckentempo würde ich sicher noch über drei Stunden brauchen. Also spanne ich die Hängematte am bewaldeten Hang und

denke traurig, dass dies wohl vorerst meine letzte Nacht unter freiem Himmel sein wird.

Bewusst verzichte ich deshalb auf mein Tarp, denn ich will ein
allerletztes Mal die Sterne über mir funkeln sehen. Mit gemischten
Gefühlen liege ich in der Hängematte und schaue hoch zu dem im
Wind tanzenden Blätterdach. Als mir wieder eine kleine Träne über
die Wange rollt, wird mir auf einmal klar, dass ich gar keinen Grund
habe, traurig zu sein. Trotz aller Strapazen und Schmerzen der letzten Tage möchte ich keine Pause vom Wanderleben und dafür sollte ich dankbar sein – denn anscheinend habe ich etwas gefunden,
das mich unfassbar glücklich macht. Außerdem ist es nur ein vor-
läufiges Lebewohl – das nehme ich mir fest vor. Denn auch wenn
ich den Malerweg in Deutschland wohl ausfallen lassen muss, will
ich in ein paar Wochen auf jeden Fall weiter nach Norwegen.

Und als ich darüber nachdenke, was Tiago wohl sagen wird,
wenn ich in ein paar Tagen plötzlich vor seiner Tür stehe, huscht
mir wieder ein Lächeln übers Gesicht.

REISEWEISHEIT NUMMER 17:
Quäle deinen Körper,
sonst quält er irgendwann dich!

Diese Weisheit habe ich wohl etwas zu ernst genommen und es am
Ende übertrieben. Trotzdem glaube ich weiterhin fest daran, dass
man einmal getroffene Entscheidungen auch durchziehen sollte – auch wenn es manchmal ganz schön viel Kraft, Anstrengung
und Ausdauer erfordert oder einem Hindernisse wie ein fast zweitausend Meter hoher Bergkamm oder eine Knochenhautentzündung in die Quere kommen. Ich glaube, dass viele sich selbst
und ihre Fähigkeiten unterschätzen. Und dass Vorsätze häufig
nicht durchgezogen oder als dumme Träumereien abgetan wer-

den, liegt meist nicht an fehlender Kraft – sondern an der falschen Einstellung. Denn am Ende waren es nicht meine Füße, die mich den steilen, schmerzhaften Weg nach Österreich getragen haben. Tatsächlich war es mal wieder mein sturer Dickkopf, der in den Momenten, in denen es drauf ankam, nicht aufgegeben hat. Und selbst als ich dachte: Nun ist wirklich Schluss, nun kann ich wirklich keinen weiteren Schritt mehr tun, wäre er wahrscheinlich noch unzählige Schritte weitergegangen – denn in jedem von uns steckt mehr Kraft, als wir uns vorstellen können!

KAPITEL 6:
NORWEGEN

Im Land der Fjells und Fjorde

Vier Wochen dauert es, bis meine Knochenhautentzündung vollständig abgeklungen ist. Vier Wochen, in denen ich viel Zeit mit Tiago, meiner Familie und meinen Freunden verbringe.

Von Anfang an hatte ich geplant, vor Norwegen noch einen kleinen Zwischenstopp bei meiner Familie einzulegen, denn wir haben ein sehr enges Verhältnis und vor allem unsere regelmäßigen Sonntagsfrühstücke habe ich unglaublich vermisst. Außerdem war ich während meiner Reise zum dritten Mal Tante geworden und konnte es kaum abwarten, endlich meinen kleinen Neffen kennenzulernen!

Hin und wieder hatte ich mit meinem schlechten Gewissen zu kämpfen, denn da meine Familie mich gut kennt und weiß, was ich unterwegs so alles veranstalte, sterben sie meist tausend Tode und machen sich große Sorgen. Doch andererseits stehen sie auch zu hundert Prozent hinter mir und unterstützen mich bei all meinen Vorhaben. Und auch Tiago hat mir nach seiner Abreise noch mehrere Male versichert, wie toll und beeindruckend er es finde, was ich da mache, und einmal sogar geschrieben, er sei mein größter Fan.

Ich glaube, nur weil ich diesen sicheren Hafen zu Hause habe, kann ich immer wieder so unerschrocken in die Welt aufbrechen – trotzdem fällt mir der Abschied am Ende dieser vier Wochen unglaublich schwer. Doch zum Glück werde ich erst mal nicht allein unterwegs sein, denn Tiago und unser kleiner Ford Ka werden mich begleiten. Zusammen mit vier Freunden wollen wir einen Road-trip durch die südnorwegische Fjordlandschaft machen und erst in zehn Tagen, wenn die anderen zurück in Richtung Heimat fahren, werde ich mich in einen Zug nach Lillehammer setzen und wieder allein losziehen.

Nach einer langen Autofahrt durch Schleswig-Holstein und Dänemark rollen Tiago und ich am späten Nachmittag in Nor-wegen von der Fähre. Wenige Minuten nachdem wir das hübsche Kristiansand hinter uns gelassen haben, können wir es spüren: Wir halten uns aber beide zurück. Und nachdem wir am nächsten Tag bei einer Wanderung von einem Regenschauer überrascht werden und klitschnass zurück in unser Auto steigen, sind wir uns nicht mehr so sicher. Erst recht nicht, als wir am Abend endlich bei unse-ren Freunden ankommen, die zwei Tage vor uns losgefahren waren, und sich herausstellt, dass sich alle vier mit Corona angesteckt haben. Doch spätestens am dritten Tag, als wir zu zweit auf den Sokkaknuten klettern und oben eine fantastische Aussicht auf einen der zahlreichen Fjorde hier im Südwesten des Landes haben – den in der Sonne glitzernden Lysefjord –, sind wir uns sicher: Wir haben uns verliebt! Verliebt in dieses einzigartige Land der Fjells und Fjor-de, der Tunnel und Trolle, der Hängebrücken und hübschen Häus-chen und natürlich dieser wahnsinnig schönen Wasserfälle.

Wir haben eine wundervolle Zeit, und die nächsten Tage flie-gen nur so dahin. Als es den anderen besser geht, wandern wir ge-meinsam zum spektakulären Preikestolen. Wir fahren zur längsten Hängebrücke Norwegens, der Hardangerbrua, steigen hinauf zur größten Hochebene Europas, der wilden Hardangervidda. Wir mie-ten uns für einen Tag ein Häuschen mit Sauna und Ruderboot, pad-deln zu sechst über den See und erobern dort die felsige Insel. Bei Wind und Wetter fahren wir raus zum Angeln, und Nicho schafft es irgendwann, einen Fisch zu fangen. Im Regen unter dem Vorzelt des Campers spielen wir Spiele und feiern ausgelassen Celinas Geburtstag. Und als absolutes Highlight unserer Reise dürfen wir alle mit dabei sein, als Daniel plötzlich vor Lena auf die Knie geht und sie fragt, ob sie ihn heiraten möchte.

Nach dieser intensiven Zeit zusammen liegt mir der nahende Abschied wie ein schwerer Klotz im Magen. In der letzten Nacht kann ich kaum schlafen. Als ich am Morgen Tiago in die Arme schließe und sehe, wie er in unserem roten Ford davonfährt, wird mir schlecht. Schnell steige ich in den Bus, der mich von Kristiansand nach Oslo bringen soll, und von da aus geht es mit dem Zug nach Lillehammer. Seufzend lasse ich mich auf einen Sitz fallen, lehne den Kopf an meinen Rucksack und flüstere: »Nun sind wir zwei wieder ganz allein unterwegs!«

Da es in den letzten zehn Tagen oft geregnet hat und das Wildzelten in Norwegen fast überall erlaubt ist, habe ich mich überreden lassen, meine Hängematte gegen ein Zelt zu tauschen: Ein fast drei Kilo schweres Zwei-Personen-Zelt, in dem Tiago und ich die letzten zehn Tage gemeinsam geschlafen haben. Deshalb habe ich neben meiner Hängematte auch noch einige andere Dinge im Auto gelassen, sodass ich nun kaum Wechselklamotten, keine Kosmetikartikel, keinen E-Book-Reader oder Gaskocher mehr habe. Stattdessen aber ein Fleece-Inlet für meinen Schlafsack, denn fürs Nordkap ist eigentlich ein Schlafsack mit einer Komforttemperatur bis null Grad obligatorisch. Da ich keinen habe und durch den Kälteeinbruch in der Türkei doch abgehärtet sein müsste, tut es bestimmt auch mein Sommerschlafsack mit Fleece-Inlet. Und zur Not ziehe ich mir die dicke Jacke über, die ich zusätzlich eingepackt habe. Bevor es bis ans Nordkap geht, werde ich von Lillehammer aus ein Stück auf dem Pilgerpfad des heiligen Olavs wandern.

Genau wie bei den Jakobswegen in Spanien sind auch die Olavswege in Norwegen ein großes Netzwerk aus Wanderrouten und sie alle enden am großen Nidarosdom in Trondheim. Der Hauptweg, auf dem die meisten Pilger unterwegs sind, ist die über sechshundert Kilometer lange Strecke von Oslo nach Trondheim. Doch verglichen mit den Pilgermassen, die auf dem Camino Francés in Spanien unterwegs sind, ist selbst auf dieser Strecke des Olavsleden kaum etwas los.

Ich habe mich entschlossen, ungefähr ein Drittel des Hauptwegs zu laufen: von Lillehammer durch das Gudbrandsdalen über das Dovrefjell bis nach Hjerkinn. Das soll einer der schönsten Abschnitte sein. Mein Wanderführer spricht von einem Bilderbuchtal, durch das der türkisblaue Lågen fließt, und von der wilden Weite des über eintausend Meter hohen Dovrefjells.

Hinter meinem Zugfenster zieht der Mjøsa, der größte Binnensee Norwegens, vorbei und langsam fange ich an zu begreifen, was für gewaltige Ausmaße dieses wunderschöne Land hat. Wenn ich mir auf der Karte die Luftlinie zwischen Zypern und meinem Zuhause anschaue, ist die Strecke fast genauso lang wie von daheim bis zum Nordkap – doch statt über drei Monate habe ich nur noch knapp drei Wochen Zeit, bis mein bereits gebuchter Zug mich vom Norden zurück in Richtung Heimat bringt.

Die Durchsage des Lokführers reißt mich aus meinen Gedanken: In wenigen Minuten erreichen wir unsere Endhaltestelle. Schnell hieve ich meinen Rucksack von der Gepäckablage und warte gespannt, bis sich die Türen öffnen. Mit einem flauen Gefühl im Magen betrete ich Lillehammer. Es sieht genauso aus, wie ich es mir wegen des süßen Namens vorgestellt hatte: bunte Holzhäuser, eine schnuckelige Fußgängerzone mit niedlichen Geschäften und sogar eine mit bunten Blumen verzierte Brücke führt über einen plätschernden Fluss. Ich schalte mein GPS-Gerät ein und entdecke bald die erste Wegmarkierung. Dem roten Olavskreuz werde ich nun über zweihundert Kilometer lang folgen – mal schauen, wohin es mich führen wird. Die nächsten zwei Stunden nur über langweilige Asphaltstraßen direkt an der E6 entlang und das stetige

Autorauschen geht mir bald tierisch auf die Nerven. Als es auch noch anfängt zu regnen, ist meine mäßige Anfangseuphorie schnell ganz verflogen, und das flaue Gefühl im Magen breitet sich aus.

Was zum Teufel mache ich hier eigentlich, frage ich mich, als ich im Nieselregen an einem Kreisverkehr stehe und nirgendwo das Olavskreuz entdecken kann. Reicht es nicht, dass ich über drei Monate und mehr als tausendfünfhundert Kilometer gewandert bin?! Und nun auch noch einen wunderschönen Roadtrip durch die südnorwegische Fjordlandschaft gemacht habe! Muss ich mir das hier wirklich noch antun?! Ich könnte jetzt gemütlich neben Tiago im Auto sitzen, stattdessen laufe ich im Nieselregen an einer hässlichen Leitplanke eine hässliche Asphaltstraße entlang und frage mich, ob ich mir die letzten Monate nur etwas vorgemacht habe – denn eigentlich müsste ich doch gerade vor Glück zerspringen. Schließlich habe ich endlich mein neues altes Wanderleben zurück, von dem ich mich Wochen zuvor nur mit schwerem Herzen trennen konnte. Erst am Ende des Tages, als der Weg doch noch ein kleines Stück durch schöne Wälder und Wiesen verläuft, steigt meine Laune. Ich komme an einer kleinen Schutzhütte vorbei, auf der das Olavskreuz prangt, und als ich vorsichtig hineinspähe, entdecke ich Samuel aus der Schweiz. Er hat es sich auf der einfachen Pritsche mit kleinem Holztisch davor gemütlich gemacht und scheint nicht wirklich erpicht auf Gesellschaft. Doch da er den gesamten Olavsweg läuft und schon vor zwei Wochen in Oslo gestartet ist, zwinge ich ihm ein Gespräch auf, denn ich brauche ein bisschen Ermutigung und die Bestätigung, dass dies hier ein wundervoller Weg ist. »Es ist schon ganz schön«, fängt er an zu berichten, »aber leider viel Asphalt. Doch das ist ja meistens der Fall bei so langen Wanderwegen, die können ja nicht sechshundert Kilometer lang pausenlos durch schöne Natur führen, dafür ist selbst Norwegen zu dicht besiedelt. Außerdem folgt der Olavsweg nun mal alten Pilgerrouten aus dem Mittelalter und daraus sind später oft Straßen geworden.«

Recht hat er, der Samuel. Trotzdem nicht das, was ich hören wollte. Zum Abschied fügt er aber hinzu, dass die nächsten Etappen wohl sehr schön werden sollen und dass ich mir einen guten Abschnitt ausgesucht habe. Na also, geht doch!

Schon etwas zuversichtlicher laufe ich noch ein paar Kilometer und komme in einem märchenhaften Wald sogar an einem kleinen Wasserfall vorbei. Hier zwischen den Bäumen könnte ich jetzt perfekt meine Hängematte spannen, denke ich wehmütig, doch für das olle Zelt ist der Boden viel zu uneben, denn er ist übersät mit Felsbrocken, Baumwurzeln und Blaubeersträuchern. Ewig suche ich, bis ich eine einigermaßen flache Stelle gefunden habe, und baue mein Zelt direkt auf den Blaubeersträuchern auf. Als ich kurz darauf im Schlafsack liege, starre ich trübsinnig auf die dunkelgrauen Zeltwände und fühle mich wie eingesperrt. Mit Tiago war es in den letzten Nächten eigentlich ganz gemütlich hier drin, doch obwohl ich nun viel mehr Platz für mich habe, kommt mir das Zelt auf einmal enger vor. Außerdem ärgere ich mich, dass dieses blöde Ding nicht wenigstens eine Fliegengittertür hat, so hätte ich wenigstens ein Guckloch und würde mir hier nicht ganz so klaustrophobisch vorkommen.

In der Nacht träume ich davon, dass fremde Leute um mein Zelt herumlaufen und immer wieder aufgebracht an den Wänden rütteln. Ich sitze gefangen im Inneren und rufe ihnen immer wieder zu, dass sie verschwinden sollen. Als sie endlich weggehen, werden die Wände meines Zelts plötzlich durchsichtig und endlich kann ich wieder den wunderschönen Wald um mich herum sehen.

Am Morgen wache ich völlig gerädert auf und stelle erschrocken fest, dass es bereits zehn Uhr ist und ich über dreizehn Stunden geschlafen habe! Nur kurz muss ich heute auf Asphaltstraßen laufen. Als ich mittags den Bauernhof Skåden Gård hinter mir lasse – den Hof gibt es schon seit dem vierzehnten Jahrhundert und Pilger können hier in liebevoll eingerichteten Holzhütten übernachten –, wird der Weg richtig schön. Ich laufe an Weizenfeldern entlang, die sich im Wind wiegen, und über malerische Kuhwiesen, überquere Zauntreppen und Bäche.

Am Abend stelle ich mein Zelt auf einer kleinen Wiese am Waldrand auf und nehme todesmutig in Kauf, von Mücken gepiesackt zu werden, denn ich lasse die Zelttür geöffnet und blicke erschöpft, aber wieder ein bisschen glücklicher in den blauen Himmel.

Mein Wanderführer verkündet, dass mich bei der nächsten Etappe wieder fünfzehn Kilometer auf Asphalt erwarten. Als ich nach dem Aufstehen wieder vor der E6 stehe und ein Wohnmobil nach dem anderen an mir vorbeirauscht, will ich den Olavsweg schon lauthals verfluchen. Doch zum Glück biegt der Weg bald nach rechts ab und obwohl ich auf einer kleinen Asphaltstraße unterwegs bin, ist das Autorauschen nur noch in der Ferne zu hören. Ich komme durch entzückende Orte und schaue mir den ganzen Tag hübsche Häuser und Vorgärten an. Begeistert bestaune ich die Briefkästen, denn in Norwegen ist es anscheinend üblich, sie bunt zu bemalen, und ich entdecke richtige Kunstwerke darauf.

Faszinierend ist auch, wie harmonisch die Norweger Gebäude, Häuser und Brücken ins Landschaftsbild einfügen. Besonders die vielen dunkelbraunen Blockhütten mit wunderschöner Dachbegrünung haben es mir angetan.

Am nächsten Morgen wartet das nächste architektonische Highlight auf mich: Schon von Weitem strahlt mir der rote Turm der Ringebu-Stabkirche entgegen. Über tausend solcher Stabkirchen, die traditionell ganz ohne Nägel und komplett aus Holz gebaut wurden, soll es in Norwegen mal gegeben haben. Heute sind nur noch achtundzwanzig übrig, und die Ringebu-Stabkirche von 1220 soll zu den ältesten zählen. Ihren unverwechselbaren roten Turm hat sie aber erst bei Renovierungsarbeiten im 17. Jahrhundert bekommen.

»Na, du bist bestimmt eine Pilgerin auf dem Weg nach Nidaros?«, fragt mich ein kleiner kugelrunder Reisebusbegleiter, als ich staunend vor der großen Kirche zum Stehen komme. Sofort werde ich von der gesamten Reisegruppe umringt. Schnell stelle ich klar, dass ich erst vor drei Tagen in Lillehammer gestartet bin und auch nur ungefähr ein Drittel des Olavswegs laufe. Da bin ich schon weniger interessant für die Busreisenden, und fast möchte ich trotzig hinzufügen, dass ich schon weit mehr als das Doppelte, ja fast das Dreifache des Olavswegs gelaufen und schon vor fünf Monaten auf Zypern gestartet bin! Doch durch meine vierwöchige Ruhepause kommt mir das irgendwie falsch vor. Weil ich mich im Moment auch so schwertue mit dem Wandern und Draußenschlafen, halte ich lieber meinen Mund und gehe stattdessen zum Eingang der Kirche. »Sind Sie Pilger auf dem Olavsweg?«, fragt mich ein freundlicher Teenager an der Eingangstür und schon wieder weiß ich nicht, was ich antworten soll. »Wenn Sie einen Pilgerausweis haben, dürfen Sie eintreten, ohne kostet es fünfzig Kronen.« Ah, es geht also nur um den Eintrittspreis. Schnell angle ich fünfzig Kronen aus meiner Bauchtasche, bekomme ein Infoblatt in die Hand gedrückt und betrete gespannt die Kirche.

Ein kleiner Kronleuchter an der Decke taucht die braunen Holzbänke und die verzierten Säulen in warmes Licht. Erstaunt stelle ich fest, dass ich allein in der Kirche bin. Das Innere ist viel kleiner als gedacht, aber dafür auch prachtvoller. Alles ist aus Holz, doch so kunstvoll geschnitzt und verziert, dass die Säulen fast wie aus Marmor und Altar und Kanzel fast wie aus Gold aussehen – eine perfekte Mischung aus Glanz und Gemütlichkeit. Schweigend setze ich mich auf eine der Bänke und genieße die stille Behaglichkeit.

Bin ich ein Pilger? Die Antwort auf diese Frage ist eigentlich ganz leicht: Nein. Denn so vielseitig man den Begriff auch auslegen mag, für mich hat Pilgern immer etwas mit Glauben und Religion zu tun und ich bin weder auf der Suche nach Gott noch auf der Suche nach mir selbst. Trotzdem kann ich nicht bestreiten, dass dieser Moment in der Stabkirche ein ganz besonderer für mich ist und dass ich mir plötzlich nicht mehr so verloren auf dem Weg vorkomme.

Selbst als ich mich am Nachmittag heillos verirre, mich durch einen mückenverseuchten Wald kämpfen muss, mich wieder ein paar Kilometer an der E6 entlangschleppe und danach durch ein nicht enden wollendes Industriegebiet stapfe. Selbst dann verliere ich nicht den Mut und stelle mir auch nicht mehr die Frage, warum ich mir das antue.

Am Abend sitze ich fix und fertig unter hohen Birken auf einer Wiese und genieße schweigend, wie die Blätter im Sonnenlicht glitzern und leise im Wind vor sich hin rascheln. Genau wegen solcher Momente wie heute in der Kirche oder jetzt hier – genau deshalb tue ich mir das an!

In den nächsten drei Tagen ist der Olavsweg dann genau so, wie ich ihn mir vorgestellt hatte. Ich laufe durch skandinavische Wälder mit moosbewachsenen Felsen und unzähligen Blaubeersträuchern. Ich bade nackig in eiskalten Flüssen, werde von Mücken gepiesackt und komme sogar am Jørundgard Middelaldersenter vorbei, das für die Verfilmung der Roman-Trilogie »Kristin Lavransdatter« gebaut wurde und nun als Freiluftmuseum und Pilgerunterkunft dient. Gern hätte ich dort eine Nacht wie im Mittelalter verbracht, doch leider komme ich schon am frühen Nachmittag vorbei und möchte es bis zum Abend unbedingt bis zum Vollheim-Campingplatz schaffen. Dort habe ich mich mit Claudia und Christian verabredet – einem deutschen Wanderpaar, das die gesamte Strecke von Oslo nach Trondheim läuft. Die beiden sind absolute Skandinavien-Fans, waren mit ihren Motorrädern schon am Nordkap und außer Samuel sind sie die einzigen Wanderer, die ich bisher getroffen habe. Sie haben mir erzählt, dass die meisten Pilger wohl schon früher losgelaufen sind, um pünktlich zum 29. Juli zu den Olavsfesttagen in Trondheim zu sein. Ich gebe wirklich alles, doch als um acht Uhr abends noch immer kein Campingplatz in Sicht kommt und meine Beine anfangen zu schmerzen, schlage ich mein Zelt frustriert an einem bewaldeten Hang auf – mal wieder krumm und schief zwischen Felsbrocken und Blaubeersträuchern. »Dieser Olavsweg macht mich wirklich fertig!«, stöhne ich laut in meine Kamera. Sie muss als Gesprächspartner herhalten. Ärgerlich halte ich meinen Fuß vor die Linse, denn zum ersten Mal auf meiner Reise habe ich heute eine dicke Blase an der Ferse bekommen.

Es ist und bleibt ein Auf und Ab mit mir und dem Olavsweg. Am Morgen könnte ich schon wieder himmelhoch jauchzen, als ich nach über einer Stunde endlich den Campingplatz erreiche und Christian mir schon von Weitem von der Veranda einer kleinen Holzhütte mit Kaffeebecher in der Hand zuwinkt. »Wir wollten es heute mal gemütlich angehen lassen«, begrüßt er mich, und auch ich habe nach dem anstrengenden gestrigen Tag nichts gegen eine lange Frühstückspause. Schnell ist der Tisch auf der Veranda gedeckt, und zwei Stunden unterhalten wir uns über den Weg und Norwegen. Die beiden kommen aus der Nähe von Würzburg. Christian mit seinen braunen Locken und Rauschebart und Claudia mit ihrer flotten grauen Kurzhaarfrisur und Raucherstimme waren mir von Anfang an sympathisch. Sie erzählen mir von ihrer Motorradtour zum Nordkap und Claudia schildert begeistert: »Dort oben ist einfach nichts, absolut nichts!« Christian fügt hinzu: »Morgen geht es hoch ins Dovrefjell, da bekommst du einen Vorgeschmack, wie es dort oben aussieht!« Zum Abschied tauschen wir Nummern aus, denn hinter dem Dovrefjell steige ich in den Zug nach Trondheim und möchte unbedingt wissen, wie es den beiden weiter auf ihrem Weg ergeht. Und auch sie sind gespannt, ob ich es wirklich bis zum Nordkap schaffe. Über drei Tage, mehr als sieben Umstiege und knapp dreihundert Euro würde es mich kosten, wenn ich mit öffentlichen Verkehrsmitteln hoch in den Norden fahren würde. Das habe ich mit Schrecken vor ein paar Tagen festgestellt, als ich nachgesehen habe, wie es nach dem Olavsweg für mich weitergehen könnte. Schon vor Monaten hatte ich die Rückreise gebucht, einen Nachtzug von Narvik nach Stockholm und den Bus nach Hamburg. Damals hatte ich gedacht, wenn ich es erst einmal bis nach Trondheim geschafft habe, ist das Nordkap nur noch einen Katzensprung entfernt. Doch wie Claudia treffend sagte, gibt es dort oben nichts mehr – jedenfalls kein zusammenhängendes Schienennetz und keine durchgängigen Busverbindungen. In gut einer Woche muss ich spätestens oben sein, damit ich meinen Zug von Narvik nach Stockholm erwische. Das könnte knapp werden, denn natürlich möchte ich nicht nur mit Bus und Bahn zum Nordkap – die letzten hundert Kilometer will ich laufen, das war von Anfang an mein Plan.

Doch nun wartet erst einmal das Dovrefjell auf mich, und am Abend steht mein Zelt wunderbar windgeschützt zwischen zwei der wenigen Bäume, die hier noch zu finden sind. Ich bleibe extra bis halb elf wach, um zu sehen, wie die Sonne alles in zartrosa Licht taucht, bevor sie untergeht. Wie das Alpenglühen gibt es hier in den Bergen das Fjellleuchten. Fjell bedeutet Berg oder Gebirge und auch im Englischen gibt es einen ähnlichen Begriff: Die Hochebenen Nordenglands und Schottlands werden nämlich oft als »Fell« bezeichnet, doch mit dem Anblick der Alpen oder unserer europäischen Mittelgebirge hat ein Fell oder Fjell wenig gemeinsam. Die Berge und Hügel der nordischen Hochebenen sind schlichter und sanfter, gleichzeitig haben sie aber auch etwas sehr Raues und Abenteuerliches, denn in höheren Gefilden Nordeuropas herrschen ungemütliche Wetterverhältnisse. Nebel, Wind, Regen oder Sturm sind häufige Begleiter oben im Fjell.

Doch im Dovrefjell herrschen am Morgen traumhafte Bedingungen. Sprachlos stehe ich vor dieser wilden, weiten Einsamkeit. Zwar gibt es hier nicht viel außer sanft geschwungenen Hügeln, die weit oben sogar mit Schnee bedeckt sind, trotzdem sieht es hinter jeder Kurve anders aus, und ständig muss ich meine Kamera hervorholen, um ein weiteres Foto zu schießen. Kaum ein Windhauch ist zu spüren, und ich kann kaum glauben, was für ein Glück ich habe! Starker Wind, Regen oder Gewitter können im Fjell, wo es so gut wie keine Zuflucht gibt, nämlich schnell gefährlich werden. Mein Wanderführer weiß, dass im Mittelalter einige Pilger auf ihrem Weg nach Nidaros im Dovrefjell ums Leben gekommen sind. Doch heute pfeifen hier statt des Windes nur die Lemminge um die Wette und ich sehe sogar ein paarmal eines dieser putzigen Tierchen über den Weg huschen. An der Allmannrøysa, einer großen Steinpyramide, lege ich eine Mittagspause ein und begegne dort sogar einer anderen Wanderin. Diane ist vor ein paar Tagen in Ringebu gestartet und nach einem kurzen Hallo schimpft sie erst einmal los. Fast jede Kirche, an der sie vorbeigekommen sei, sei verschlossen gewesen und so etwas sei auf einem Pilgerweg ja wohl eine Frechheit! Außerdem seien auch die Herbergen eine Enttäuschung und die wenigen anderen, die man dort treffe, hätten keinerlei Interesse an einem spirituellen Austausch und redeten meist kein Wort mit ihr! Und dann noch die katastrophalen Wegverhältnisse, eine absolute Zumutung, nach drei Tagen habe sie sich schon neue Wanderschuhe kaufen müssen, weil ihre dem Matsch und endlosem Asphalt nicht standgehalten hätten! Stolz präsentiert sie mir ihre neuen knallorange und pink leuchtenden Wanderstiefel.

Nach dieser Schimpftirade ist auch mein Interesse an einem spirituellen Austausch mit ihr eher gering, und obwohl das weitere Gespräch überraschenderweise nett verläuft, lasse ich sie wenig später allein weiterziehen.

Ich möchte heute lieber ungestört die Ruhe und Einsamkeit dieses atemberaubenden Fjells genießen. Je länger ich an diesem Tag in der kargen Landschaft unterwegs bin, umso besser nehme ich irgendwann kleinste Veränderungen und Nuancen in dieser ungewohnten Umgebung wahr.

Es heißt, in der Sprache der Samen gebe es unendlich viele Wörter für Schnee – ich hingegen entdecke unendlich viele Grüntöne. Neben hellgrün, dunkelgrün, braungrün, blaugrün, leuchtet es im Fjell nämlich auch rotgrün, gelbgrün und mintgrün. Und außer grasgrüne, moosgrüne, schlammgrüne und matschgrüne Moosflächen entdecke ich sogar welche in Neongrün. Am späten Nachmittag treffe ich plötzlich auf Claudia und Christian. Sie müssen mich irgendwann überholt haben, was ich vor lauter Begeisterung über das viele Grün nicht mitbekommen habe. Im Schlepptau haben sie Diane und alle drei wollen die Nacht auf dem Furuhaugli-Campingplatz verbringen. Kurzerhand schließe ich mich an.

Eine Stunde später sitze ich mit den beiden auf der Terrasse und wir trinken das Bier, zu dem wir uns eigentlich schon vorgestern verabredet hatten. Als nach einer langen Dusche auch Diane zu uns stößt, sind unsere Gläser leer und es ziehen dunkle Gewitterwolken auf. Sie tut mir fast ein bisschen leid, als sich daraufhin die Terrasse blitzartig leert und alle in ihre Hütten oder Zelte laufen, denn es prasseln bereits die ersten Regentropfen vom Himmel.

Es wird eine kühle, feuchte Nacht und morgens rüttelt laut der Wind an meinem Zelt. Schon um sechs Uhr bin ich deshalb auf den Beinen. Es ist der letzte Tag auf dem Olavsweg für mich. Bis zum Ende war es zwar eine Hassliebe, doch an diesem Tag überwiegt die Liebe, denn der Olavsweg schenkt mir zum Abschied eine unglaublich schöne Etappe.

Umhüllt von Nebel und umgeben von flauschigem Wollgras, dessen weiße Köpfchen wie Schneebälle aus dem matschigen Morast ragen, laufe ich heute auf quietschenden Holzbohlen durch schaurige Sümpfe und faszinierende Moore. In einem wunderschönen Tal komme ich an kreisrunden dunkelblauen Seen vorbei und über eine hübsche Holzbrücke überquere ich den rauschenden Fluss Folla.

Mein Ziel an diesem Tag ist der 1200 Meter hohe Hjerkinnshøe, auf dem ein Meilenstein mit der Aufschrift »208 Kilometer til Nidaros« stehen soll – und fast so viele Kilometer habe ich mit dem Erreichen dieses Meilensteins hinter mir. Deshalb hatte ich gedacht, es wäre ein schöner Endpunkt für meine Wanderung. Doch es bedeutet auch, dass ich hinter dem Örtchen Hjerkinn noch einmal über zwei Kilometer steil bergauf ins Fjell und danach denselben Weg zurücklaufen müsste, denn am Bahnhof von Hjerkinn fährt heute Nacht um vier Uhr mein Zug nach Trondheim ab.

Kurz vor dem Ort rutsche ich dann aber so blöd von einer der Holzbohlen, dass mein Arm bis zum Ellbogen und mein Bein bis zum Knie im Morast versinken und ich Zweifel bekomme, ob dieser blöde Olavsweg es wirklich wert ist, für ihn bis hinauf zu diesem dämlichen Meilenstein zu latschen?!

Ich lege erst einmal eine kleine Pause an der modernen Eysteinkirche ein. Als ich einigermaßen sauber bin und überlege, ob ich für Claudia und Christian einen Abschiedsgruß hinterlassen soll, spazieren die beiden auch schon um die Kurve.

Im selben Moment fängt es an zu regnen. Wir flüchten in die Kirche und werden doch tatsächlich mit kostenlosem Kaffee und Kuchen begrüßt. So halten wir zum Abschied ein Kaffeekränzchen, und wieder mit dem Weg versöhnt, mache ich mich auf den Weg hoch zum Meilenstein. Auch Claudia und Christian ziehen wieder los, allerdings direkt zum Bahnhof nach Hjerkinn. Sie haben beschlossen, die restliche Etappe heute mit dem Zug zurückzulegen, und ich kann es ihnen nicht verdenken. Oben im Fjell peitscht mir nämlich heftig der Wind um die Ohren, und sie hätten heute eine noch viel längere Strecke vor sich gehabt. Als der Meilenstein dann aber in Sicht kommt, bin ich so beflügelt von seinem Anblick und auch vom Wind und der wilden Landschaft, dass ich euphorisch sogar einen älteren, drahtigen Norweger in kurzen Hosen und Windjacke überhole. Wir grüßen uns, erzählen uns strahlend, wie toll wir es hier oben finden, und überholen uns auf den letzten Metern gegenseitig, sodass es fast ein kleiner Wettlauf zum Meilenstein wird.

Zum Schluss hat der Norweger die Nase vorn und jubelt mir zu, als ich kurz hinter ihm den Meilenstein erreiche. Freudestrahlend gratuliert er mir zu meinen über zweihundert Kilometern auf dem Olavsweg. Ich freue mich wahnsinnig, diesen Moment mit jemandem teilen zu können, und obwohl ich auf dem Rückweg nach Hjerkinn nass bis auf die Knochen werde, komme ich in Hochstimmung an dem hübschen Bahnhof an. Der hat zum Glück einen beheizten Wartesaal, in dem ich mich aufwärmen und meine Kleidung trocknen kann.

Die kurze Nacht verbringe ich direkt neben den Bahngleisen im Zelt. Immer noch mit guter Laune komme ich in aller Herrgottsfrüh in Trondheim an. Ein bisschen sprachlos stehe ich vor den entzückenden bunten Holzhäusern, die sich wunderschön auf der glatten Wasseroberfläche der Nidelva spiegeln. Um kurz nach sechs sind die Straßen von Trondheim noch fast leer und aufgeregt streife ich durch die hübsche Innenstadt – schon zum zweiten Mal auf meinen letzten Metern auf dem Olavsweg.

Durch ein steinernes Tor komme ich in einen Park mit Friedhofsteinen rechts und links, und als ich den riesigen Nidarosdom zum ersten Mal erblicke, zieht sich in meinem Bauch kurz etwas zusammen. Ich bin den Tränen nahe. Beeindruckt umrunde ich die gewaltige Kathedrale, bevor ich mich auf einer Bank direkt neben dem Meilenstein mit der Aufschrift »0 Kilometer til Nidaros« niederlasse. Nun laufen mir wirklich die Tränen übers Gesicht. Nie hätte ich gedacht, dass mich die Ankunft am Nidarosdom so bewegen würde, und fast drei Stunden sitze ich still auf dieser Bank und betrachte das majestätische Bauwerk, das so gar nichts mit den hübschen Stabkirchen gemeinsam hat, sondern eher wie die Notre-Dame von Norwegen aussieht.

Irgendwann reiße ich mich los und mache mich auf den Weg zur Pilgerherberge, von der Claudia und Christian mir erzählt hatten. Sie soll gleich hinter dem Nidarosdom malerisch am Fluss liegen.

Pilger bekommen dort Kaffee und Kuchen und dürfen bestimmt auch mal die Toilette benutzen.

Zwei nette Schwedinnen um die fünfzig, die ehrenamtlich in der Herberge arbeiten, begrüßen mich mit einem strahlenden Lächeln. Sie heißen mich herzlich willkommen und wollen meinen Pilgerausweis sehen, um mir den begehrten Olavsbrief auszustellen. Ich winke ab, erkläre schnell, dass ich nur ein Drittel des Weges gelaufen sei, mir keinen Pilgerausweis besorgt habe und heute mit dem Zug hier in Trondheim angekommen sei. »Das ist doch gar nicht schlimm!«, entgegnen sie mir immer noch freudestrahlend und notieren dann trotzdem meinen Namen, mein Alter und von wo bis wo ich gelaufen bin. »Da du nicht die letzten hundert Kilometer des Weges gepilgert bist, dürfen wir dir leider keinen Olavsbrief ausstellen, aber du bekommst einen ›Pilegrimsbevis‹, der ist fast genauso schön!« Ich freue mich sehr über diese nette Erinnerung, und während die beiden liebevoll meinen »Pilgerbeweis« ausfüllen, verschwinde ich kurz auf die Toilette und verstehe schnell, warum die beiden mir meine Wanderung auch ohne Pilgerausweis abgenommen haben. Ich sehe ziemlich wild aus und da ich mich in einem engen Raum befinde, merke ich, dass ich auch ziemlich wild rieche.

Mit größtmöglichem Abstand nehme ich meinen Pilegrimsbevis entgegen. Nachdem mir die beiden Damen noch eine Tasse Kaffee und einen Schokoriegel in die Hand gedrückt haben, wartet eine weitere, viel größere Überraschung auf mich. Heute, am 25. Juli, sei nämlich Tag des Heiligen Jakobus, Schutzpatron aller Pilger, erzählen sie mir feierlich. Und deshalb würde heute Abend im Nidarosdom ein besonderer Gottesdienst stattfinden, zu dem ich herzlich eingeladen sei. Alle Pilger, die gestern oder heute in Trondheim angekommen sind, werden dabei namentlich genannt und geehrt, und das dürfe ich natürlich auf keinen Fall verpassen! Ich bekomme große Augen, denn mit so einem tollen Abschluss hatte ich nicht gerechnet.

Als sich wenige Stunden später die gewaltigen Eingangstore des Nidarosdoms öffnen und ich feierlich zu den Klängen von Bruder Jakob hindurchschreite, kann ich immer noch nicht glauben, was hier gerade passiert und was für ein Glück ich habe! Die gigantischen Wände der Kathedrale scheinen von den Klängen der Orgelmusik regelrecht zu vibrieren und von der hohen Decke hängt eine riesige leuchtende Weltkugel, die sich langsam um ihre eigene Achse dreht.

Als wir am Ende des Gottesdienstes alle »Amazing Grace« singen, kämpfe ich schon wieder vor Rührung und Dankbarkeit mit den Tränen. Ich blicke zur Weltkugel, denke daran, wie ich vor über fünf Monaten im Süden von Zypern am Felsen der Aphrodite gestartet bin, und nun stehe ich hier im Norden, im Land der Trolle und Wikinger. Dieser Pilgergottesdienst ist der perfekte Abschluss meiner Reise.

REISEWEISHEIT NUMMER 18:

»Die Weisheit eines Menschen misst man nicht
an seiner Erfahrung,
sondern an seiner Fähigkeit,
Erfahrungen zu machen.«

(George Bernard Shaw)

Rückblickend könnte man meinen, der Olavsweg wollte mich noch einmal auf die Probe stellen. Nicht nur, indem er mich zu Beginn zweifeln ließ, ob ich mir die ganze Zeit etwas vorgemacht und meiner Reise vielleicht zu viel Bedeutung und Sinnhaftigkeit zugeschrieben hatte – schließlich schien eine nur vierwöchige Pause auszureichen, um wieder alles zu hinterfragen und wieder an allem zu zweifeln. Doch am Ende zählt hoffentlich, dass ich trotz aller Zweifel nicht aufgegeben habe. Dass ich aus meinen

Erfahrungen und Erlebnissen der letzten Monate gelernt und begriffen habe, wie wertvoll und wichtig diese Reise für mich war.

Der krönende Abschluss am Ende des Olavswegs war zwar wundervoll und ergreifend, gleichzeitig führte aber auch er mich in Versuchung, es an diesem Punkt der Reise gut sein zu lassen – denn welch schöneren Abschluss konnte es geben?!

Vom Schatten ins Licht

»Bist du sicher, dass du hier aussteigen möchtest?«, die besorgte Busfahrerin schaut mich mit weit hochgezogenen Augenbrauen an. Nein, ich bin nicht sicher. Doch bevor ich es mir anders überlegen kann, nicke ich ihr tapfer zu, schlinge mir die Kapuze meiner Regenjacke so eng wie möglich um den Kopf und verlasse dann festen Schrittes den Bus. Zum Abschied winkt mir die Fahrerin aufmunternd zu, dann schließt sie die Türen und der Bus fährt mit spritzenden Reifen davon. Stumm blicke ich ihm nach.

Fast 48 Stunden ist es her, als ich mit Tränen in den Augen den Nidarosdom verließ und am Bahnhof zielstrebig den nächsten Zug in Richtung Norden nahm, um bloß nicht weiter darüber nachzudenken, dass dies wirklich der perfekte Abschluss meiner Reise wäre.

Die ganze Nacht bekam ich kein Auge zu und starrte aus dem Fenster, hinter dem Bäume über Bäume vorüberzogen, unterbrochen von Wasserfällen, Felsen und ganz selten kleinen Siedlungen oder Wohnmobilstellplätzen.

Um sieben Uhr morgens erklang die Durchsage, dass wir gleich den Polarkreis erreichen. Hinter den Zugfenstern war schon lange kein Baum mehr zu sehen gewesen, was auch daran lag, dass der Zug gerade ein über sechshundert Meter hohes Fjell überquerte. Von der Internetseite Entur.no hatte ich mir so gut es ging alle Verbindungen und Umstiege notiert, doch höchstwahrscheinlich würde ich ein paar Teilstrecken per Anhalter zurücklegen müssen. In Fauske stieg ich in den Bus nach Narvik. Die über fünfstündige Fahrt war wunderschön und führte an spektakulären Fjorden und Nationalparks vorbei. Eine weitere lange Bus- und kurze Fährüberfahrt später stand ich am Abend in Nordkjosbotn und schlug mein Zelt direkt an der Hauptstraße in einer kleinen Haltebucht auf. Morgens um fünf Uhr erwachte ich in einer kleinen Wasserlache. Es hatte die gesamte Nacht geregnet und bedauerlicherweise hatte sich unter meinem Zelt eine große Pfütze gebildet. Klitschnass packte ich zusammen und erwischte gerade noch den ersten Bus nach Lyngseidet. Dort musste ich wieder die Fähre nehmen und fragte schüchtern in die Runde der Pendler, wie ich auf der anderen Seite weiter in Richtung Norden komme.

Am Ende brauste ich in einem metallicblauen Elektromustang von der Fähre und Helmut, mein sympathischer Fahrer, erzählte mir, dass er sich das Auto erst vor Kurzem zur Feier seines Ruhestands gegönnt habe. Sein Leben lang sei er Trucker-, Taxi- und Busfahrer gewesen und wollte im Ruhestand endlich mal etwas Schnelles und Schickes fahren.

Als Nächstes landete ich im Auto von Lil, einer Lehrerin aus Vadsø, einem winzigen Ort nah an den Grenzen zu Finnland und Russland. Beschämt gestand ich ihr, dass mir bis vor Kurzem gar nicht bewusst war, dass Norwegen an Russland grenzt, woraufhin sie lachend erwiderte, dass ich mir deshalb keine Sorgen zu machen bräuchte. Viele Menschen hätten eine völlig falsche Vorstellung vom Leben im hohen Norden und ihr wären im Laufe der Zeit schon die lustigsten Fragen untergekommen. Zum Beispiel ob es bei ihr zu Hause überhaupt richtige Straßen mit Fahrbahnbegrenzung in der Mitte gebe? Oder ob es stimme, dass dort oben Rentiere leben? Manche Menschen schienen zu glauben, dass diese Tiere – genau wie der Weihnachtsmann – nur irgendwelche Sagengestalten wären.

Sie fände es toll, wenn mehr Leute den weiten Weg auf sich nehmen und sich den Norden genauer anschauen würden. Selbst ein Großteil aller Norweger sei, laut Lil, wohl noch nie hier oben gewesen.

Im Zentrum der Stadt Alta verabschiedete ich mich von ihr und kaufte in einem Supermarkt Vorräte für vier Tage. Mutig packte ich sogar Rentiersalami und getrockneten Stockfisch in den Einkaufskorb. Danach stieg ich in den Bus und bat die nette Busfahrerin, mich kurz vor Olderfjord an der Straße rauszulassen.

So bin ich hier gelandet. Mitten im Nirgendwo am Straßenrand der E6 – und vor mir liegen tatsächlich die letzten hundert Kilometer bis zum Nordkap! Ich nehme einen tiefen Atemzug und lasse meinen Blick über die nebligen, graugrünen Hügel schweifen. Dieses unendliche Nirgendwo ist die norwegische Finnmark – flächenmäßig die größte Region, aber mit 1,5 Einwohnern pro Quadratkilometer auch die am dünnsten besiedelte. Es ist das Land der Sámi, der Samen. Sie sollen schon vor über zehntausend Jahren hier oben, auf dem heutigen Gebiet von Norwegen, Schweden, Finnland und Russland, gelebt haben und gehören zu den wenigen indigenen Völkern Europas.

Durch diese Weiten führt mich der erst seit 2013 durchgängig markierte Europäische Fernwanderweg E1, nach dessen roten Zeichen ich nun, im strömenden Regen und gegen die aufkommende Übelkeit ankämpfend, Ausschau halte. An einer krüppeligen Birke entdecke ich schließlich einen dicken roten Punkt. Ein matschiger Weg führt hier von der Straße weg, mitten hinein in die nordische Wildnis. Ich zögere kurz und tue mich schwer, die mir so verhasste E6 hinter mir zu lassen. Seit der Bus davongefahren ist, fühle ich mich so einsam und verlassen, und diese Straße ist meine letzte Verbindung zur Zivilisation – mein letzter Beweis, nicht der einzige Mensch in dieser endlosen Weite zu sein. Minuten vergehen, dann fasse ich mir ein Herz und laufe los. Setze einen Fuß vor den anderen und rede mir gut zu, wenn ich das hundert Kilometer lang immer weitermache, werde ich in drei oder vier Tagen am Nordkap stehen.

Einfach einen Fuß vor den anderen zu setzen, wird aber gar nicht so leicht – das wird mir bewusst, als ich den Rand einer rotbraunen Pfütze erreiche. Der Weg steht hier komplett unter Wasser. Von einer Krüppel-Birke zur nächsten hangelnd, versuche ich vergeblich, meine Wanderschuhe vor dem kalten Wasser und dem Matsch zu schützen. Dass mir drei lange Tage mit nassen Füßen bevorstehen, weiß ich zu diesem Zeitpunkt noch nicht – und auch nicht, dass ich drei Tage keiner Menschenseele mehr begegnen werde.

Die ganze Zeit hatte ich mir nur Sorgen gemacht, zum Startpunkt meiner letzten Wanderung zu kommen. Wie anstrengend sie werden und welche Bedingungen mich erwarten würden, daran hatte ich kaum einen Gedanken verschwendet.

Nass, kalt, windig und ungemütlich, fällt nach nur einer Stunde mein ernüchterndes Urteil aus. Doch so mühsam und unangenehm die ersten Kilometer sind, als ich am Abend mein immer noch nasses Zelt aufbaue, bin ich wieder in Hochstimmung, denn ich hatte meine erste Rentier-Begegnung: Wegen des feinen Sprühregens bemerkte ich die Herde erst, als ich nur noch wenige Meter entfernt von ihr war. Mir rutschte fast das Herz in die Hose, als mir klar wurde, dass ich zwischen mindestens zwanzig Rentieren stand. Völlig gebannt von ihrem Anblick, verharrte ich minutenlang mucksmäuschenstill. Die meisten knabberten zwischen den Bäumen am Wegrand im hohen Gras, manche lagen direkt vor meiner Nase mitten auf dem Weg. Erst als ich langsam meine Kamera hervorholen wollte, kam Bewegung in die Herde und, dem Leittier folgend, bahnten sie sich ihren Weg durch das verschlungene kleine Birkenwäldchen und trabten gemächlich in Richtung der nebeligen Hügel davon. Wahnsinn!

In der Nacht rüttelt der Wind laut an meinem Zelt und ich befürchte fast, dass es über mir zusammenbrechen wird. Viel Schlaf bekomme ich deshalb nicht. Als ich am Morgen bibbernd aus meinem feuchten Schlafsack und dem nassen Zelt krieche, hängen immer noch dicke Wolken am Himmel. Doch die Begegnung mit den Rentieren hat etwas in mir ausgelöst – Abenteuerlust pulsiert wieder in meinen Adern, und ich habe fast das Gefühl, mein geliebter Energierausch ist zurück. Zum Glück, denn gleich nach dem Aufstehen wartet die nächste Überraschung auf mich.

Schon von Weitem höre ich das laute Rauschen der Smørfjordelva, kurz darauf sehe ich den wilden Fluss. Das kann doch nur ein schlechter Scherz sein, ist mein erster Gedanke. Am Ufer starre ich entsetzt auf das stürmische Wasser. Natürlich hatte ich im Wanderführer gelesen, dass mich auf den letzten hundert Kilometern zum Nordkap einige Flussüberquerungen erwarten, doch die wurden als machbar und meist knöcheltief beschrieben. Und auch das Durchqueren der Smørfjordelva wird nur in einem kurzen Nebensatz erwähnt und der Fluss als »mitunter knietief« bezeichnet. Doch ich stehe hier vor einem reißenden Strom!

Obwohl es mich große Überwindung kostet, tausche ich Wanderschuhe gegen Sandalen und wage vorsichtig die ersten Schritte ins eiskalte Wasser. Fluchend stehe ich nur wenige Sekunden später wieder am Ufer und frage mich, welche gigantisch langen Unterschenkel die Autorin dieses Wanderführers wohl hat – und auch über die starke Strömung hätte sie ja vielleicht ein oder zwei Worte verlieren können!

Eingeschüchtert und verzweifelt stehe ich am Ufer und fühle mich ein bisschen wie Alexander Supertramp, als er nach seinem Winter in der Wildnis Alaskas zurück in die Zivilisation möchte und feststellen muss, dass der Fluss – der im Winter noch ein zugefrorenes kleines Bächlein war – sich im Sommer in einen unüberwindbaren Strom verwandelt hat. Doch es nützt nichts! Wenn ich zu Fuß zum Nordkap laufen will, muss ich jetzt durch diesen verdammten Fluss. Bevor ich mich noch mal in die eisigen Fluten stürze, ziehe ich meine Hose aus, die ich nur bis über die Knie krempeln kann. Dann suche ich mir einen dicken Ast und öffne die große Schnalle meines Hüftgurts, damit ich mich im Notfall schnell von meinem Rucksack befreien kann, sollte ich tatsächlich von der Strömung mitgerissen werden.

Ganz langsam und widerwillig wage ich einen zweiten Versuch. Ich halte mich leicht schräg zur Strömung und vor jedem Schritt taste ich vorsichtig mit dem Ast, um zu sehen, wie tief das Wasser wird. In der Mitte reicht mir das Wasser bis zu den Oberschenkeln und die Strömung wird immer stärker. Jetzt darf ich mir nicht den kleinsten Fehler erlauben, doch die Steine auf dem felsigen Grund sind so rutschig und mit jedem Schritt zerrt die Strömung heftiger an mir. Irgendwann traue ich mich einfach nicht mehr weiter, denn ich bin sicher, wenn ich Ast oder Füße nur ein kleines Stück bewege, würde ich den Halt verlieren und von der Strömung fortgerissen werden.

»Scheiße, Scheiße, Scheiße!«, denke ich und stelle besorgt fest, dass durch das eisige Wasser meine Füße schon ganz taub sind. Ich muss jetzt einfach weitermachen, es hat keinen Zweck! Also beuge ich leicht die Knie, lehne mich ein wenig nach vorn und setze blitzschnell den Ast ein paar Zentimeter weiter. Nun folgen die Füße: erst der linke, dann der rechte. Dann wieder der Ast. Zentimeter für Zentimeter kämpfe ich mich weiter. Doch als ich gerade den dicken Ast umsetze und ihn blitzschnell zwischen die Steine am Boden rammen will, passiert es: Ein großer Stein löst sich vom Grund, wird von der Strömung mitgerissen und schlägt gegen mein Schienbein! Reflexartig schießt mein Fuß in die Höhe. Das war's jetzt, schießt es mir noch durch den Kopf, doch da ich mich im selben Moment fast ebenso reflexartig nach vorne lehne, bleibt mir noch eine Millisekunde Zeit! Panisch stemme ich den Fuß zurück auf den Grund, lehne mich wankend noch ein Stückchen weiter nach vorn und umklammere panisch meinen Ast. Tatsächlich habe ich Glück! Der Ast hat sich so fest zwischen den Steinen am Boden verkeilt, dass ich Halt finde und nicht davongerissen werde. Zittrig und leicht hysterisch erreiche ich kurz darauf das andere Ufer, kralle mich an den Büschen fest und ziehe mich hektisch die hier viel höhere Uferkante hinauf.

Oben streife ich den Rucksack ab, lasse ihn auf den matschigen Boden fallen und breche in lautes, fast irres Gelächter aus. Ich bin so erleichtert, nicht fortgerissen worden zu sein. Gleichzeitig wird mir bewusst, dass es nun kein Zurück mehr gibt – keine zehn Pferde kriegen mich noch einmal in diesen Fluss.

Als ich mich beruhigt habe und auf wackeligen Beinen weiterlaufe, denke ich besorgt darüber nach, dass mir in den nächsten Tagen mindestens fünf weitere Flussüberquerungen bevorstehen. Doch vielleicht war diese ja schon die schlimmste. Flehend schicke ich ein Stoßgebet zum Himmel und wünsche mir, nur noch auf knöcheltiefe Flüsse zu stoßen.

Den ganzen Tag laufe ich durch Wind, Regen, Feuchtwiesen und matschige Täler. Ständig wechsle ich zwischen Wanderschuhen und Sandalen, denn ich habe Angst, dass ich wieder Probleme mit dem Schienbein bekomme, wenn ich nur in Sandalen laufe.

Zum Glück entdecke ich immer wieder Rentierherden an den Hängen, die meine Laune aufhellen. Doch die meiste Zeit denke ich nur darüber nach, was ich schlimmer finde: die Abschnitte durch die feuchten Täler, bei denen man knöcheltief im Wasser oder Matsch versinkt? Oder die Abschnitte über die flachen Hügel, wo einem Wind und Regen wild ins Gesicht peitschen? Nur die Aussicht auf einen warmen Schlafplatz hält mich am Laufen. In meinem Wanderführer steht nämlich, dass ich gegen Abend an der kleinen Hütte eines Rentierzüchters vorbeikommen soll. Angeblich gibt es einen kleinen Ofen in dieser Hütte und angeblich lässt der Rentierzüchter die Hütte für Wanderer immer offen. Doch nach dem »knietiefen« Fluss von heute Morgen traue ich meinem

Wanderführer nur noch bedingt. Außerdem ist er schon fünf Jahre alt und es kann gut sein, dass diese Hütte überhaupt nicht mehr existiert. Dann stünde mir allerdings eine ziemlich ungemütliche Nacht bevor. Als ich daran denke, dass ich nur mit Hängematte hier herumspazieren wollte, bekomme ich erneut einen irren Lachanfall!

»Bitte lass es diese Hütte geben, bitte lass es diese Hütte geben!«, wiederhole ich stundenlang in meinem Kopf und tatsächlich: Es gibt sie! Vor Freude fange ich fast an zu heulen, als ich am späten Nachmittag von der Kuppe eines Hügels aus endlich das kleine rote Rechteck am Horizont entdecke.

Ich muss zwar noch einen breiten, knöcheltiefen Fluss überwinden, doch kurze Zeit später stehe ich vor dem schwedenroten Häuschen, das ein bisschen wie ein Bauwagen ohne Räder aussieht und hier mitten im Nirgendwo am Hang eines flachen Hügels steht. Aufgeregt öffne ich die Tür und sehe erst mal nur Gerümpel und Werkzeug. Doch durch eine zweite Tür komme ich in einen etwas größeren Raum und dort fällt mein Blick auf den kleinen gusseisernen Ofen und ich würde am liebsten in die Luft springen. Neben dem Ofen steht ein Regal, darauf liegen zahlreiche Gaskartuschen, Kochtöpfe und eine Packung Streichhölzer. An der hinteren Wand stehen über Eck zwei Bettgestelle mit dünnen Matratzen und ein paar Rentierfellen. Sogar ein großer Schreibtisch steht in der Mitte des Raumes. Obwohl das einzig Gemütliche hier die Rentierfelle sind, liebe ich diese Hütte sofort. Ein Geschenk des Himmels!

Sofort mache ich ein kleines Feuer, was gar nicht so einfach ist, da es kaum trockenes Brennholz gibt. Nach einer Stunde habe ich es aber geschafft, und es wird herrlich warm in dem kleinen Raum. Überall lege und hänge ich meine Sachen zum Trocknen auf, koche mir ein warmes Porridge und erlaube mir zum ersten Mal an diesem Tag durchzuatmen. Lang strecke ich mich auf den Rentierfellen aus. Erleichterung und Dankbarkeit durchströmen mich – für diese regnerische und stürmische Nacht habe ich ein sicheres Dach über dem Kopf.

Um drei Uhr nachts werde ich einmal kurz wach, weil es bitterkalt in der Hütte ist. Schnell lege ich ein paar Holzscheite nach, die ich klein gehackt und zum Trocknen auf den Ofen gelegt hatte. Rasch krabbele ich zurück ins Bett und schaue noch eine Weile fasziniert aus dem Fenster, denn draußen ist es schon taghell. Ich kann mir kaum vorstellen, wie komisch es sein muss, die eine Hälfte des Jahres in völliger Dunkelheit zu verbringen, während in der anderen Hälfte die Sonne kaum untergeht. Ich glaube nicht, dass ich mich je daran gewöhnen könnte. Dann schließe ich die Augen und bin kurz darauf schon wieder eingeschlafen.

Drei Stunden später werde ich geweckt, weil ein Sonnenstrahl mich im Gesicht kitzelt. Ungläubig reiße ich die Augen auf. Ich springe fast aus dem Bett, renne barfuß aus der Hütte und blicke begeistert in den strahlend blauen Himmel. Kopfschüttelnd drehe ich mich im Kreis, denn es kann doch gar nicht wahr sein, dass hier vor ein paar Stunden noch Weltuntergangsstimmung herrschte. In Rekordtempo packe ich meine Sachen zusammen, lege noch ein paar Holzscheite in die Hütte, damit die nächsten Wanderer trockenes Brennholz haben, und schieße ein Abschiedsfoto von der Hütte im Sonnenschein.

Meine Dankbarkeit habe ich dem Rentierzüchter gestern Abend in sein Gästebuch geschrieben, in dem ich auch Einträge von Niederländern, Italienern, Norwegern und anderen Deutschen gefunden habe.

Beschwingt laufe ich auf eine Hügelkette zu und bin fasziniert, wie anders die Landschaft im Sonnenschein aussieht. Am Fuß der Hügelkette stehe ich vor dunkelblauen Seen und kann nicht fassen, wie schön es hier ist: die Luft so klar, die Farben so intensiv. Der Weg führt mich zwischen Seeufern an einem langen Rentierzaun entlang. Rasch schlüpfe ich in meine Sandalen, denn hier steht mal wieder alles unter Wasser. Ich muss höllisch aufpassen, nicht ständig zu stolpern, da der Boden von Steinen und Geröll übersät ist. Wie im Dovrefjell markieren hier hohe flache Steine des norwegischen Wandervereins mit einem leuchtend roten »T« den Weg. Doch einen richtigen Weg gibt es hier nicht. Man muss selbst schauen, wie man von einer Markierung zur nächsten kommt, sich über Stock und Stein durch eiskaltes Wasser und Matsch die beste Route suchen – ausgetretene Pfade sind hier Fehlanzeige.

Trotz der schwierigen Bedingungen laufe ich wie auf Wolken, bleibe immer wieder fassungslos stehen und bestaune grinsend die atemberaubende Natur. Als ich gerade denke, dass es schöner nicht mehr werden kann, führen mich die roten Ts die Hügelkette hinauf und ich lande auf einem Plateau mit fantastischer Aussicht. »Nichts, absolut nichts!«, fallen mir Claudias Worte ein und ich kann ihr nur recht geben. Unendliche Weiten breiten sich vor mir aus. Ein Meer aus grüngrauen Hügeln und azurblauen Seen – ein schier endloses Nichts. Dieses Nichts wird heute zu meinem Begleiter. Über Stunden laufe ich den Hügelkamm entlang durch die steinige Tundra und denke, fühle und höre nichts. Auf dem Hügelkamm verläuft ein ebenso endlos scheinender Rentierzaun und mein Wanderführer sagt, dass ich diesem einfach weiter in Richtung Norden folgen soll, bis er an den Ufern eines kleinen Sees endet. Deshalb brauche ich mich nicht mehr auf den Weg zu konzentrieren und laufe bald fast wie in Trance.

Ich verliere jegliches Zeitgefühl. Erst vor einem gewaltigen Rentierbullen lande ich zurück im Hier und Jetzt. Auch Rudolph scheint überrascht von meinem plötzlichen Erscheinen, springt auf und mustert mich skeptisch. Eine Weile betrachten wir uns gegenseitig, dann kann ich nicht widerstehen und hole langsam meine Kamera hervor. Neugierig beobachtet er mich, schnüffelt mit seinen dicken Nüstern in meine Richtung und kommt dann direkt auf mich zu. Mein Herz fängt an zu klopfen und ich stehe wie versteinert da. Er kommt so dicht heran, dass ich fast meinen Arm ausstrecken könnte, um ihn zu berühren. Er scheint meine Gedanken zu erraten, wendet sich ab und läuft dann nur wenige Meter an mir vorbei. Mit wild klopfendem Herzen blicke ich ihm nach – was für eine tolle Begegnung!

Aufgewühlt laufe ich weiter, hingerissen von der Natur, meiner Begegnung mit Rudolph und diesem unbeschreiblichen Licht, das mich bis spät in den Abend umgibt. Da die Sonne hier viel flacher über den Horizont wandert, hat man tatsächlich fast den halben Tag ein Licht wie kurz vorm Sonnenuntergang. Als ich einen wunderschönen Fluss überquere und sogar wieder ein paar kleine Bäumchen in Sicht kommen, bin ich mir sicher, im Auenland von *Herr der Ringe* gelandet zu sein. Ich bin fast enttäuscht, keinem Hobbit über den Weg zu laufen. Dafür gelange ich an einen unbeschreiblich schönen Fjord, und schaue im Licht der Abendsonne auf das hellblau schimmernde Meer. Mir verschlägt es den Atem und ich traue mich kaum, dieses magische Fleckchen Erde zu betreten. Dieser Moment ist fast zu viel für mich, und es ist schwer zu beschreiben, was ich fühle, während ich langsam über den kleinen Sandstrand dieser hinreißend schönen Bucht schreite.

In einem Buch über Island habe ich mal gelesen, dass es dort ganz selbstverständlich ist, einen sogenannten Kraftort zu haben. Einen besonderen Ort in der Natur, der dir Energie schenkt und an den du gehen kannst, um nachzudenken oder zur Ruhe zu kommen. Es ist sowieso erstaunlich, wie sehr in den skandinavischen Ländern der Glaube an Naturgeister wie Elfen, Feen oder Trolle in der Gesellschaft verankert ist. Ich fange jedenfalls ernsthaft an zu glauben, dass solch magische Orte tatsächlich existieren, denn anders kann ich mir die Gefühle und Gedanken, die plötzlich in mir hochkommen, nicht erklären. Schon am Ufer der Soča hatte ich diesen ganz besonderen Moment, doch hier in dieser Bucht, an diesem Fjord sind meine Gefühle noch viel intensiver, und es fällt mir schwer, mich zu sammeln und zur Ruhe zu kommen.

Um Mitternacht bin ich immer noch wach, sitze neben meinem Zelt, das ich direkt am Rand der Bucht aufgeschlagen habe, und blicke wie hypnotisiert auf den orangeroten Horizont. Die Hügel um mich herum leuchten nun fast golden in diesem einzigartigen Licht. Ein kleiner Bach plätschert hinab ins Meer und auch sein Wasser sieht fast aus wie flüssig gewordenes Licht. Fast dreißig Kilometer bin ich heute gelaufen und den ganzen Tag hat die Sonne geschienen. Vielleicht habe ich also nur einen Sonnenstich oder den Zustand völliger Erschöpfung erreicht – doch was es auch sein mag, fest steht, dass ein unbeschreiblicher Zauber von diesem Ort ausgeht und dass er mich in meinem Innersten bewegt. Zu versuchen, das genauer zu beschreiben, würde völlig abgedroschen klingen. In mein Tagebuch schreibe ich, dass ich ein Gefühl von tiefer innerer Ruhe und vollkommener Gelassenheit und Gewissheit für die Zukunft empfinde.

Am nächsten Morgen bereitet es mir fast körperliche Schmerzen, diesen Ort zu verlassen. Am liebsten würde ich für immer bleiben! Als ich am Mittag die weitläufige Bucht eines anderen Fjords erreiche, ziehen wieder graue Wolken am Himmel auf. Ich entdecke ein paar einsame Holzhäuser, die allerdings nur über das Meer erreichbar zu sein scheinen, denn Wege oder Straßen gibt es hier nicht. Im Gegensatz zu gestern tue ich mich heute richtig schwer mit dem Laufen, und den ganzen Tag geistern komische Gedanken durch meinen Kopf. Ich kämpfe gegen widersprüchliche Gefühle: Einerseits kann ich es kaum erwarten, am Nordkap anzukommen, andererseits könnte ich fast in Tränen ausbrechen, weil diese wundervolle Reise bald zu Ende ist. Um mich abzulenken, singe ich fast den ganzen Nachmittag vor mich hin, doch da ich kaum Liedtexte kenne und von meiner Dauerschleife von »Amazing Grace« bald völlig genervt bin, kommt aus meinem Mund irgendwann nur noch wildes Kauderwelsch in den seltsamsten Melodien. Erstaunlicherweise fügen sich diese aber bald ganz harmonisch in die wilde Natur um mich herum ein und ich höre erst wieder auf, als in der Ferne der Nordkaptunnel zu sehen ist.

Zwei Tage später wird mir auf dem Hurtigruten-Schiff von Honningsvåg nach Tromsø eine Frau Aufnahmen von den traditionellen Gesängen der Samen vorspielen, dem sogenannten Joik, und ich werde große Augen bekommen.

Bevor ich den Tunnel erreiche, steht mir eine allerletzte Flussüberquerung bevor, doch zum Glück ist sie nur knöcheltief. Aufgeregt stehe ich wenig später vor dem kleinen runden Loch im Berg, das von Weitem wie der Eingang einer Hobbithöhle aussieht. Sieben Kilometer ist der Nordkaptunnel lang und verbindet die Insel Magerøya mit dem norwegischen Festland. Wenn man nicht darauf aus ist, jeden Meter des Wegs aus eigener Kraft zurückzulegen, empfiehlt mein Wanderführer, die Strecke und auch die darauffolgenden fünf Kilometer per Anhalter oder Bus zu fahren. Ich folge dieser Empfehlung, schließlich war die Idee, möglichst viel Zeit in wilder Natur zu verbringen und möglichst wenig auf nervigen Asphaltstraßen. Eigentlich hatte ich gedacht, dass hier im Minutentakt Wohnmobile und Motorräder entlangsausen, doch tatsächlich kommt erst mal kein Auto vorbei. Es dauert fast eine halbe Stunde, bis ich mitgenommen werde.

Eine Schweizer Familie, ein Vater mit seinen beiden Teenager-Töchtern, hält neben mir an. Beim Einsteigen frage ich neugierig, ob es sein könne, dass die drei vor ein paar Minuten schon an mir vorbeigefahren seien, nur in entgegengesetzter Richtung? »Stimmt!«, bestätigt mir der Vater, »aber meine Tochter findet Tunnel so toll, deshalb fahren wir heute schon zum fünften Mal hier durch!« Das Mädchen neben mir auf der Rückbank grinst mich verlegen an, und ihre Schwester fügt vom Beifahrersitz hinzu: »Sie hat halt einen kleinen Knall!« Doch ich finde es unglaublich toll, wenn man es schafft, etwas zu finden, für das man sich wirklich begeistert. »An der tiefsten Stelle liegt der Tunnel über zweihundert Meter unter dem Meeresspiegel«, erklärt mir meine Sitznachbarin mit leuchtenden Augen. Und nicht nur Tunnel interessieren sie, auch Höhlen fände sie unglaublich spannend. Noch dazu sei sie absoluter Finnland-Fan und versuche schon seit einigen Jahren, die schwierige Sprache zu lernen. Ich hätte mich gerne noch länger mit ihr unterhalten, doch ich steige nach wenigen Minuten an einem kleinen Fiskehus kurz hinter dem Nordkaptunnel aus. Nur fünf Kilometer Wildnis und fünfundzwanzig Kilometer Straße liegen jetzt noch zwischen mir und dem Nordkap! Schnell finde ich den Pfad, der mich weg von der Straße hinein in die graugrünen Hügel führt, und schlage an einem wunderschönen Fluss mein Nachtlager auf.

Als ich am Morgen aufwache, wandert meine Hand sofort zu meinem Gesicht, denn ich hatte einen so lebhaften Traum: Mir ist ein langer weißer Bart gewachsen und ich habe versucht, von den Samen Rentiere zu kaufen, um für immer hier oben zu bleiben und der neue Weihnachtsmann zu werden. In meinem Inneren scheint also wirklich einiges los zu sein.

Obwohl das Wetter heute dunkelgrau und neblig ist, nehme ich mir vor, jeden Schritt meines letzten Wandertags zu genießen – besonders die ersten fünf Kilometer, bevor es nur noch an der langweiligen Straße entlanggeht. Nach einem letzten steilen Anstieg stehe ich aber in einer so dichten weißen Suppe, dass ich keine zwanzig Meter weit gucken kann. Ohne mein GPS-Gerät wäre ich aufgeschmissen, denn natürlich entdecke ich keine einzige Wegmarkierung. Sehnsüchtig fiebere ich der Straße entgegen, nachdem ich über zwei Stunden in diesem Nebel umhergeirrt bin und der Akku meines GPS-Geräts nur noch zehn Prozent anzeigt. Doch irgendwann höre ich endlich entferntes Autorauschen und es kommt mir plötzlich wie der schönste Klang auf Erden vor. Am liebsten würde ich den Asphalt abknutschen, als die Straße vor mir auftaucht – stattdessen klemme ich mir aber lieber meine leuchtend orangefarbene Weste an den Rucksack, damit ich nicht auf den letzten Metern überfahren werde.

Drei Stunden später weiß ich: Das Einzige, was noch langweiliger ist, als fünfundzwanzig Kilometer einer Asphaltstraße zu folgen, ist: fünfundzwanzig Kilometer einer *nebeligen* Asphaltstraße zu folgen. Ich muss höllisch aufpassen, mein kleines Däumchen im Zaum zu halten, denn jedes Mal, wenn in der Ferne ein Auto rauscht, möchte es am liebsten ausbüxen und sich dem Auto entgegenstrecken.

So werden die letzten Kilometer noch einmal zu einer Härteprobe. Nur mit Rentiersalami, getrocknetem Stockfisch und Gesang kann ich mich bei Laune halten.

Zehn Kilometer vom Nordkap entfernt lichtet sich der Nebel und endlich erhasche ich ein paar Ausblicke auf die karge und trotzdem abwechslungsreiche Landschaft der Insel Magerøya. Fünf Kilometer vom Nordkap entfernt wagt sich ein einzelner Sonnenstrahl aus der dichten Wolkendecke und sein Licht fällt auf eine kleine Herde Rentiere, die über die Kuppe eines Hügels trabt. Einen Kilometer vom Nordkap reißt die Wolkendecke plötzlich auf. Das Meer rechts und links neben mir leuchtet nun plötzlich magisch blau. Ich erreiche das Nordkap am Nachmittag im strahlenden Sonnenschein. Natürlich steigen mir sofort Tränen in die Augen. Den ganzen Tag hatte ich mir eingeredet, nicht zu traurig zu sein, wenn ich im Regen und Nebel auf den über dreihundert Meter hohen Klippen stehen würde, an denen der europäische Kontinent endet und von denen aus es nur noch gut zweitausend Kilometer bis zum Nordpol sind. Umso mehr freue ich mich, hier im Sonnenlicht stehen zu dürfen. Ich grinse die vielen Menschen mit tränenüberströmtem Gesicht an und blicke dann weit hinaus aufs Meer.

Und obwohl ich mich in diesem Moment so unglaublich glücklich fühle und auch eine so tiefe Dankbarkeit empfinde, das alles erlebt haben zu dürfen, verspüre ich auch einen Stich. Einen kleinen Stich der Traurigkeit, weil diese wundervolle Reise nun wirklich zu Ende ist. Doch ich bin sicher, dass dies nicht meine letzte Reise gewesen sein wird. Denn nun weiß ich, dass ich es liebe, am Morgen aufzuwachen und nicht zu wissen, wo ich am Abend wieder einschlafen werde. Dass ich es liebe, wenn nach unzähligen Momenten der Erschöpfung, der Mutlosigkeit, des Zweifelns und des Sich-Fragens: *Warum bist du dumme Nuss denn nicht einfach zu Hause geblieben?!* der Moment kommt, in dem dir klar wird: Ja! All die Mühe, die Anstrengung, der Schweiß, die Tränen haben sich gelohnt! All das war es wert, allein für diesen einen Moment!

Als ich mich wieder gesammelt habe, hole ich mein Handy heraus und mache ein Foto von mir. Ich schicke es Antonios, Müslüm, Peter und Christine, Sascha, Claudia und Christian und natürlich auch Tiago, meiner Familie und Freunden. An alle, die mich auf dieser Reise begleitet haben: »Ich bin angekommen!«

REISEWEISHEIT NUMMER 19:
Finde heraus, was du liebst,
was dich glücklich macht,
wofür du wirklich brennst –
und dann habe den Mut,
dieser Leidenschaft zu folgen!

ENDE

DANKE

Ich bin so dankbar und so glücklich, dass ich diese unglaubliche Reise machen und diese vielen schönen Begegnungen und Erlebnisse erfahren durfte. Durch sie habe ich den Mut und die innere Sicherheit erlangt, mich gleich ins nächste Abenteuer zu stürzen – nämlich dieses Buch hier zu schreiben!

Es war fast ein genauso spannendes und aufregendes Abenteuer wie die Reise selbst und ich möchte mich bei all den lieben Menschen bedanken, die mir geholfen und mich so unglaublich unterstützt haben: DANKE!

Und natürlich auch ein Riesen-Dankeschön an alle, die dieses Buch nun in den Händen halten: Ich hoffe, ich konnte euch auf meine Reise mitnehmen, die wundervollen Glücksmomente und intensiven Gefühle mit euch teilen und vielleicht sogar einigen von euch Mut machen, zu eurer eigenen Reise aufzubrechen! Es ist ganz leicht: Man muss nur den Rucksack packen und einfach loslaufen …

Die Abenteurerinnen unserer Zeit

Die eigenen Grenzen verschieben und etwas ausprobieren, von dem man nicht weiß, ob es zu bewältigen ist: Das versucht jeder und jede von uns, auch wenn es dabei nicht immer um eine Besteigung des Mount Everest geht. Die 20 porträtierten Frauen, die zu den größten Abenteurerinnen unserer Zeit zählen, suchen ihr Glück im sportlichen Extrem – und finden es manchmal ganz woanders. Mit ihnen tauchen wir ohne Sauerstoff im arktischen Ozean, durchlaufen die unwirtlichsten Wüsten der Welt – und werden dabei an die grenzenlose Schönheit der Natur erinnert.

Julia Hägele
Grenzgängerinnen
20 Frauen über das Glück im Extremen
gebunden, 240 Seiten mit 20 farbigen Abbildungen
978-3-95728-568-3

»Fernweh und Heimweh können sich zum Verwechseln ähnlich anfühlen«

Die Welt bereisen, neue Länder kennenlernen – das ist Franziska Consolatis Leben. Bis ein kleines Haus in Schweden alles verändert. Mitten im Wald findet sie etwas, nach dem sie gar nicht gesucht hat: einen Ort, der ihr die Rastlosigkeit nimmt. Abgeschieden in der Natur zu wohnen ist ihr bisher größtes Abenteuer. Doch gerade die Einfachheit und die Ruhe in der endlosen Weite des Nordens bringen ein besonderes Glück mit sich. Und Franziska Consolati beginnt zu ahnen, wie es sich anfühlt, endlich zu Hause zu sein.
Ein Buch über Mut, Durchhaltevermögen und die Erfüllung eines Lebenstraums.

Franziska Consolati
Heimwärts
Wie ich als Weltreisende unerwartet in Schweden ein Zuhause fand
Klappenbroschur, 256 Seiten
978-3-95728-769-4

Bildnachweis:
Cover und Buchrückseite: Landschaften mit Autorin und Polaroids
© Johanna Geils, Sternenhimmel © shutterstock/lif3vil
Buchrücken: © Johanna Geils
Innenseiten: Hintergrund Inhaltsverzeichnis
© shutterstock/MR.PRAWET THADTHIAM,
Hintergrund Bildteil © shutterstock/lif3vil,
alle anderen Fotos © Johanna Geils

Deutsche Originalausgabe
Copyright © 2024 von dem Knesebeck GmbH & Co. Verlag KG, München
Ein Unternehmen der Média-Participations

Projektleitung: Ellen Venzmer, Knesebeck Verlag
Lektorat: Silke Weiher, Gräfelfing
Gestaltung und Umschlaggestaltung: Favoritbüro, München
Satz und Herstellung: Arnold & Domnick, Leipzig
Druck: Livonia Print, Riga
Printed in Latvia

ISBN 978-3-95728-807-3

www.knesebeck-verlag.de